Moralidade & Ética de Líderes Mundiais

ROLF MÁRIO TREUHERZ
Especialista em economia e finanças

Moralidade & Ética de Líderes Mundiais

VOLUME III

das Guerras Napoleônicas às Guerras do Século XXI

ALTA BOOKS
GRUPO EDITORIAL
Rio de Janeiro, 2024

Moralidade e Ética de Líderes Mundiais Vol. 3

ALTA BOOKS é uma empresa do Grupo Editorial Alta Books (Starlin Alta Editora e Consultoria LTDA).

ISBN: 978-85-508-2310-2

Impresso no Brasil — 1ª Edição, 2024 — Edição revisada conforme o Acordo Ortográfico da Língua Portuguesa de 2009.

Dados Internacionais de Catalogação na Publicação (CIP)
(Câmara Brasileira do Livro, SP, Brasil)

Treuherz, Rolf Mário
Moralidade e ética de líderes mundiais : vol. 3 / Rolf Mário Treuherz. -- 1. ed. -- Rio de Janeiro : Alta Books, 2024.

ISBN 978-85-508-2310-2

1. Ética (Moral filosófica) 2. Líderes 3. Moral I. Título.

24-195346 CDD-170

Índices para catálogo sistemático:

1. Ética 170

Eliane de Freitas Leite - Bibliotecária - CRB 8/8415

Grupo Editorial Alta Books

Produção Editorial: Grupo Editorial Alta Books
Diretor Editorial: Anderson Vieira
Editor da Obra: J. A. Ruggeri
Vendas Governamentais: Cristiane Mutüs
Gerência Comercial: Claudio Lima
Gerência Marketing: Andréa Guatiello

Assistente Editorial: Ana Clara Tambasco
Revisão: Denise Himpel e Paulo H. Aragão
Diagramação: Rita Motta
Capa: Karma Brandão

ALTA BOOKS
GRUPO EDITORIAL

Rua Viúva Cláudio, 291 — Bairro Industrial do Jacaré
CEP: 20.970-031 — Rio de Janeiro (RJ)
Tels.: (21) 3278-8069 / 3278-8419
www.altabooks.com.br — altabooks@altabooks.com.br
Ouvidoria: ouvidoria@altabooks.com.br

Editora **afiliada à:**

ASSOCIADO

SUMÁRIO

INTRODUÇÃO

Nos dois primeiros volumes, descrevemos os atos dos principais personagens que viveram entre os anos de 1200 e 1800 e, após cuidadosa análise, procedemos à sua classificação como **VIRTUOSOS** ou **NÃO VIRTUOSOS**. Neste terceiro volume, porém, faremos diferente, convidando os prezados leitores a tecerem suas próprias conclusões sobre o comportamento dos protagonistas entre os anos de 1800 e os nossos dias.

Para facilitar essa tarefa, encontrarão um quadro em branco na Conclusão, para realizar a avaliação, caso estejam dispostos a fazê-la. É claro que a análise das ações, posturas e condutas dos personagens, poderá levar a opiniões diferentes, dependendo do enfoque dos leitores, da percepção de cada um sobre a relevância de determinadas ações, da época em que os atos foram vividos, das culturas locais, das crenças religiosas, das convicções políticas e de sua gravidade.

Boa leitura.

01

Na parte final do segundo volume, os Vivone encontravam-se na Inglaterra. Após o falecimento de Brian, Ryan e Omatah, a família era composta por onze adultos, ou seja, Sayen (esposa do falecido Ryan), com 77 anos; seu filho Raini, com 55, sua esposa Mabel Harris, com 50, e o seu filho John, com 24; Talli, irmão de Raini, com 54, continuava solteiro; Tuxaua, com 55, casado com Andrea Watt, com 49 anos, e um filho chamado Paul, com 24; por último Temanem, irmão de Tuxaua, com 54, casado com Christiane Hopkins, com 49 anos, e um filho de nome Robert, com 24. Logicamente, como de praxe da família Vivone, John, Paul e Robert frequentaram a Royal School of Moral Integrity. A árvore genealógica a seguir demonstra todos os familiares em 1800.

No final do segundo volume falávamos de Napoleão Bonaparte, mencionamos as primeiras medidas que o jovem cônsul tomou para reerguer a economia da França e enfrentar os diversos problemas socioeconômicos pelos quais o país passava. Algumas dessas medidas foram a criação do Banco da França, o estímulo à industrialização e a realização de relevantes obras de infraestrutura. Além disso, Napoleão reatou as relações com a igreja e assinou importantes acordos de paz com Áustria, Rússia e Inglaterra. Em seguida, criou o Código Civil Napoleônico, um conjunto de leis que garantia o direito à propriedade, proibia a realização de greves e a criação de sindicatos, algo bem agradável aos olhos da burguesia.

ÁRVORE GENEALÓGICA ABREVIADA DA **FAMÍLIA VIVONE** NO ANO DE 1800

- Ryan (1716–1792) e Sayen (1723–)
  - Raini (1745–) e Mabel Harris (1750–)
    - John (1776–)
  - Talli (1746–)
- Brian (1717–1792) e Omatah (1721–1792)
  - Tuxaua (1745–) e Andrea Watt (1751–)
    - Paul (1776–)
  - Temanem (1746–) e Christiane Hopkins (1751–)
    - Robert (1776–)

Em 1802, Sayen vinha apresentando sérios sintomas de fraqueza. Atendida quase diariamente por Tuxaua e Temanem, sua condição física se agravou rápido. Colocada em repouso absoluto, foi afastada das tarefas de comércio de peles, que Raini já vinha acumulando. Em outubro de 1802, recebeu a visita de um representante da Empresa Franco-Portuguesa de Comércio Internacional, que tinha por ela grande admiração devido à pontualidade e à precisão com que os atendia. Ele ficou perplexo com o estado em que Sayen se encontrava e percebeu que sua vida estava por um fio. Ela conseguiu resistir por mais seis meses, falecendo no início de 1803.

Como consequência da morte de Sayen, as três mulheres da família decidiram ajudar Raini nas exportações, o que deu um novo alento à The First Indian-American Export Company of Delaware.

Em 1801, John, Paul e Robert reconheceram a necessidade de escolher suas profissões. John optou por filosofia, Paul escolheu medicina e Robert decidiu-se por veterinária. Os três foram aceitos em Oxford para os respectivos cursos que duraram cinco anos, formando-se então em 1806.

Os três Vivone conheceram suas esposas na universidade. John apaixonou-se por uma colega do curso de filosofia, uma alemã de nome Liselotte König, nascida em Karlsruhe, em 1778. Paul foi "pescado" por uma estudante italiana de medicina chamada Alessandra Carpelli, nascida em Roma, em 1780. Por último, Robert, em seu curso de veterinária, conheceu uma inglesa, filha do proprietário de uma fazenda de criação de cavalos árabes situada nas proximidades de Londres. Ela amava cavalos desde a sua infância e se formou também como veterinária. Seu nome era Kelly Gordon, nascida em 1779.

Como era costume na família Vivone, os três resolveram se casar no mesmo dia. Conseguiram realizar os enlaces em uma cerimônia em julho de 1807, na capela da Universidade de Oxford, onde compareceram quase todos os colegas dos três cursos, assim como uma enxurrada de gente.

Em 1808 nasceram os novos Vivone. Liselotte, esposa de John, teve um menino de nome Arthur. Alessandra, esposa de Paul, foi premiada dando à luz dois meninos gêmeos chamados Enrico e Luca. Finalmente, Kelly, esposa de Robert, teve uma menina de nome Jennifer.

Toda a família continuou a trabalhar, cada membro em sua profissão, enquanto Mabel, Andrea e Christiane continuaram exportando peles da América para a Inglaterra. John e Liselotte tornaram-se professores, sendo contratados para lecionar filosofia na Universidade de Cambridge, fundada em 1209 por ex-alunos da Universidade de Oxford. Já Paul, cirurgião, e Alessandra, pediatra, foram lecionar medicina na Universidade de Southampton, onde foi também professor o antepassado Piatã, que lá ficara famoso como cirurgião. Robert e Kelly, por outro lado, fundaram uma clínica veterinária em Londres, algo novo, pois a primeira escola de veterinária da cidade foi fundada em 1791. A profissão evoluiu muito desde a época, quando os interesses eram amplamente centrados em cavalos, devido às necessidades do exército[1].

[1] http://www.estudonoexterior.com/estudando-medicina-veterinaria-no-reino-unido-2/

Lamentavelmente, a exportadora sofreu um revés no ano de 1812, quando um dos navios com um rico carregamento de peles de castor foi capturado por piratas holandeses na altura de Recife. Os tripulantes foram barbaramente massacrados pelos piratas e a carga desviada para a Holanda. O prejuízo foi de tal ordem que as mulheres pensaram seriamente em desistir de vez de assumir esse tipo de risco. Mas os portugueses da Empresa Franco-Portuguesa de Comércio Internacional assumiram a perda, pois tiveram cobertura do seguro de exportação. Foi um alívio para as três comerciantes.

Em janeiro de 1813, Raini e Mabel resolveram empreender uma viagem a Nova York para encontrar seus sócios da The First Indian-American Export Company of Delaware, pois Tishcohan, o presidente da empresa havia falecido. Mabel, muito ligada à sua prima Christiane e seu marido Temanem, convidou o casal para acompanhá-los nessa viagem, e também sugeriu que Andrea, esposa de Tuxaua, cuidasse do negócio de peles na sua ausência. Conseguiram embarcar num dos navios da Empresa Franco-Portuguesa de Comércio Internacional, os costumeiros transportadores das exportações norte-americanas para a Inglaterra.

Ao chegarem à cidade, encontraram-na bem mais populosa do que quando a deixaram. Assim que se estabeleceram, souberam da importância de um indígena shawnee, chamado Tecumseh (1768–1813), nascido perto do rio Scioto, próximo da cidade de Chillicothe, Ohio. Ele propiciou uma união de povos indígenas dos Estados Unidos, com o propósito de se defender das invasões de terras. Era um grande orador que conseguiu convencer os outros chefes a se juntarem ao seu projeto. Quando se iniciaram os confrontos, os indígenas foram envolvidos na guerra de 1812 entre os Estados Unidos e o Reino Unido e suas colônias, incluindo o Canadá Superior (Ontário), o Canadá Inferior (Quebec), a Nova Escócia, as Bermudas e a ilha de Terra Nova[2]. Tecumseh entrou na guerra ao lado dos britânicos, somente para defender os interesses indígenas sem, no entanto, apoiar

2 https://pt.wikipedia.org/wiki/Guerra_anglo-americana_de_1812

a permanência inglesa. No entanto, sem ele, os ingleses teriam perdido o Canadá Superior para os americanos[3].

Raini e Temanem procuraram Tecumseh para perguntar sobre a situação das exportações de pele, mas não o encontraram. Souberam então que o atual chefe dos delaware (lenape) era Kikthawenund, filho de um sueco de nome John Anderson e de uma lenape de nome ignorado, filha do grande chefe dos delaware chamado Netewatwees. John Anderson quis que o filho tivesse também um nome europeu e chamou-lhe William Anderson. Ele nasceu em torno do ano de 1750.

— Meu bem, onde será que a gente encontra o tal chefe Anderson? — perguntou Mabel.

Depois de indagar a alguns residentes, souberam que ele morava em Ohio e que, em 1806, foi elevado a chefe dos delaware, depois da morte do chefe Tetepachsit. Em 1811, Anderson foi visitado por Tecumseh e seu irmão, "o profeta" Tenskwatawa, convidando-o a participar da confederação nativa para reconquistar terras em Ohio e Indiana, mas ele teimosamente recusou-se a colaborar.

Os Vivone indagaram então como poderiam encontrar a empresa exportadora da qual eram sócios, pois não tinham notícias há algum tempo. Foram conduzidos ao local onde os embarques eram realizados. Infelizmente, devido à situação de conflito entre ingleses e americanos, o local estava abandonado, os estoques haviam desaparecido e não havia qualquer indício do que havia ocorrido nas últimas semanas. Mabel e Christiane ficaram desapontadas com o fim de uma temporada de tanto sucesso, mas reconheceram que não havia mais qualquer esperança de continuar com a empresa.

— O que faremos agora? — questionou Christiane.

— Só nos resta fazer as malas e voltar para Southampton. Sei que isso é um grande desapontamento para vocês, mas a situação aqui não está muito favorável para nós ingleses; portanto, vamos ao porto ver se conseguimos algum cargueiro que nos leve de volta. Quem

3 https://www.mywarof1812.com/leaders/tecumseh.html

sabe, tenhamos sorte de encontrar os nossos queridos amigos portugueses — propôs Talli.

No porto havia um navio de nacionalidade holandesa com um aspecto um tanto soturno, em matéria de segurança. A embarcação sairia dentro de dois dias e teria camarotes disponíveis para os Vivone. Ao seu lado estava ancorado um navio de guerra britânico que, obviamente não aceitaria passageiros. Souberam que os seus amigos portugueses só chegariam dentro de dois meses, prazo considerado muito longo.

— Acho que não temos alternativa senão embarcar nesse navio holandês — propôs Raini. — Vocês estariam dispostos a enfrentar a viagem?

— Bem, meu amor, se você acha que devemos comprar as passagens, eu aceito. E vocês, Temanem e Christiane, o que acham da ideia? — perguntou Raini.

— Estamos de acordo. Temos que sair daqui o mais depressa possível, pois essa guerra representa uma permanente ameaça para nós ingleses — confirmou Christiane.

Com a concordância de todos, subiram a bordo para verificar as cabines e ver se seriam ao menos aceitáveis. Ficaram surpresos, pois eram excelentes, apesar da aparência estranha do navio Osterhand. O capitão, de nome Oscar van Beulen, foi de uma simpatia surpreendente e conquistou a confiança dos quatro. Enfim, partiram de Nova York em setembro de 1813.

A viagem transcorreu de forma tranquila até o navio chegar perto das Bermudas. Repentinamente, a embarcação começou a trepidar, apesar do bom tempo e do mar calmo. A tripulação se assustou e o capitão não encontrava uma explicação para o fenômeno. Talli, que era mais versado em viagens devido à sua experiência como exportador, alegou que possivelmente o navio havia entrado numa região com problemas magnéticos que já haviam sido relatados por alguns marinheiros conhecidos por ele. Mencionou até que Cristóvão Colombo, quando passou pela região, teve problemas com a sua bússola. Enfim, o problema foi se agravando até que o navio começou a adernar para um dos lados, sem qualquer explicação. O capitão apareceu transtornado e lembrou-se de um caso idêntico, relatado por alguns sobreviventes de um navio holandês que havia afundado próximo à região.

Mabel começou a se sentir mal e foi atendida por Temanem, que verificou uma aceleração extrema na sua pulsação, demonstrando a ocorrência de um possível colapso cardíaco. Ela também apresentava uma intensa dor no peito e dificuldade para respirar. Em pouco tempo Mabel veio a falecer no local, sem que Temanem pudesse auxiliá-la.

Os tripulantes corriam para todos os lados procurando entender o que estava ocorrendo e não tinham a mais leve ideia de como se defender. O que viram, apavorados, foi um enorme redemoinho que aumentava a cada momento. Logo o navio foi sendo tragado como se fosse uma folha de papel. Em instantes, tudo havia terminado, pois não restava o menor vestígio da embarcação. O fenômeno devia estar relacionado ao que os marinheiros chamam de Triângulo das Bermudas, local compreendido entre Miami, Porto Rico e as Bahamas, onde houve inúmeros naufrágios sem que se descobrissem as causas.

Após algum tempo, John, Paul e Robert começaram a se preocupar com a demora dos quatro viajantes em voltar à Inglaterra. Eles haviam embarcado no início de 1813 e já haviam se passado quase doze meses desde a partida. Em março de 1814, perguntaram a Paul se ele tinha recebido qualquer notícia dos Estados Unidos. Entraram em contato com os portugueses, mas esses também não tinham ideia do que poderia ter ocorrido. Escreveram para Nova York, ao endereço da empresa de exportação de peles, e não receberam qualquer resposta. Sabiam que os Estados Unidos estavam em guerra com a Inglaterra (Guerra Anglo-Americana de 1812), e julgaram que algo poderia ter acontecido com eles nesse conflito.

A família não conseguiu descobrir o que houve. Escreveram para o porto de Southampton, onde os quatro deveriam ter desembarcado, mas o comandante do porto informou que, nas listas de passageiros dos navios provenientes de Nova York nessa época, não constavam os nomes dos quatro Vivone. A tristeza foi geral, só restando a esperança de receberem alguma notícia a respeito dos parentes no futuro próximo. Lamentavelmente, Temanem, Christiane, Raini e Mabel estavam desaparecidos.

Em 1815, chegou à clínica veterinária de Robert e Kelly uma carta lacrada, proveniente de Paris, com um lacre onde se lia "Imperador Napoleão Bonaparte". A carta dizia o seguinte, para a surpresa geral dos Vivone:

Paris, 25 de março de 1815

Prezado Senhor Doutor Robert Vivone,

Acabo de deixar a Ilha de Elba e estou atualmente em Paris, preparando-me para iniciar novas campanhas militares. O motivo pelo qual me dirijo ao senhor deve-se a uma informação dos meus auxiliares de que nossa cavalaria está apresentando problemas de saúde por motivos ignorados, necessitando urgentemente de um especialista em veterinária, razão pela qual peço a sua presença nesta capital francesa.

Fui alertado sobre sua alta capacidade, já demonstrada inúmeras vezes no território inglês, onde o senhor exerce sua profissão. Aliás, apenas para registrar, mantenho um excelente relacionamento com o seu país pois, em 25 de março de 1802, assinei o Tratado de Amiens, um pacto em que as forças francesas e britânicas se comprometeram a manter uma política de "NÃO AGRESSÃO".

Entendo que o meu pedido é pouco usual, mas saliento que o problema é agudo e necessita de uma solução urgente. Quanto ao seu transporte para a França, partirá de Southampton, em 28 de março, o navio francês Neptune, que deverá chegar a Calais no início de abril.

A sua concordância será muito apreciada por mim, particularmente, mas mais ainda pelas minhas tropas de cavalaria.

Aguardo a sua presença.

Imperador Napoleão Bonaparte

■

Reunidos em torno da carta, os Vivone estranharam a declaração de Bonaparte de que o seu relacionamento com a Inglaterra seria de “não agressão”, pois em 9 de março de 1814, pouco antes de Napoleão ser exilado na Ilha de Elba, os quatro aliados (Inglaterra, Áustria, Prússia e Rússia) assinaram o Tratado de Chaumont, onde todos concordaram com uma aliança de vinte anos, prometendo lutar juntos para dar fim às ambições da França, caso se tornasse excessivamente poderosa e agressiva.

— Ora, por que o imperador menciona o Tratado de Amiens, celebrado em 1802, portanto há doze anos? — perguntou Kelly. — Outra dúvida minha, será que esse navio está mesmo em Southampton? Acho que vale a pena nós irmos até lá e falar com o Paul e a Alessandra, que moram na Universidade e poderão sugerir os próximos passos, o que acham?

— Acho que vocês devem fazer exatamente o que estão propondo — disse John. — Além do mais, poderão matar as saudades do casal, que está sozinho em Southampton.

— Então está combinado, o imperador vai ter que esperar um pouco até a gente resolver esse mistério, e acho que conseguiremos chegar a tempo de ver se o navio está mesmo no porto — concordou Robert.

— Sabe de uma coisa? Eu acho que vamos com vocês, vai ser divertido, nós todos necessitamos de umas férias e poderíamos aproveitar para uma segunda lua de mel, desta vez na França. Além disso, quero conhecer esse imperador e discutir um pouco de filosofia com ele — falou John, rindo.

Os três casais ficaram preocupados em encontrar um líder militar como Napoleão Bonaparte e aventaram a possibilidade de serem retidos ou mesmo presos na França, país inimigo da Inglaterra. Mas mesmo assim todos aprovaram a viagem, orgulhosos da energia apresentada.

Ao chegarem a Southampton, Paul e Alessandra ficaram felicíssimos ao verem os viajantes e foram direto ao porto conferir se o Neptune estava atracado. De fato, lá estava o navio. Resolveram, então, "invadir" o veleiro e foram recebidos por um capitão mal-encarado de nome Pierre Chardy, que perguntou o que desejavam. Quando Robert mostrou a carta de Napoleão Bonaparte, ele repentinamente se tornou sorridente e serviçal.

— Estou inteiramente às suas ordens e disponho de três camarotes que seriam ideais para os prezados senhores embarcarem no meu modesto Neptune — arriscou o capitão.

— Vocês estão dispostos a enfrentar essa aventura? — perguntou Robert.

— Vamos, nada temos a perder. Além disso, conhecer um imperador do porte de Napoleão Bonaparte… não é qualquer um que tem essa oportunidade — retrucou John.

Os seis, animados, foram introduzidos aos seus camarotes, de um luxo realmente fabuloso. Só isso já valeria a pena, mas o melhor mesmo seria conhecer a França.

— John, você que está em Cambridge, onde existem tantos estudiosos, deve ter tido mais informações sobre a vida de Napoleão, não é verdade? Poderia falar um pouco sobre ele e suas campanhas militares, inclusive o exílio na Ilha de Elba? —indagou Robert.

— Claro, aqui vai um resumo — disse John —, mas acho melhor eu detalhar a vida dele ano a ano, para melhor compreensão de sua genialidade.

"Napoleão Bonaparte[4] nasceu em Ajaccio, capital da ilha de Córsega, França, no dia 15 de agosto de 1769. Filho de Carlos Maria Bonaparte, um jurista formado em Pisa, Itália, e de Letízia Ramolino, descendente de uma família de pequena nobreza da Ligúria, Itália. Segundo filho de uma família de sete irmãos, Napoleão, depois de iniciar seus estudos em Ajaccio, ingressou no colégio militar de Brienne, na França.

"Durante cinco anos estudou matemática, geometria, álgebra, trigonometria e história. Leu narrativas militares e biografias de homens ilustres e, em 1784, ingressou na Escola Real Militar de Paris,

[4] Napoleão Bonaparte (1769–1821)

onde começou sua carreira. Imaginem que aos 16 anos de idade já era subtenente de artilharia.

"Em 1789, teve início a vitoriosa Revolução Francesa, que levou a França a passar por profundas modificações políticas, sociais e econômicas. A aristocracia do Antigo Regime perdeu seus privilégios, libertando os camponeses dos antigos laços que os prendiam aos nobres e ao clero. Foi a alavanca que levou a França do regime feudal para o capitalista.

"No dia 21 de janeiro de 1793, o rei Luís XVI foi guilhotinado na praça da Revolução em Paris. Nessa época, Napoleão Bonaparte realizava missões secundárias pelo interior da França e, nesse mesmo ano, teve sua grande oportunidade em Toulon. A cidade se rebelara contra o novo governo republicano do país. O comandante da artilharia local foi ferido na batalha e Napoleão não só assumiu o comando como derrotou os revoltosos, sendo nomeado general de brigada, com apenas 24 anos.

"Em 4 de outubro de 1795, Napoleão venceu mais uma batalha, na revolta dos partidários da monarquia. Em consequência recebeu nova patente, a de comandante do Exército Francês. Nessa época conheceu Josefina de Beauharnais, viúva de um general guilhotinado na Revolução. Casaram-se em 9 de março de 1796. Logo em seguida partiu para a guerra e derrotou as tropas na Itália e na Áustria, derrubando os velhos regimes monárquicos e obtendo importantes conquistas territoriais para a França.

"Vou passar agora ao ano de 1798. Napoleão iniciou sua campanha no Egito e conquistou Alexandria, derrotando os mamelucos na Batalha das Pirâmides, conquistando também o Cairo. No entanto, sob o comando do almirante Nelson, a frota britânica destruiu a marinha francesa na Batalha de Aboukir. Nesse ano formou-se a chamada Segunda Coalisão, que incluía Áustria, Rússia e Inglaterra."

— Se houve uma Segunda Coalisão, deve ter havido uma primeira, não? — perguntou Robert.

— De fato. Entre 1793 e 1797 estabeleceu-se a Primeira Coalisão, visando derrotar as forças francesas após a Revolução de 1789. Ela foi formada por Espanha, Holanda, Áustria, Prússia, Inglaterra e Sardenha[5].

"Bem, continuando a história, vamos ao ano de 1799. Em fevereiro, Napoleão invadiu a Síria como etapa final da campanha do Egito. Em julho, aconteceu algo inacreditável: suas tropas descobriram a famosa 'Pedra de Roseta'. Vocês sabem o que é essa pedra? Pois imaginem que alguém possa descobrir uma pedra onde está escrita uma história em três línguas diferentes, sendo que uma delas era completamente desconhecida. A pedra de roseta foi achada numa cidade de nome Roseta e é um fragmento de uma estela proveniente do Antigo Egito. Nessa pedra, de um material chamado 'granodiorito' estava escrito um texto que foi crucial para a compreensão moderna dos hieróglifos egípcios[6]. A palavra estela provém do termo grego 'stela', que significa 'pedra erguida' ou 'alçada', e granodiorito vem a ser um tipo de rocha um pouco mais escura do que o granito. A palavra entrou no uso comum da arquitetura e da arqueologia para designar objetos em pedra individuais, ou seja, monolíticos, nos quais eram efetuadas esculturas em relevo ou textos. A sua função essencial era veicular um determinado significado simbólico, fosse funerário, mágico-religioso, territorial, político ou propagandístico.

"A insatisfação na França nessa época era grande, a burguesia se ressentia da instabilidade social e política. Napoleão aproveitou a oportunidade e, num golpe de estado, no dia 18 de brumário, data do novo calendário estabelecido pela revolução, correspondente a 9 de novembro de 1799, assumiu o governo como primeiro cônsul.

"Em 1800, Napoleão voltou a Paris. Depois de aprovar uma nova constituição, ele fixou residência no palácio das Tulherias, onde o rei Luis XVI ficou retido antes da sua tentativa de fuga de Paris e de sua execução. Em maio, Napoleão conduziu seu exército através dos Alpes e derrotou o exército austríaco, pois a Rússia havia se retirado

5 http://www.historyhome.co.uk/c-eight/france/coalit1.htm

6 https://seuhistory.com/hoje-na-historia/encontrada-pedra-de-roseta-chave-para-o-enigma-dos-hieroglifos

da Segunda Coalisão. Nesse mesmo ano, em 5 de novembro, Napoleão começou uma negociação com o papa Pio VII, assinando, em julho de 1801, a chamada concordância, ou 'concordat', terminando assim a cisão entre o governo da França e a igreja, com a devolução ao clero das terras confiscadas durante os períodos contrários à religião católica da Revolução Francesa. Dessa forma, Napoleão reafirmou ao papa que a França continuaria um país católico. Enquanto isso, o exército francês se rendeu aos ingleses no Egito. Vejam as vitórias e derrotas de Napoleão e as enormes distâncias que o exército francês percorreu em pouco tempo. Além disso, são incríveis os riscos que assumiu o imperador, pois em dezembro de 1801 houve uma conspiração para assassiná-lo, organizada pelo general Georges Cadoulal, um realista, favorável à monarquia, que havia tomado parte da rebelião contrarrevolucionária dos camponeses no local denominado Vendee, em 1793.

"Em 1802, o imperador tornou-se presidente da República da Itália e assinou o tal Tratado de Amiens do qual lhes falei. Com a Áustria derrotada, a assinatura do tratado com os britânicos, e com a Rússia se retirando da chamada Segunda Coalisão, pela primeira vez em dez anos a paz voltou à Europa. Nesse mesmo ano, Napoleão iniciou reformas administrativas e sociais, instituindo um novo sistema educacional com a criação dos liceus, da Escola Normal Superior e da Politécnica. Em seguida, criou a Legião de Honra como recompensa por leais serviços, ou seja, instituiu a meritocracia, percebam suas ideias avançadas. Em agosto foi nomeado cônsul vitalício[7].

"Se vocês acharem que o relato está muito longo, basta falar: 'Pare, John, não aguentamos mais'."

— Nada disso — falaram todos. — O relato é interessantíssimo e queremos ouvir o resto.

— Bem, então vamos lá.

— No ano de 1803, Napoleão estabeleceu, em Boulogne, um campo de treinamento com o fito de invadir a Inglaterra e, reparem bem,

[7] http://www.thelatinlibrary.com/imperialism/notes/napoleonchron.html

os britânicos romperam o Tratado de Amiens e a guerra recomeçou entre as duas nações.

"Em 1804, houve uma conspiração dos realistas para raptar Napoleão. Ela fracassou, resultando na prisão de três generais de nome Moreau, Pichegru e Georges Cadoudal, este último já mencionado anteriormente. Nesse mesmo ano foi criado o código civil, destinado a abolir as desigualdades e os privilégios característicos do 'Antigo Regime'. Segundo o código, foram consagrados os princípios da liberdade individual de consciência e igualdade perante a lei. O código protegia a propriedade, mas considerou as mulheres como cidadãs de segunda classe.

"Vejam, que estranho. Napoleão até teve ideias avançadas e originais, mas o fato de ter considerado as mulheres como cidadãs de segunda classe mostrou que era dado a discriminações. Além disso, não tinha nada de modesto, pois em 18 de maio de 1804, com a proclamação do Primeiro Império Francês, ele não teve dúvida em se coroar imperador da França na catedral de Notre Dame, em Paris, em 2 de dezembro. Portanto, achou que podia fazer tudo que lhe viesse à cabeça.

"O ano de 1805 foi pleno de acontecimentos. Napoleão foi coroado rei da Itália, com Eugene de Beauharnais, parente de Josephine, esposa de Bonaparte, sendo nomeado vice-rei. Em agosto daquele ano formou-se a Terceira Coalisão, com Áustria, Inglaterra e Rússia se alinhando para lutar contra a França. A Grande Armada de Napoleão, composta na sua maioria de franceses e italianos, saiu de Boulogne a caminho da Alemanha. Em outubro, o imperador sofreu mais uma derrota naval pelos britânicos sob o comando do almirante Horatio Nelson[8]. Em novembro, Napoleão entrou em Viena e derrotou as forças russas e austríacas na famosa Batalha de Austerlitz, assinando em dezembro o Tratado de Pressburg, pelo qual os derrotados austríacos concederam aos franceses o território italiano da

8 Almirante Horatio Nelson (1758–1805).

região de Vêneto, uma região do nordeste da Itália com 18.391 km² de superfície."

— Mas John — interrompeu Robert —, esse imperador que vamos ver logo mais deve ser um gênio em estratégia militar, o homem entra onde quer, derrota uns e outros, leva algumas surras, mas não para nunca! Será que ele não nos prenderia se fizéssemos algo que o desagradasse? Será que vai admitir que o Tratado de Amiens já não vale mais? Estou meio receoso pela nossa segurança, o que acha?

— Eu, na verdade, estou pagando para ver, pois se ele precisa de nós, deverá pelo menos nos prometer alguma proteção — disse John.

"Então, continuando, o imperador em 30 de março de 1806 fez uma série de nomeações de parentes: José Bonaparte, seu irmão, foi nomeado rei de Nápoles; outros membros da família foram escolhidos para administrar as terras conquistadas na Espanha; Louis Bonaparte foi nomeado rei da Holanda; Elisa, sua irmã, foi nomeada grã-duquesa de Toscana. Reparem bem: o que Napoleão fez chama-se nepotismo. Em julho do mesmo ano, ele estabeleceu a Confederação do Reno, terminando assim o Sacro Império Romano-Germânico, criado por Carlos Magno no ano 800 d.C. Por outro lado, nesse momento formou-se a Quarta Coligação, liderada pela Rússia, Prússia e Inglaterra. Em setembro, o exército da Prússia invadiu a Confederação do Reno, mas em outubro, depois de ter assumido o comando da grande armada, Napoleão derrotou a Prússia nas batalhas de Jena-Auerstadt e chegou a Berlim. Em dezembro, o imperador entrou em Varsóvia e estabeleceu o Grão-Ducado de Varsóvia[9], irritando o tsar Alexandre I."

— É realmente difícil de acreditar o que o nosso "anfitrião" aprontou na Europa. Como é que ele arrumava tempo para fazer todas essas conquistas? — perguntou Paul.

— Pois é — disse John —, ele deve ter sido um militar organizadíssimo e de uma ambição incrível. Tudo lhe parecia fácil e, notem

9 Grão-Ducado de Varsóvia, correspondente à parte da atual Polônia.

bem, ele enfrentava potências militares fortíssimas. Agora, se vocês quiserem um descanso, fiquem à vontade.

— Vai contando que a coisa vale a pena — respondeu Paul.

— Em junho de 1807, Napoleão derrotou a Rússia na Batalha de Friedland e, pelo Tratado de Tilsit, obrigou a Rússia e a Prússia a fazerem parte do Sistema Continental[10]. Em novembro, com o auxílio da Espanha, Napoleão preparou-se para invadir Portugal sob o comando do general Junot, iniciando assim a Guerra Peninsular.

"Agora vocês vão ter que me desculpar, mas vou interromper um pouco a história, pois esse preparativo de Napoleão para invadir Portugal afetou imensamente o Brasil e eu preciso explicar o que aconteceu.

"Imaginem vocês que Napoleão foi de uma ousadia sem par. Ele chegou a humilhar tradicionais famílias reais europeias, como os Habsburgo e os Hohenzollern. Muitas vezes, no comando das forças francesas vitoriosas, ele entrava nas capitais e ficava sentado nos tronos ocupados pelas famílias reais. No entanto, a capital que ele não conquistou foi Londres. Em 1763, com o fim da Guerra dos Sete Anos, o Tratado de Paris concedeu aos ingleses valiosas colônias ultramarinas. Com isso, as guerras napoleônicas foram uma espécie de gatilho para Napoleão deflagrar uma guerra econômica contra o império Britânico por meio da implementação do Sistema Continental. Napoleão planejou prejudicar os britânicos em suas relações com Portugal, seu leal aliado, forçando a família real portuguesa, os Bragança, a também aderir ao Sistema Continental, ou, caso se negassem a fazê-lo, seriam depostos. Napoleão decidiu invadir Portugal com a Espanha, sua aliada, comandada pelo

[10] O Sistema Continental ou Bloqueio Continental foi um decreto francês datado de 21 de novembro de 1806, que consistia em impedir o acesso a portos dos países dominados pelo império francês a navios do Reino Unido da Grã-Bretanha e Irlanda. O principal objetivo era isolar economicamente as ilhas Britânicas, sufocando suas relações comerciais. Napoleão justificou tal violação do direito internacional como uma represália à ação de bloqueio dos portos franceses por navios da marinha do Reino Unido. https://www.britannica.com/event/Continental-System

ambicioso primeiro-ministro Manuel de Godoy, e concordou em repartir Portugal entre a França, a Espanha e o rei da Etrúria[11].

"Enfim, o imperador enviou um ultimato aos portugueses, determinando que, a partir de 1º de setembro de 1807, Portugal deveria fechar todos os portos aos produtos ingleses; caso contrário, ele cumpriria a ameaça de invadir o país e depor os Bragança. Sem forças para se opor a uma potência como a França, os ministros portugueses decidiram transferir a família real para uma de suas colônias, o Brasil, considerada a melhor opção no momento. Após o consentimento do príncipe regente de Portugal[12], embarcaram rumo ao Brasil com mais de 10 mil pessoas, o que aniquilou o remanescente de um dos mais antigos impérios da Europa, mas fez nascer uma nova potência no Atlântico Sul[13]."

11 Etrúria corresponde hoje à Toscana, região da Itália.

12 Futuro Dom João VI.

13 https://www.napoleon-series.org/research/government/Brazil/c_Independence.html

02

Bem, como já sabemos o que houve com D. João VI, vou continuar a história de Napoleão, pois daqui a pouco vamos encontrá-lo pessoalmente — disse John.

— Ótimo, temos que nos armar de conhecimentos sobre o imperador — falou Alessandra.

— Em fevereiro de 1808 — prosseguiu John —, houve a chamada Proclamação à Nação Alemã, do filósofo e nacionalista alemão J. G. Fichte, tentando inspirar movimentos anti-Napoleão e nacionalistas na Alemanha. Em março, ao mesmo tempo em que Fernando VII era nomeado rei da Espanha, iniciou-se uma revolta espanhola contra as tropas do marechal e almirante francês Joaquim Murat e contra a dominação francesa na Espanha. Em julho, Joseph Bonaparte, irmão mais velho de Napoleão, foi nomeado rei da Espanha e Murat e sua esposa, Caroline, se tornaram rei e rainha de Nápoles. Vejam só que confusão na Espanha. E tem mais. Em outubro, Joseph evacuou Madri após uma crescente resistência contra a França. No entanto, em novembro, os aliados da França, inclusive Alexandre I da Rússia, se reuniram em Erfurt, na Alemanha. Em dezembro, Napoleão assumiu o comando do exército da Espanha, e recapturou Madri.

"Formou-se, em abril de 1809, a Quinta Coligação, composta pela Grã-Bretanha, pela Áustria e pela rebelde Espanha, depois que a Áustria declarou a 'Guerra da Libertação' contra o Império Napoleônico. Enquanto isso, a Inglaterra sob o comando do duque de Wellington, Arthur Wellesley, chegou a Lisboa. Vejam mais uma proeza de Napoleão: O papa não se conformava com o sistema imperial de Napoleão. O que fez o imperador? Decretou a queda do papa como príncipe temporal, mandou suas tropas ocuparem Roma e simplesmente anexou os estados romanos[1]. Em julho, Napoleão derrotou os austríacos na Batalha de Wagram e, em outubro, celebrou o Tratado de Schonbrunn com a Áustria, que perdeu alguns territórios anexados ao Grão-Ducado de Varsóvia. Em dezembro, o imperador se divorciou da sua esposa Josephine porque ela não lhe dera um herdeiro; que maldade, não acham?

"Cada vez mais a gente tem que respeitar a coragem de Napoleão Bonaparte. Em fevereiro de 1810, ele anexou Roma ao império francês. Já imaginaram o que é uma ação dessa natureza? Como conseguia fazer com que o povo aceitasse tudo isso? Ninguém tinha forças para se opor a ele? Bem, em abril, casou-se com Maria Lúcia da Áustria. Não satisfeito com a anexação de Roma à França, em julho anexou a Holanda, sendo seu irmão Louis Bonaparte, que havia sido nomeado rei da Holanda em junho de 1806, forçado a abdicar."

— Mas porque o irmão de Napoleão foi forçado a deixar o governo da Holanda? O que ocorreu? — perguntou Liselotte.

— É curioso mesmo, mas há uma explicação para esse episódio. Napoleão ordenara ao irmão que continuasse francês, mas Louis Bonaparte apresentou-se como um rei verdadeiramente holandês. Opôs-se à introdução de medidas francesas negativas para a Holanda, como o alistamento de tropas para o exército de Napoleão e o bloqueio continental. Seus esforços para ser bem-visto pela população holandesa eram malvistos pelo irmão.

"Em 1809, a invasão inglesa da ilha de Walcheren foi impedida pelos exércitos franceses e holandeses, mas o imperador Napoleão Bonaparte considerou a ação demasiado hesitante, afetando a reputação de Louis. Assim, por decreto imperial, Napoleão colocou o sul do reino sob governo francês e, mais tarde, estendeu a medida para

1 http://archive.spectator.co.uk/article/1st-september-1866/12/france-and-the-papacy-in-1810

o resto do território, o que fez com que Louis Bonaparte abdicasse, esperando dessa forma preservar a independência da Holanda[2]. Em dezembro, Napoleão anexou mais territórios ao império francês. Dessa vez foram terras do norte da Alemanha.

"O ano de 1811 foi dedicado à preparação da campanha da Rússia. Em março nasceu Napoleão II, considerado rei de Roma.

"Em 1812 formou-se a Sexta Coalisão, integrada pela Rússia e pela Suécia, com suporte da Inglaterra e da Espanha rebelde. Enquanto isso, Napoleão assumiu o comando da grande armada na Prússia Oriental e na Polônia. Cruzou o rio Niemen, situado na divisa entre a Rússia e a Polônia, dando início à campanha da Rússia. Em setembro, na Batalha de Borodino, cidade situada a 70 km de Moscou, Napoleão derrotou os russos com grandes conquistas territoriais, e a grande armada entrou em Moscou. Para sua surpresa, encontrou-a totalmente abandonada e incendiada por seus habitantes. Fustigado pelos ataques de cossacos e da própria população russa, os franceses se viram encurralados pelas táticas de guerrilha do general Mikhail Kutuzov[3]. Em outubro, Napoleão, que havia permanecido por tempo excessivo em Moscou esperando a rendição de Alexandre I, retirou-se em meio a um rigoroso inverno com temperaturas entre 30 °C e 40 °C abaixo de zero, deixando o exército sob o comando do marechal e almirante francês Joaquim Murat, voltando para Paris[4].

"Vocês já pensaram o que significa uma retirada de um exército esgotado depois de uma luta feroz, num frio insuportável e praticamente sem alimentos? Somente na Batalha de Borodino, os franceses perderam 30 mil homens e os russos cerca de 45 mil. Ao todo, de um exército de 500 mil soldados franceses no início da campanha, com mais de 500 canhões e com uma abundância de alimentos para as tropas, retornaram à França apenas cerca de 27 mil soldados que escaparam da morte. Os demais morreram em combate ou congelados

2 https://www.britannica.com/biography/Louis-Bonaparte-king-of-Holland

3 https://www.britannica.com/biography/Mikhail-Illarionovich-Prince-Kutuzov

4 https://www.terra.com.br/noticias/educacao/historia/napoleao-e-a-retirada-da-russia-em-1812,7c7053799c3fc310VgnVCM20000099cceb0aRCRD.html

pelo frio durante a dramática retirada. Napoleão achava que os russos eram um povo bárbaro sem capacidade de reação e que, ao perceber o poder dos franceses, aceitaria facilmente a derrota e o domínio das tropas napoleônicas. Enganou-se, pois ao fim o tsar Alexandre I conseguiu derrotar os adversários, graças à estratégia inteligente do general Kutuzov e ao inverno, não levado a sério por Napoleão.

"Em 1813, o imperador sofreu diversas derrotas. Em fevereiro, pelo Tratado de Kalisch, a Rússia se comprometeu a ajudar a Prússia a recuperar o território perdido em 1806 pelo Tratado de Tilsit. Em março, a Prússia declarou guerra à França, resultando em duas batalhas em maio, as batalhas de Lutzen e Bautzen. Em junho, as forças francesas, sob o comando de Joseph Bonaparte, foram derrotadas pelo tenente-general Sir Arthur Wellesley, primeiro duque de Wellington[5], líder das forças espanholas. Mais adiante, em outubro, na Batalha de Leipzig, também conhecida como a Batalha das Nações, os exércitos da Áustria, Prússia, Rússia, Suécia e Boêmia derrotaram a *grand armée*. Em outubro e novembro, aconteceu o colapso da Confederação do Reno, acabando com o poder de Napoleão na Alemanha. O que não consegui entender foi por que o imperador não aceitou se render e continuar como imperador da França, oferta feita por Klemens Wenzel Nepomuk Lothar, príncipe de Metternich-Winneburg-Beilstein, um dos mais importantes diplomatas austríacos.

"Estou agora passando a 1814, ano em que Napoleão não foi muito feliz em suas manobras. Em janeiro, o diplomata inglês Robert Stewart, visconde de Castlereagh, também chamado segundo marquês de Londonderry, foi à Europa para negociar a paz pós-Napoleão, enquanto as forças aliadas entravam na França. O curioso foi que o general Murat desertou do exército francês e se juntou às forças aliadas. Em março, as quatro potências que derrotaram Napoleão assinaram o Tratado de Chaumont para, durante vinte anos, lutar juntos para evitar que a França se tornasse novamente poderosa. No mesmo mês, os exércitos aliados comandados por Wellington entraram em

5 https://www.britannica.com/biography/Arthur-Wellesley-1st-Duke-of-Wellington.

Bordeaux, e os marechais franceses Marmont e Mortier se renderam em Paris. Em abril, o senado e o legislativo francês proclamaram a deposição de Napoleão, que abdicou em favor do seu filho e, de acordo com o Tratado de Fontainebleau, aceitou partir para o exílio na Ilha de Elba, onde receberia uma remuneração de dois milhões de francos por ano e poderia conservar o título de imperador (é estranho que os milhões de francos nunca tenham sido pagos). Napoleão, então, abdicou incondicionalmente, enquanto Luis XVIII era nomeado rei da França. Em maio, Napoleão iniciou o exílio em Elba e sua esposa e seu filho se refugiaram em Viena.

"Napoleão chegou ao porto de Portoferraio, capital da ilha, no dia 3 de maio de 1814, na fragata *Undaunted,* mas como não tinha certeza de como seria recebido, desembarcou somente em 4 de maio. O prestígio de Napoleão era tão fantástico que o prefeito da cidade lhe entregou a chave da cidade.

"Como não ficou satisfeito com a casa que lhe foi oferecida, encontrou a residência perfeita na chamada Palazzina dei Mulini, um pequeno palácio onde havia dois moinhos, com uma localização privilegiada em frente ao mar, de onde podia observar os navios. Como era de uma atividade infinita, começou a reformar a cidade, dando ordens sobre a organização da marinha, e convocou todas as pessoas da administração que poderiam informá-lo sobre o estado da alfândega e da administração sanitária e marítima. Portoferraio mudou seu aspecto e ali se construiu um canal subterrâneo para evitar os alagamentos nas estradas, enquanto Napoleão mandou alargar as ruas para poder passar a carruagem imperial, derrubando até mesmo muros quando necessário. Também ordenou a reforma do Teatro dei Vigilanti.

"Sua esposa, Maria Luisa, não esteve em Elba, mas Napoleão não ficou muito tempo sozinho, pois preencheu seu coração com a chegada da sua fascinante amante polonesa, Maria Waleska. Porém, logo mandou-a de volta à França, escondida, para evitar que a notícia chegasse à esposa.

"A chegada de sua irmã Paolina Borghese animou a vida de Napoleão durante os trezentos dias em Elba, e a vida social da ilha tomou um caminho de festa, pois ela levava damas de honra, organizava grandes coquetéis, bailes de máscaras e festas parisienses na nova pequena corte. Encheu de flores e pássaros a *Palazzina dei Mulini*, originariamente destinada a Maria Luiza. Inesquecíveis foram os bailes organizados no Vigilanti, pequeno teatro onde antes havia uma igreja desconsagrada. Maior ainda foi a festa que Paolina ofereceu à sociedade na tarde antes da partida de Napoleão.

"Sobre a partida de Napoleão contam-se várias histórias, muitas delas têm como fundo a noite do baile, uma *masquerade*, durante a qual Napoleão teria escorregado da escada da Palazzina dei Mulini. O Imperador não fugiu da Ilha de Elba, pois durante muitos dias a partida foi preparada, com o barco 'L'Inconstant' já pronto, inclusive com mantimentos.

"A decisão de deixar a ilha foi determinada pelo próprio comissário inglês, Sir Neil Campbell, depois das decisões estabelecidas pelo Tratado de Fontainebleau. Napoleão estava ciente dos rumores sobre seu possível exílio para uma ilha remota no oceano Atlântico e, em seguida, deixou a Ilha de Elba em 26 de fevereiro 1815 e foi para a França."

— Como é possível um imperador ser exilado e levar uma vida de nababo, dando ordens, escolhendo onde morar, reformando a cidade, recebendo a chave da cidade, imaginem vocês que prestígio!!! — afirmou Paul.

— Napoleão desembarcou na Provença em 1º de março de 1815 — prosseguiu John. — Em 13 de março, sete dias antes de chegar à capital, os dignitários europeus em Viena declararam-no oficialmente um fora da lei. Chegou a Paris em 20 de março de 1815 com mil soldados veteranos, sendo recebido entusiasticamente[6].

"Em poucos dias, Napoleão reuniu 124 mil homens, enquanto o rei Luis XVIII fugia de Paris, episódio que marca o início da campanha chamada de Cem Dias[7].

6 https://passeiosnatoscana.com/itinerario-sobre-a-historia-de-napoleao-na-ilha-de-elba/

7 https://investidura.com.br/artigos/historia-do-direito/as-coligacoes-europeias-contra-napoleao/

"Determinados a removê-lo do trono de uma vez por todas, diversas potências europeias, como Inglaterra, Rússia, Prússia e Áustria, formaram uma nova coalizão, a Sétima Coligação contra a França[8]."

Nessa oportunidade, em 30 de março de 1815, os Vivone chegaram a Paris e foram recebidos pela guarda de honra do imperador. Conduzidos diretamente à sala de reuniões, achava-se Napoleão em conferência com os comandantes das suas tropas, mas sentiu logo que chegara o homem que aguardava ansiosamente.

— Suponho que se trata do excelentíssimo senhor doutor Robert Vivone, o famoso veterinário de Londres. E quem são essas simpáticas pessoas em sua companhia, doutor Robert? — perguntou Napoleão.

— Tenho o prazer de lhe apresentar minha esposa, Kelly, também veterinária especialista em cavalos; meu irmão Dr. Paul Vivone, cirurgião e professor da Universidade de Southampton e sua esposa Alessandra Carpelli, também médica, pediatra, que trabalha na mesma universidade; finalmente, aqui está meu primo, John Vivone, professor de filosofia da Universidade de Cambridge e sua esposa Liselotte König, também professora de filosofia. Eles decidiram me acompanhar, pois queriam conhecer Vossa Excelência para entender um pouco mais a situação na Europa, após vosso retorno da Ilha de Elba.

— É um prazer recebê-los, "apesar de serem ingleses", meus atuais inimigos — brincou Napoleão. — Mas, por favor, tratem-me de você, fica mais fácil e rápido.

— Pela sua carta, excelência, aliás você, me informou que sua cavalaria estaria com problemas de saúde e estou, com minha esposa, disposto a examinar os animais, apesar de serem "cavalos inimigos" — falou Robert, rindo.

— Já vi que o doutor Robert tem um simpático senso de humor e gostaria de tê-lo aqui por mais tempo, mas como estou em reunião com meus generais, vou enviar meus dois mais confiáveis auxiliares para a sua visita aos estábulos onde se acham os animais sadios e os

8 http://www.heeve.com/modern-history/seventh-coalition.html

doentes. Ficarei curioso para receber o seu diagnóstico sobre a fraqueza dos meus cavalos — disse Napoleão.

Os seis Vivone se dirigiram à cavalariça, onde se achavam cerca de cinquenta animais. Ao chegarem, notaram a péssima limpeza do local, o que poderia ser uma das causas do problema. Indagados sobre a conservação, os dois auxiliares responderam que não havia qualquer equipe que fizesse a higienização do estábulo, o que ensejava a proliferação de carrapatos, moscas, mosquitos e demais parasitas. O exame mostrou uma quantidade de bernes, facilmente reconhecíveis por seu corpo pequeno, marrom e peludo e que, se deixados sem tratamento, poderiam se tornar uma ameaça, pois depois que as larvas eclodem arrastam-se para cima a fim de entrar na boca do cavalo e se anexar ao estômago ou intestino delgado do animal[9].

Alguns dos cavalos apresentavam sintomas de influenza, também chamada de tosse ou gripe animal, transmitida por um vírus e acentuada pelo contato de animais doentes com os sadios. Outros estavam com febre alta, o que fez com que Kelly desconfiasse de uma doença denominada anemia infecciosa, causada por mordida de mosquitos, mutucas e varejeiras. Essa anemia provocava abatimento e fraqueza das patas, aparentemente a razão principal do cansaço dos cavalos[10].

Enfim, estava evidente o diagnóstico que deveria ser comunicado pelos auxiliares ao imperador. Mas estes não entenderam completamente o que os dois veterinários descreveram e não conseguiram responder às perguntas de Napoleão.

— Vocês são uns ignorantes, não entenderam nada, chamem imediatamente o doutor Robert e sua esposa. Quero vê-los aqui hoje à tarde sem falta — rugiu o imperador.

Os Vivone explicaram a situação ao imperador, que prometeu melhorar os procedimentos recomendados, principalmente a

9 http://www.ehow.com.br/proteger-cavalo-bernes-como_309160/

10 http://www.porforadaspistas.com.br/saude-animal-principais-doencas-que-atacam-os-cavalos/

desinfecção e a higienização dos estábulos e o urgente tratamento dos bernes. Napoleão ficou apavorado com a anemia infecciosa descrita por Kelly, que poderia ser a principal razão do cansaço dos cavalos. Chamou imediatamente uma equipe que considerava confiável para cumprir as determinações dos veterinários.

— Não sei como agradecer a vocês, prezados profissionais ingleses, e gostaria de remunerá-los pelo seu diagnóstico tão eficiente e útil para a minha tropa de cavalaria. Quanto desejam receber por seu esforço? — perguntou Napoleão.

— Absolutamente nada, caro Napoleão. Foi uma grande satisfação ajudá-lo e posso lhe afirmar que os seus cavalos não são absolutamente responsáveis pelo conflito entre os nossos países e, além disso, veterinários fazem um juramento pelo qual devem atender animais doentes, estejam onde estiverem, à semelhança do juramento de Hipócrates dos médicos — respondeu Robert.

— Então posso dizer com franqueza que a sua atitude mostra que vocês são profissionais da mais alta qualidade, não sei como agradecer sua vinda à minha querida França, podem estar certos de que vocês serão conduzidos com segurança a Calais, para o seu retorno seguro à Inglaterra — encerrou Napoleão.

Felizes por terem tido a chance de conhecer um homem como Napoleão Bonaparte, os Vivone chegaram a Southampton em abril de 1815. John, Robert e esposas se despediram de Paul e tomaram o rumo de Cambridge e Londres.

Em junho de 1815, souberam que Napoleão havia sido derrotado na Batalha de Waterloo, cidade situada a 18 km de Bruxelas. A derrota foi infligida por tropas inglesas de Sir Arthur Wellesley, o duque de Wellington, apoiadas pelo exército da Prússia, comandado pelo general Blücher.

Napoleão foi obrigado a abdicar pela segunda vez, rendendo-se ao capitão da Marinha Real Britânica Frederick Maitland, em 3 de julho. No dia 17, as tropas aliadas entraram em Paris e Luis XVIII voltou ao trono francês.

Napoleão havia sido encurralado pelas nações opositoras (Rússia, Prússia e Áustria) que formaram a chamada Santa Aliança, da qual a Inglaterra não participou. Bonaparte, então, procurou a corte de exilados do governo provisório da França, para que lhe fornecesse um passaporte com o propósito de se isolar na Ilha de Aix, o que foi negado, e só lhe restou mesmo se entregar aos ingleses. No dia 31 de março foi decidida sua deportação para Santa Helena, partindo no navio Northumberland em 7 de agosto, chegando em 15 de outubro. A ilha era vigiada por quatro navios de guerra, para monitorar toda a costa e impedir qualquer tentativa de invasão ou fuga.

A monotonia da ilha afetou Napoleão e a sua saúde foi piorando a cada ano. Em 1821, no dia 5 de maio, ele faleceu. Seu médico, que também fez a autópsia, alegou que a causa da morte teria sido uma úlcera gástrica de origem cancerosa. Entretanto, muitos pesquisadores vêm levantando dúvidas a respeito de um possível envenenamento[11].

É interessante notar que as forças das várias coalizações durante as Guerras Napoleônicas eram compostas dos seguintes inimigos: Reino Unido, Império Austríaco, Reinos da Prússia, da Espanha, de Nápoles e da Sicília, da Sardenha, de Portugal e da Suécia, República Holandesa, Império da Rússia, Império Otomano, várias Confederações do Reno e Estados Italianos, em diferentes épocas das guerras. Tais exércitos tinham 1.740.000 soldados, contra 1.100.000 da França[12].

11 https://www.preparaenem.com/historia/exilio-napoleao-santa-helena.htm

12 https://www.britannica.com/event/Napoleonic-Wars/French-and-British-armed-forces

03

O ano de 1822 foi muito triste para os Vivone. Tuxaua faleceu de repente, em virtude de um câncer de cólon que não havia apresentado sintomas que permitissem identificar o motivo de sua fraqueza extrema nos últimos meses. Sua esposa, Andrea, desesperada pela perda do marido em maio, entrou em profunda depressão e não conseguia mais comer. Foi definhando devagarinho até falecer em agosto.

Na verdade, o casal viveu até uma idade bem acima da média, ultrapassando o índice de mortalidade da época. Quem sabe tenham chegado a essa idade em virtude da aderência a bons costumes de higiene e alimentação que adotaram durante toda a vida. Além dessas vantagens, em termos de saúde, os Vivone também tinham, sobre as demais pessoas com as quais conviveram, a vantagem do conhecimento de línguas, não só europeias como indígenas das Américas. Por meio dos cursos frequentados na Royal School of Moral Integrity ficaram proficientes em inglês, francês e italiano. Em virtude da sua permanência em diversas ocasiões em Portugal e na Espanha, eram fluentes em português e espanhol. Por outro lado, nas suas viagens ao continente americano, aprenderam o tupi com os caetés no Brasil e o munsee com os lenape na América do Norte. Apesar de algumas dessas línguas terem sido passadas para os descendentes, eles não conseguiram manter esse costume por falta de tempo e de outras preocupações, o que dificultou a sua propagação de geração em geração.

Talli trabalhou muitos anos em construções, como chefe de engenharia do castelo de Windsor, e ficou solteiro por se dedicar integralmente à sua profissão. Usava-se na época um material de nome asbesto, formado por fibras, aplicado principalmente em isolamentos térmicos e sonoros. Lamentavelmente, essas fibras são inaladas com facilidade e se fixam nos pulmões de pessoas que executam essas tarefas. O problema se manifesta geralmente após dez ou vinte anos e pode levar à morte por asfixia. Foi o que ocorreu com Talli. Ele já havia se queixado de dificuldade de respiração, o que foi se agravando paulatinamente. Ele sucumbiu às lesões pulmonares causadas pelas fibras e faleceu em dezembro de 1823.

Com as modificações havidas na família, torna-se importante apresentar a nova árvore genealógica no ano de 1823:

ÁRVORE GENEALÓGICA DA **FAMÍLIA VIVONE** NO ANO DE 1823

- Ryan (1716– 1792) e Sayen (1723–1803)
  - Raini (1745–1813) e Mabel Harris (1750–1813)
    - John (1776–)e Liselotte König (1778–)
      - Arthur (1809–)
  - Talli (1746–1823)
- Brian (1717–1792) e Omatah (1721–1792)
  - Tuxaua (1745–1822) e Andrea Watt (1751–1822)
    - Paul (1776–) e Alessandra Carpelli (1780–)
      - Enrico (1808–)
      - Luca (1808–)
  - Temanem (1746–1813) e Christiane Hopkins (1751–1813)
    - Robert (1776–) e Kelly Gordon (1779–)
      - Jennifer (1808–)

Em 1825, Enrico, Luca e Jennifer já estavam com 17 anos e Arthur com 16. Como sempre acontece com os Vivone, os quatro foram matriculados na Royal School, com a formatura prevista para 1827.

— Pai, o meu professor me deu um trabalho para a semana que vem. Ele quer que eu faça uma exposição sobre a história de Portugal no período de 1808 a 1821. Como eu não tenho muita noção sobre Portugal, sobre países da América do Sul, e muito menos sobre o Brasil, gostaria que você me desse uma aula a respeito do assunto, é possível? — perguntou Jennifer.

— Como o período que o professor pediu é relativamente recente, posso tentar relembrar o que eu soube durante minha visita ao imperador Napoleão Bonaparte, em março de 1815, quando você tinha só 7 anos. Desde essa visita até hoje, tenho acompanhado com muita atenção as notícias que chegam à Inglaterra sobre a França e sobre as invasões de Napoleão — respondeu Robert.

— Mas papai, a minha exposição não é sobre Napoleão, eu preciso falar sobre o Brasil — aparteou Jennifer.

— Eu sei, filha, mas acontece que, em 1806, Napoleão decretou o chamado "Bloqueio Continental", proibindo que qualquer país aliado ou ocupado pelas forças francesas mantivesse relações comerciais com a Inglaterra — falou Robert. — O objetivo do bloqueio era arruinar a economia inglesa. Quem não obedecesse, seria invadido pelas tropas francesas. Portugal era aliado da Inglaterra e não queria participar do bloqueio. Por outro lado, o príncipe regente de Portugal, D. João VI, sabia que seu país não teria forças para vencer Napoleão e acabou aceitando o bloqueio. Mesmo assim, continuou comercializando com os ingleses. Ao descobrir a desobediência de D. João, Napoleão resolveu invadir Portugal em novembro de 1807.

— Pai, por que D. João não obedeceu? Ele sabia que o imperador era mais forte e que poderia haver grande número de mortos!

— Acho que ele pensou que poderia enganar o francês, que era um militar de grande experiência. Enfim, Jennifer, só restou ao D. João VI fazer as malas e fugir para o Brasil, protegido pela marinha inglesa. Mas imagine você, nada é de graça nesta vida. Os ingleses, muito espertos, exigiram do príncipe regente que ele abrisse os portos brasileiros aos navios de nacionalidade inglesa como compensação pelo apoio na sua travessia para o Brasil. D. João reuniu a sua corte e saiu de Lisboa em 29 de novembro de 1807, vaiado pelo povo. A comitiva era formada por ele, sua mãe D. Maria I, a princesa Carlota Joaquina, as crianças D. Miguel, D. Maria Teresa, D. Maria Isabel, D. Maria Assunção, D. Ana de Jesus Maria e D. Pedro, futuro imperador do Brasil, e mais umas dez a quinze mil pessoas entre nobres, militares, religiosos e funcionários da coroa. Trouxeram tudo que podia ser carregado, como móveis, objetos de arte, joias, louças, livros, arquivos e todo o tesouro real imperial.[1] Você quer descansar um pouco para continuarmos depois? — perguntou Robert.

— Não, pai, eu estou tomando nota de tudo para a minha exposição e não posso perder nada do que você está contando.

— Então vamos continuar com a aventura de D. João. Eles chegaram a Salvador, na Bahia, em 22 de janeiro de 1808. Lá, D. João VI cumpriu a promessa e abriu os portos aos navios ingleses. Em seguida, rumaram para o Rio de Janeiro, onde instalaram o governo, sendo recebidos com festas. O povo aglomerou-se no porto e nas principais ruas para acompanhar a família real em procissão até a catedral, onde, após uma missa de ação de graças, o rei concedeu o primeiro "beija-mão".

— O que é "beija-mão", pai?

— Foi bom você perguntar, filha, pois é um costume que existe muito no mundo e principalmente no Brasil. Quando aparecem pessoas como um rei, um imperador ou uma pessoa importante, todos querem conhecer, chegar perto e apertar a mão dessas autoridades, achando que vão ficar conhecidas e amigas delas. É o que ficou conhecido como "beija-mão". Quem consegue cumprimentar essas pessoas, costuma até contar aos parentes e amigos com muito orgulho.

"Bem, continuando, D. João VI fez muita coisa pelo Brasil. Apesar de considerado um homem indeciso, ele organizou os serviços do

1 http://www.historiamais.com/familia_real.htm

governo, nomeou os ministros, instalou tribunais de justiça e criou o Banco do Brasil em 1808. Era preciso, no entanto, acomodar os novos habitantes e tornar a cidade digna de ser a nova sede do império português. A antiga residência dos governadores e vice-reis no Rio de Janeiro foi transformada em paço real. Foi lá que D. João VI, sua família e parte da corte habitaram por algum tempo.

"Tem uma história engraçada que você pode contar na classe. Imagine que duas mil residências foram requisitadas para as pessoas que vieram de Portugal com D. João VI. Nessas residências D. João mandou pregar nas portas as letras 'P.R.' que deveriam significar 'Príncipe Regente'. Mas, por brincadeira ou por maledicência, a população logo ressignificou o P.R. como 'Ponha-se na Rua'.

"A população foi crescendo devido a todas essas mudanças e por volta de 1820 já havia 100 mil habitantes, entre os quais muitos estrangeiros: portugueses, comerciantes ingleses, diplomatas e outros. Com a abertura dos portos, o comércio cresceu muito e o movimento dos navios passou de 500 para 1.200 embarcações anuais.

"Acho que vai interessar aos seus colegas se você contar duas coisas: em primeiro lugar, D. João VI e sua família pertencem à chamada 'Dinastia de Bragança' que vou explicar mais tarde. Em segundo lugar, é importante você falar sobre as realizações do D. João no Brasil. Em 1808, ele mandou criar a Escola de Cirurgia e a Academia de Marinha. Em 1810, começaram as aulas de comércio, criaram a Academia Militar, o Observatório Astronômico e o Jardim Botânico. Em 1813, foi fundada a Academia Médico-Cirúrgica e construído o Teatro São João. Em 1816, uma missão francesa, composta de pintores, escultores, arquitetos e artesãos, chegou ao Rio de Janeiro para criar a Imperial Academia e Escola de Belas-Artes. Em 1818, foi criado o Laboratório de Química e, em 1820, foi a vez da Real Academia de Desenho, Pintura, Escultura e Arquitetura Civil."

— Como é que o D. João teve tempo para criar tanta coisa? Acho que ele não era tão indeciso como você falou.

— Você tem razão, eu não tinha pensado nisso. Sem dúvida, a chegada de D. João deu um grande impulso à cultura no Brasil. Eu me esqueci de contar que, em 1808, ele criou o Arquivo Central, onde o governo guarda todos os seus documentos, inclusive mapas, cartas geográficas e projetos de obras públicas do Brasil. Depois ele ainda criou a Imprensa Régia que publica todas as atividades do governo, como a construção de estradas, ruas, inclusive as nomeações de autoridades e funcionários etc., e foram fundados dois jornais, um chamado a *Gazeta do Rio de Janeiro* e outro de nome *O Patriota*. Em seguida, vieram livros didáticos, técnicos e de poesia. Em janeiro de 1810, foi aberta a Biblioteca Real, com sessenta mil volumes trazidos de Lisboa.

"Com a vitória das nações europeias contra Napoleão em 1815, ficou decidido que os reis de países invadidos pela França deveriam voltar a ocupar seus tronos, mas D. João VI não queria retornar a Portugal com exceção da sua esposa, que nunca se acostumou aos costumes brasileiros pois os considerava muito diferentes dos europeus. Nesse ano de 1815, o Brasil foi elevado à categoria de Reino Unido de Portugal e Algarves — Algarves é uma região ao sul de Portugal —, deixando de ser uma colônia e adquirindo autonomia administrativa própria. Em 26 de abril de 1821, D. João VI cedeu às pressões e voltou para Portugal, deixando seu filho D. Pedro como príncipe regente do Brasil[2].

"Alguém poderá perguntar a você o que foi a 'dinastia de Bragança', e é necessário que saiba responder a essa importante pergunta. Mas primeiro vou definir o que é uma dinastia. É uma família de reis e rainhas, de nobres que podem permanecer no poder durante muito tempo, até por séculos. Na dinastia, o poder é transmitido por hereditariedade, ou seja, de pai para filho. Por exemplo, a dinastia de Bragança foi criada em 1640, permanece até hoje e poderá continuar por muito tempo. Ela é de origem portuguesa e D. João VI é dessa dinastia, o pai dele também pertencia a ela e assim por diante. Outra dinastia é a dinastia Ming, da China, uma família que viveu de 1368 a 1644. Por brincadeira, posso até dizer que nós pertencemos à 'dinastia dos Vivone', pois o primeiro da família foi Francesco Vivone,

2 http://www.riodejaneiroaqui.com/portugues/paco-real-imperial.html

que nasceu em 1200, portanto muito antiga, e você, eu, sua mãe e todos os nossos parentes fazem parte dela."

— Pai, muito obrigada pela aula. Acho que com todas essas informações vou fazer uma boa exposição. Foi ótimo aprender tudo isso e você continua sendo o meu ídolo.

Três dias depois, Jennifer chegou correndo da Royal School e trouxe uma carta do diretor com elogios pelo trabalho apresentado. Foi um sucesso, com aplausos no fim da apresentação.

Apesar de serem muito amigos, notou-se certa inveja do bom resultado de Jennifer, por parte dos primos Arthur, Enrico e Luca, que estavam cursando também a Royal School. Como eles estavam hospedados na casa de Robert e Kelly durante o curso, assistiram a uma parte da aula ministrada e queriam também receber instruções para seus futuros trabalhos.

— Tio Robert, eu ouvi uma parte da sua aula sobre o Brasil para a Jennifer e queria saber se você poderia falar um pouco sobre outro trabalho, parecido com o dela. O professor de história pediu que eu estudasse a Independência do Brasil e fizesse uma exposição sobre a matéria — pediu Luca.

— Se você quiser, posso dar uma ideia sobre o assunto e talvez fosse bom o Arthur e o Enrico também participarem — respondeu Robert.

"Conforme comentei antes, em 1821, D. João VI voltou para Portugal, deixando o seu filho Pedro como príncipe regente do Brasil. No século passado, o século XVIII, Portugal descobriu que o Brasil possuía grandes reservas de ouro, principalmente num local depois denominado Minas Gerais, onde havia também uma grande quantidade de diamantes. Para conseguir embarcar essas riquezas para Portugal, era necessário uma saída para o mar, o que Minas Gerais não possuía. Então, mudou-se a capital para o Rio de Janeiro. Com todo esse ouro e diamantes, o Brasil passou a ser considerado a nova joia do império.

"Você pediu para eu falar sobre a Independência do Brasil. Então é importante saber como ela começou, e por essa razão temos que voltar um pouco ao passado. Entre 1789 e 1792, a produção de ouro diminuiu muito, causando problemas econômicos para a população das Minas Gerais. Os mineiros, habitantes da região, eram taxados com impostos muito altos, o que provocou ódio contra o intendente dos diamantes, que mandava na extração das joias. Revoltados com os portugueses, alguns mineiros educados na Europa iniciaram um movimento que visava separar o Brasil definitivamente de Portugal. Aí, um português chamado José Joaquim da Maia que teve uma reunião com o revolucionário americano Thomas Jefferson, em Paris, ficou inspirado pelas ideias da Revolução Americana. Apesar de ter morrido antes de retornar ao Brasil, sua paixão inspirou outros brasileiros com o desejo de liberdade.

"Surgiu então o líder de um movimento que se chamou de Inconfidência Mineira, formada por brasileiros que queriam a independência do Brasil. Esse líder era José da Silva Xavier, um dentista com apelido de 'Tiradentes', justamente porque 'tirava dentes'. Por infelicidade, os portugueses logo descobriram o movimento e decidiram dar um castigo exemplar aos conspiradores. Imaginem vocês a maldade que fizeram com Tiradentes. Ele foi enforcado, ainda por cima cortado em pedaços, tendo seus restos mortais exibidos Brasil afora. Mas a coisa não ficou fácil para os portugueses, pois Tiradentes se transformou num mártir e um símbolo da futura independência brasileira.

"Em 1798, começou em Salvador, na Bahia, uma revolta constituída por pessoas mais pobres e escravos, que planejavam transformá-la num movimento na região Nordeste do Brasil, mas foi rapidamente dominada pelos portugueses. Mesmo assim, o ideal de independência continuou entre a população.

"Agora vou chegar ao personagem mais importante da Independência do Brasil. Vocês já descobriram quem foi?"

— Tenho a impressão de que foi D. Pedro, o filho de D. João VI, será? — perguntou Luca.

— Exatamente, vou falar um pouco sobre ele. D. Pedro tinha só 9 anos quando deixou Portugal, em 1807. Era uma criança que fazia o que queria e por isso não teve uma educação muito aprimorada. Mas era cativante e tornou-se conhecido pelas conquistas de esposas de importantes funcionários do governo. Apesar de tentar manter segredo, Pedro teve um caso com a bailarina francesa Noémi Thierry, caso que se transformou num dos principais assuntos nas cafeterias do Rio de Janeiro. Mas vocês vão gostar da história que vou contar agora: D. João VI, seu pai, ignorou os rumores sobre o caso do seu filho com Noémi, até que descobriram que ela estava grávida.

— E por que o Dom João VI não ligou para os rumores sobre o caso dele? — questionou Enrico.

— Na verdade, Dom João estava justamente arranjando o casamento de Pedro com uma princesa europeia, a princesa Leopoldina da casa dos Habsburgos, e achou que poderia convencer o filho a terminar o namoro com a francesa. Foi exatamente o que aconteceu, ele terminou sua aventura com Noémi Thierry, um episódio que custou muito ao reinado, pois Noémi recebeu uma grande quantidade de dinheiro. No fim do episódio, Pedro casou-se por procuração com a princesa Leopoldina e começou a tomar conhecimento dos problemas que afligiam Portugal e o Brasil.

"Enquanto isso, Dom João VI, em Portugal, não conseguia impor sua autoridade, pois os liberais dominavam a corte, que se mostrava hostil em relação ao Brasil, até o ponto de provocar a volta do país ao status de colônia. Essa medida foi considerada inadmissível pelo príncipe Pedro. No verão de 1821, tropas portuguesas conhecidas como a 'legião', sob o comando do general Jorge de Avilez, tomaram o poder no Rio de Janeiro e, ao mesmo tempo, o governo português ordenou a Pedro que voltasse para Portugal. Este, revoltado, desafiou o comando e proclamou que permaneceria no Brasil. Esse dia, 9 de janeiro de 1822, ficou famoso e foi chamado 'Dia do Fico', pois ele proclamou: 'Se é para o bem de todos e felicidade geral da nação, diga ao povo que fico'[3].

"A legião, por sua vez, descontente com a atitude de Pedro, decidiu que, caso ele não voltasse a Portugal por bem, iria à força. Vejam só que problema. Começou uma disputa entre duas tropas, uma do general Avilez e outra preparada por Dom Pedro para enfrentar os

[3] https://www.suapesquisa.com/independencia/

portugueses. Os dois exércitos se defrontariam no Rio de Janeiro, mas diante da ameaça do príncipe de que liquidaria as tropas portuguesas com seus canhões, Avilez acabou se rendendo.

"Com a rendição dos portugueses, Dom Pedro decidiu criar um governo estável, auxiliado pelo brilhante professor e poeta Dr. José Bonifácio de Andrada e Silva, que liderou o novo governo, angariando apoio para uma completa independência do Brasil de Portugal. Pedro, então, viajou pelo Brasil, sendo aclamado pelo povo que o denominou 'Defensor Perpétuo do Brasil'. Enquanto isso, o governo português declarou ser totalmente contra a independência e que mandaria tropas para restaurar a ordem. Furioso com essa perspectiva, Pedro rasgou a insígnia portuguesa de seu uniforme e deu a mesma ordem aos seus soldados. Em seguida, desembainhou sua espada e gritou: 'Pelo sangue que corre nas minhas veias, eu juro a Deus que libertarei o Brasil' e, no dia 7 de setembro de 1822, bradou a famosa frase: '***INDEPENDÊNCIA OU MORTE***'.

"Para solidificar o governo como uma monarquia constitucional, Dom Pedro instituiu a Constituição Nacional, sendo o Brasil reconhecido como nação independente pelos Estados Unidos e, posteriormente, pela Inglaterra e por Portugal. No dia 1º de dezembro de 1822, no Rio de Janeiro, Pedro foi nomeado imperador do Brasil, recebendo o título de Dom Pedro I[4]."

— O que é uma Constituição Nacional? — perguntou Enrico.

— Veja, em todo o mundo há regras que devem ser obedecidas. Se não existirem essas regras, todos podem fazer o que bem quiserem, o que resulta numa sociedade que não tem controle, nem leis e nem justiça. A Constituição serve justamente para evitar que isso aconteça. As suas regras, elaboradas por um grupo de pessoas que querem o bem do país, estão contidas na Constituição, que na verdade é a chamada "Carta Magna" de uma nação. Ela descreve aquilo que é permitido e o que é proibido. Ao mesmo tempo, a Constituição estabelece

4 https://www.napoleon-series.org/research/government/Brazil/c_Inde-pendence.html

como deve ser a formação de um governo. Geralmente, todo governo é constituído por três poderes, ou seja, o Poder Executivo, o Poder Legislativo e o Poder Judiciário, e ela define como cada um deles deve se comportar. O Poder Executivo é formado pela pessoa mais importante do país, que pode ser um rei, um presidente e seus auxiliares. O Poder Legislativo é formado por pessoas que elaboram as leis que devem ser obedecidas em todo o país, e o Judiciário é constituído por aqueles que vão julgar se essas leis estão sendo cumpridas. Se alguém desobedecer a essas leis, pode ser punido, e assim por diante. Para comparar essa Constituição com as regras de uma família, você pode considerar o pai e a mãe como sendo o poder executivo, os chefes que mandam na família. O poder legislativo, por outro lado, é um conjunto de regras de aceitação geral a que todos os seus membros devem obedecer e que são aceitas por todos que fazem parte da família, e o poder judiciário é aquele que julga se as regras estão sendo obedecidas por todos os seus membros. No âmbito da família a coisa é um pouco diferente de um país, porque ao mesmo tempo em que os pais constituem o poder executivo, também são o poder legislativo e o poder judiciário, pois elaboram as leis e depois vão julgar se as crianças as estão cumprindo. Deu para ter uma ideia?"

— Foi ótimo, você realmente explica direitinho para a gente entender — respondeu Arthur.

— Eu também entendi que, no caso da família, os pais é que constituem os três poderes, enquanto numa nação cada poder é separado e é ocupado por pessoas diferentes — falou Jennifer.

Alguns dias depois da aula que Robert proporcionou aos seus dois sobrinhos, eles se apaixonaram pela história do Brasil e começaram a pressionar o pai, Paul, para que pudessem algum dia conhecer o enorme país.

— Vamos primeiro terminar a Royal School e depois podemos pensar no assunto — afirmou Paul.

04

Em 1827, com a formatura dos quatro filhos na Royal School, os Vivone queriam saber quais seriam as profissões escolhidas por eles para o futuro.

— Pai, eu sei que você e a mamãe estão ansiosos para saber o que vamos fazer daqui para a frente, e também sei que os nossos tios têm a mesma preocupação — disse Jennifer. — Mas nós estivemos conversando e achamos que é um pouco cedo para tomar essas decisões. Todos nós concordamos em propor a vocês o nosso plano, que consiste numa viagem a fim de conhecer um pouco do mundo. Nós estamos tempo demais na Inglaterra e, na nossa idade, perder uns três anos certamente não vai prejudicar o nosso futuro. Ao contrário, podemos ganhar experiência. O que acha dessa ideia?

— Os seus primos já conversaram com os pais sobre isso? — perguntou Robert.

— Já falaram e eles acharam boa ideia. Além disso, estão dispostos a fazer uma viagem pelo mundo como nós estamos planejando. No entanto, devemos ir separados, pois as nossas idades são diferentes e certamente os programas seriam muito chatos para vocês — disse Jennifer. — Agora estamos em setembro de 1827, é quase Natal e o frio vai começar a partir de outubro. Assim, estamos planejando um passeio para o Caribe onde dizem que o sol é fabuloso. O tio Paul, o tio John e as nossas tias estão pensando em viajar para a Rússia, país que ficou famoso na guerra contra Napoleão Bonaparte. Você e a mamãe não gostariam de ir com eles? Assim, poderiam dar uma descansada dos seus trabalhos por um tempo.

— Vou pensar seriamente no assunto — respondeu Robert.

A ideia da viagem gerou um certo tumulto entre os Vivone. Tornou-se necessário aumentar o ritmo das comunicações entre Cambridge e Southampton para coordenar os planos de todos. Tudo isso levou um certo tempo devido às distâncias. Mas, uma vez decidido, tudo se tornou mais fácil. Foi o que ocorreu finalmente, em junho de 1829. Os quatro primos decidiram conhecer o Caribe, enquanto os mais idosos escolheram a Rússia.

Antes, porém, era necessário estudar um pouco sobre a história dessas duas regiões, pois isso facilitaria a compreensão do seu povo e das suas características geográficas. Ficou decidido que John e Liselotte, e Robert e Kelly, iriam diretamente para Southampton, onde se encontrariam com Paul e Alessandra. Decidiram também o ponto de partida dos três primos. Ali seriam estabelecidos os roteiros e os meios de transporte. Felizmente, Paul e Alessandra tinham espaço suficiente em sua casa para abrigar todos os Vivone.

Em 1830 começaram as pesquisas sobre os dois destinos. Todos sabiam que as ilhas pertencentes ao Caribe, ou Caraíbas, são muitas. Como escolher uma delas ou até várias para visitar? Robert, quando visitou Napoleão Bonaparte, teve a oportunidade de conversar com um militar do exército francês, antes de ser levado à presença do imperador e perguntou se ele conhecia o Caribe. A resposta foi mais completa do que imaginara, pois ele falou longamente sobre a região.

— Vou contar a vocês a conversa que tive com um oficial francês de nome Jean Marrais — falou Robert. — Aqui vai o que ele me contou:

"Eu vivi a maior parte da minha infância no Caribe", iniciou Jean. "Eu tinha dez anos quando meus pais resolveram conhecer esses lados do mar do Caribe, uma parte do oceano Atlântico. Foi o lugar mais maravilhoso que já conheci, com uma enorme quantidade de ilhas com praias incomparáveis. Nos doze anos que meus pais ficaram na região, permanecemos três anos numa praia chamada

Shoal Bay, que fica na ilha de Anguilla, onde a areia é branca e a praia é praticamente deserta. A minha família foi recebida por um grupo de pescadores, que nos ofereceram um alojamento de madeira com telhado de folhas de bananeira. Foi uma aventura formidável. Lá, aos 20 anos, conheci a minha esposa e tive os meus dois filhos. Aconselho a você, Robert, a conhecer essa praia. Ela fica a uma pequena distância da ilha de Sint Marteen, pertencente à Holanda.

"Continuando sobre o Caribe, Robert, o arquipélago é composto de umas trinta ilhas ou mais. Cristóvão Colombo, descobridor da América, passou por lá em sua viagem ao continente. Outros que lá estiveram foram ingleses, holandeses e franceses, além de piratas à cata das riquezas existentes nessas ilhas. O Caribe possui um clima ameno durante todo o ano, com exceção dos meses de agosto a dezembro, quando o arquipélago é atacado por fortes tempestades. Como as ilhas ficam relativamente próximas umas das outras, você poderia visitar uma porção delas. Enfim, desejo-lhe boa sorte e boa viagem para o Caribe."

— O Jean não sabia que os nossos filhos seriam os candidatos a conhecer o Caribe e pensou que eu iria para lá. Mas o que ele contou já dá para ter uma ideia do lugar — falou Robert, rindo.

— Foram formidáveis as informações dele e nós vamos aproveitar bastante esse paraíso. Como estamos em setembro, devemos aguardar até março do ano que vem, pois se formos agora poderíamos ser castigados por aquelas tempestades relatadas pelo seu amigo francês. Enquanto isso, devemos tentar aprender alguma coisa sobre a Rússia — sugeriu Arthur.

— Quem conhece a Rússia, sabe que o clima no fim do ano é terrível, um frio que ninguém aguenta, prova disso é a derrota que as tropas de Napoleão amargaram, com temperaturas de -30 °C a -40 °C. Portanto, acho que o ideal é vocês saírem mais ou menos em março, na mesma época em que nós formos — ponderou Arthur.

— Paul, você poderia nos encaminhar à biblioteca da universidade para a gente pesquisar algum material sobre a Rússia? — perguntou John.

— Claro, podemos ir amanhã logo cedo — respondeu Paul.

Na biblioteca, entraram os três casais e os filhos. Acharam um material sobre a Rússia que pareceu interessante para examinar os lugares mais importantes. Descobriram também quais os melhores roteiros para chegar ao destino. Em resumo, acharam o seguinte conjunto de informações relevantes.

A distância de Southampton a Moscou é de aproximadamente 3 mil km. Há necessidade de atravessar vários países, entre os quais Bélgica, Holanda, Alemanha, Polônia e Rússia, ou então pegar um navio de Dover para Helsinki, na Finlândia, e depois por terra até São Petersburgo, e finalmente até Moscou.

Por sorte, enquanto pesquisavam na biblioteca, encontraram um professor amigo de Paul, cujo nome era George Atkins, o qual havia retornado recentemente da Rússia e que se dispôs a fornecer informações sobre a situação política e econômica vigente no país. Ele explicou que desde o início deste século XIX o império russo estava muito enfraquecido, com poucas indústrias e uma agricultura ineficiente. Por incrível que possa parecer, 10 milhões de servos estavam presos à terra, eram pobres, analfabetos e não tinham incentivos para trabalhar e desenvolver métodos mais eficientes de cultura.

Os servos não eram considerados mais do que escravos pelos senhores feudais. Os proprietários podiam forçá-los a trabalhar no campo, vendê-los ou alugá-los, e até mesmo tomar seus salários se trabalhassem para as fábricas. Além disso, o severo governo dos tsares aumentava a tensão política, particularmente entre minorias tais como poloneses e ucranianos.

O principal estadista do império, depois da guerra de 1812, foi o limitado e grosseiro tirano Arakcheyev, amigo íntimo de Alexandre I, que foi depois conhecido como "opressor de toda a Rússia". Foi ele quem deu ordens para introduzir no exército a prática do chicote para eliminar nos soldados o espírito de amor à liberdade. Foi ainda promulgada a lei marcial em muitas aldeias próximas a Novgorod e Kharkov; os camponeses eram obrigados a trabalhar no campo e a servir no exército simultaneamente. O trabalho dos campos tinha de ser feito de uniforme e com um rígido exercício, sendo a menor insubordinação castigada com o chicote. Mesmo as mulheres dos camponeses estavam sujeitas a castigo, se não acendessem o forno à hora marcada ou se acendessem velas à noite. Os camponeses foram privados de parte das suas terras e não tinham autorização de vender seus produtos. As aldeias sujeitas a essa disciplina chamavam-se "estabelecimentos militares". O sistema feudal ainda dominava a Rússia.

Assim como seus antecessores, o tsar Nicolau I rapidamente esmagava qualquer oposição à sua administração. Ele iniciou seu reinado em 1825 e, cinco anos depois, derrotou uma revolução entre seus súditos poloneses. Para prevenir futuras revoltas, Nicolau adotou uma política chamada "russificação", a tentativa de forçar a cultura e a língua russa sobre as nações dominadas. Nicolau esperava que o uso da russificação contra os poloneses fosse destruir seu nacionalismo.

Nicolau desejava fazer da Rússia um estado poderoso assim como eram as nações da Europa Ocidental. Mas ele estava ciente das fraquezas de seu império. A servidão atrasou a modernização da agricultura, mas Nicolau não ousava libertar os servos.

Devido à situação, vinha se formando uma nova classe, a burguesia, mas o seu desenvolvimento era também travado pelos padrões sociais e pelos códigos da sociedade feudal: surgiram mesmo situações ridículas em que ricos mercadores ou donos das fábricas lidavam com grandes capitais, empregavam centenas de operários, mas estavam ainda oficialmente registados como servos, pertencendo a um proprietário qualquer que tinha o direito de vendê-los ou tirar-lhes os seus bens, porque eles próprios eram oficialmente propriedade do senhor[1].

Foi nesse contexto que surgiram, na Rússia, as primeiras sociedades revolucionárias secretas. Os primeiros revolucionários russos são conhecidos como decembristas, porque sua primeira revolta se

1 https://www.educabras.com/artigos/pormenor/historia/imperialismo_russo

deu em dezembro de 1825. Os decembristas eram na sua maior parte jovens oficiais da nobreza que tinham tomado parte na guerra contra Napoleão, o que acordara sua consciência política. Embora eles próprios viessem da nobreza proprietária de terras, a sua consciência e o seu sentido de honra impediam-nos de apoiar a servidão que consideravam o maior mal do país. Compreenderam que a mais importante tarefa da Rússia era abolir a servidão e a autocracia. Os decembristas eram patriotas ardentes e sonhavam com uma ordem nova; com o apoio de tropas aliadas, planejaram organizar uma revolta armada, derrubar a autocracia, abolir a servidão e juntamente com todos os estratos da população fazer uma constituição revolucionária que fosse a base de uma nova sociedade. Esboços desta constituição revolucionária foram elaborados na Sociedade do Norte, dirigida por Nikita Muravyov, e na Sociedade do Sul, dirigida por Pavel Pestel.

Se fossem adotados, esses projetos de constituição teriam representado um grande avanço: provocariam um grande golpe ao domínio da nobreza, à servidão e à autocracia, e possibilitariam o rápido desenvolvimento capitalista do país.

A sociedade secreta tinha cada vez maior número de membros e chegou a incluir muitos famosos e honrados membros da nobreza russa. Foi em nome da transformação revolucionária da sua pátria que estes revolucionários pegaram em armas em dezembro de 1825, na primeira revolta contra o domínio tsarista. Os decembristas viriam mais tarde a ser conhecidos como "os primeiros campeões da liberdade".

Em novembro de 1825, o tsar Alexandre I morreu de repente e, no interregno, viveu-se numa atmosfera muito tensa. O tsar não tinha filhos e devia suceder-lhe o seu irmão Constantino. Este, contudo, tinha secretamente renunciado ao seu direito ao trono, o que significava que o novo tsar seria seu irmão, o insensível déspota Nicolau, altamente impopular no exército. Como a decisão de Constantino não fora tornada pública com suficiente antecedência, as tropas e a população que juraram lealdade a Constantino quase imediatamente depois tiveram de fazer novo juramento a Nicolau. Se já antes havia agitação no exército, depois dos dois juramentos de lealdade, a situação tornou-se ainda mais tensa.

No dia 14 de dezembro, indicados para o juramento de lealdade a Nicolau I, os membros da sociedade secreta decidiram organizar uma revolta nos seus regimentos e levar as tropas revoltosas para a Praça do Senado, para impedir o Senado de jurar lealdade ao novo tsar. Prepararam então um manifesto revolucionário ao povo russo, que proclamava a abolição da servidão e a dissolução do governo. O manifesto também incitava à convocação de uma assembleia constituinte para decidir se a Rússia devia se tornar uma república ou uma monarquia constitucional e eleger um novo governo. Esse documento outorgava também ao povo russo a liberdade de expressão e de imprensa e a liberdade de culto, sendo reduzidas as obrigações militares. No sul, foi planejada uma outra revolta armada simultaneamente com a de S. Petersburgo, mas nunca materializada.

Cerca de 3 mil soldados revoltosos chegaram à Praça do Senado, conduzidos pelos oficiais decembristas e por uma enorme multidão que apoiava o protesto revolucionário. No entanto, os decembristas hesitaram em confiar no apoio das massas populares. Não conseguiram proclamar o seu manifesto e a revolta não se processou como tinham almejado. Na noite anterior, haviam elegido um ditador entre as suas fileiras, um veterano membro da sociedade, o príncipe Trubetskoy. Contudo, ele não apareceu na praça, abandonando os seus companheiros e traindo a causa comum. Depois de esperarem em vão por muito tempo, os decembristas escolheram outro chefe, o príncipe Obolensky.

Mas já era demasiado tarde. Nicolau I tinha tomado a iniciativa e, ao cair da noite, tinha dado ordens para que suas tropas leais abrissem fogo sobre a multidão, sendo a revolta logo esmagada.

Esta revolta malsucedida dos decembristas marcou uma virada na história russa. Com ela pode-se dizer que começou a luta revolucionária. Gerações subsequentes de bravos revolucionários russos haviam de continuar a luta contra a servidão e a autocracia[2].

2 https://www.marxists.org/portugues/manfred/historia/v02/10.htm

05

Bem — disse Paul —, agora sabemos como está a situação na Rússia graças ao caro amigo George, a quem temos que agradecer pela paciência. Enquanto ele relatava o que estava sucedendo naquele país, eu fiquei pensando se não valeria a pena desistir dessa nossa viagem. Há três razões que eu poderia apresentar a vocês: em primeiro lugar, a distância até a Rússia é de 3 mil km, o que não é nenhuma brincadeira, nós já somos mais velhos e não temos a mesma resistência que nossos filhos; em segundo lugar, não sabemos falar russo, o que é muito desagradável; em terceiro lugar, eu sinto que a situação que o George descreveu é preocupante. O governo de lá não me parece muito confiável, poderão surgir outras revoltas contra o regime de servidão e, quem sabe, nós, como estrangeiros, não sejamos bem-vindos. Enfim, o que vocês acham?

— Eu desistiria, pois os seus argumentos são bem plausíveis — falou Alessandra. — Para dizer bem a verdade, eu não queria mesmo enfrentar esses 3 mil km. O que vamos fazer, então?

— Eu votaria pela França — propôs Liselotte. — Gostaria de viajar pela costa norte da França para experimentar os vinhos de lá.

— Agora vou contar uma coisa importante para vocês — disse John. — Hoje estamos no fim do ano de 1830 e estou sabendo que há uma revolução na França. Por isso, não me parece muito conveniente visitarmos o país numa situação de conflito.

— Mas a França acaba de se recuperar dos problemas provocados por Napoleão e já se acha em guerra novamente? O que aconteceu? — perguntou Arthur.

— Parece que a nossa viagem está fadada ao fracasso devido à situação em toda a Europa — falou John. — Eu vou contar o que está acontecendo.

"Como vocês sabem, existem reis que acham que podem fazer tudo o que lhes vem à cabeça. Muito bem. Depois da derrota final de Napoleão, os líderes das grandes potências que haviam derrotado o imperador em 1814 reuniram-se na Áustria, entre setembro de 1814 e junho de 1815, formando o famoso Congresso de Viena. Participaram do encontro representantes da França, do Império Austríaco, Reino Unido, Reino da Prússia, Império Russo, Vaticano, Reino da Sardenha, República de Gênova, Reino da Suécia e Confederação dos Cantões da Suíça[1]. E o que queriam essas nações? Basicamente que os países voltassem para o absolutismo, contrariando os movimentos liberais que vinham crescendo entre as populações insatisfeitas com o realismo. Os objetivos do congresso podem ser resumidos assim:

- Redação e estabelecimento das condições de paz na Europa, após a derrota de Napoleão.
- Redefinição do mapa político europeu, que havia sido modificado nas conquistas de Napoleão Bonaparte.
- Restauração ou permanência das *monarquias absolutistas* em grande parte das nações europeias.
- *Combate aos ideais políticos liberais* e aos movimentos democráticos que ganham força na Europa sob a inspiração da Revolução Francesa.
- *Reprimir* os movimentos emancipacionistas nas colônias europeias na América, inspirados pelos ideais iluministas e pela Revolução Francesa.

1 https://www.suapesquisa.com/resumos/congresso_viena.htm

"Nessa ocasião surgiu uma ideia de Alexandre I da Rússia, de criar uma união entre as nações participantes do congresso, chamada 'A Santa Aliança'. Por meio de ações conjuntas, as nações formadoras tentariam manter as monarquias absolutistas, bem como o domínio sobre as colônias americanas, reprimindo os movimentos de independência.

"As potências reunidas em Viena obrigaram a França a reduzir suas fronteiras às de 1789, a pagar uma indenização de guerra de 700 milhões de francos, a restituir os tesouros artísticos confiscados dos povos conquistados e a aceitar a ocupação do norte do país, durante cinco anos, por tropas das potências vencedoras.

"O congresso queria acabar com a propagação do liberalismo e do nacionalismo como ideologias. Além disso, se preocupava com o crescente descontentamento do proletariado urbano, devido ao desemprego, aos salários baixos e à alta do custo de vida, assim como o desapontamento da burguesia, excluída do poder político e atingida pela crise econômica.

"Nos últimos cinco anos do reinado de Luís XVIII[2] e por todo o reinado do seu sucessor Carlos X[3], sucederam-se perturbações internas graves. Se o governo de Luís XVIII foi marcado pela moderação, a ascensão de Carlos X reviveu o absolutismo de direito divino, o favorecimento à nobreza e a sufocação da burguesia. Esse monarca decidiu confiar a chefia do governo ao príncipe de Polignac que, longe de resolver os problemas do momento, preocupou-se com uma bem-sucedida expedição à Argélia. Assim, a principal causa da revolução de 1830 na França foi o absolutismo exacerbado de Carlos X, contra os ideais esposados pela Revolução Francesa de 1789, que expressava o liberalismo e a tentativa da burguesia de terminar com a centralização real.

"No ano de 1827, as oposições, formadas por liberais constitucionalistas e independentes, venceram as eleições legislativas e a nova Câmara dos Deputados, dominada por liberais, entrou em conflito

[2] Reinado de Luís XVIII (1814–1824)

[3] Reinado de Carlos X, antes conde de Artois (1824–1830)

com o rei. Em 1830, este dissolveu a Câmara e convocou novas eleições, também vencidas pela oposição. O monarca reagiu em 25 de julho do mesmo ano, com a publicação das ordenanças de julho, que suprimiam a liberdade de imprensa, anulavam as últimas eleições e dissolviam a câmara recém-eleita de maioria liberal; permitindo ao rei governar por meio de decretos. Essas ordenações coincidiram com uma grave crise econômica e precipitaram a Revolução.

"Nos dias 27, 28 e 29 de julho de 1830, conhecidos como os três dias gloriosos, o povo de Paris e as sociedades secretas republicanas, liderados pela burguesia liberal, fizeram uma série de levantes contra Carlos X, iniciando a luta civil. As revoltas populares sucediam-se a tal ponto que a própria guarda nacional acabou por se engajar na luta. Em seguida, Carlos X abdicou e partiu para o exílio na Inglaterra.

"Nesse momento, o precursor do movimento, o duque Luís Felipe, assumiu o trono com o apoio dos burgueses. Seu primeiro ato no poder foi estabelecer o fim de várias ações e leis absolutistas. Coube a seu governo pôr fim às intenções restauradoras do Congresso de Viena.

"Imaginem vocês que as ideias da revolução na França se propagaram para vários outros países, dentre os quais Bélgica, Polônia, Estados Italianos, Estados Alemães, Portugal e Espanha.

"Na Bélgica, o movimento liberal resultou na sua independência em relação à Holanda, e na Espanha e em Portugal eles conseguiram obter êxito. Outras nações não obtiveram muito sucesso, já que a Santa Aliança interveio e as massacrou, porém, o fato de se rebelarem contribuiu para plantar a semente do liberalismo em toda Europa[4].

"Então, com tudo isso, acho que nós, os mais velhinhos, deveríamos desistir dessa aventura. É muita confusão, pelo que vocês perceberam, e faríamos um mau negócio. Quanto aos mocinhos, não estou tão certo assim, por isso gostaria de ouvi-los", propôs Robert.

4 https://www.estudopratico.com.br/revolucao-de-1830/

— Sinceramente — iniciou Jennifer —, acho que nós estávamos alimentando uma ilusão. Geralmente, o que todos querem é dar uma escapada do lugar onde somos felizes. Se somos felizes em nossas casas, por que devemos nos afastar de tudo isso?

— Eu já penso diferente de você, Jennifer — interveio Arthur —, acho que viajar é uma coisa maravilhosa, é conhecer outras culturas, outras pessoas e outras opiniões que podem ser bem diferentes das nossas. Isso não quer dizer que ficaremos menos felizes do que em casa, muito pelo contrário, devemos sempre ver coisas novas, desde que tenhamos recursos para isso. Como não está faltando dinheiro para uma viagem, devíamos prosseguir com o plano de ir para o Caribe.

— Estamos de pleno acordo — confirmaram Luca e Enrico. — Devemos achar um navio que nos leve para lá e ver o que acontece. Seria uma bela aventura.

Os pais assistiram a esse diálogo, ficaram felizes com a tranquilidade dos moços e fizeram questão de não participar da conversa.

— Como ficamos, então? — insistiu Arthur. — Vamos ou não vamos?

— Eu estou fora — falou Jennifer. — Eu quero dizer a vocês que, há um mês estou namorando um rapaz que conheci recentemente, me apaixonei e pretendo continuar por aqui para estar com ele. Eu não contei antes, pois não tinha certeza de que o namoro poderia dar certo, mas agora me convenci de que é a pessoa certa para mim. O nome dele é David Lodge, tem a minha idade e vai estudar engenharia.

— Mas que coincidência — declarou Enrico —, eu conheci o David quando houve o campeonato de corrida na Royal School, que ele venceu. Eu cheguei em terceiro lugar e consegui uma medalha. Eu nunca tive muita intimidade com ele, mas me parecia uma pessoa meio estranha, não sei como explicar, era meio difícil conversar com ele. De qualquer maneira, é uma pena que você não queira ir conosco.

— E o dinheiro das passagens e da estadia no Caribe? — perguntou Arthur.

— Felizmente estamos bem de finanças e continuamos a nos valer da herança dos nossos antepassados. Até hoje, não nos faltaram recursos para conseguir o que queríamos. Logicamente, temos que manter um certo rigor quanto aos gastos que ainda virão, mas desta vez vocês ainda poderão viajar sossegadamente — assegurou Robert.

— Então vamos ver como conseguiremos um transporte para lá. Na administração do porto podemos verificar se há algo disponível para aquela região. Geralmente, os navios fazem escala no Caribe, a caminho da América — contou Luca.

No Porto de Southampton não conseguiram qualquer informação sobre possíveis viagens ao Caribe. O desapontamento foi geral. No entanto, continuaram pesquisando pelas cercanias, onde havia muitos barcos de pescadores, e descobriram que o melhor lugar para conseguir um navio para a região seria Dover, situada mais ao leste de Southampton. Mas Luca não se conformou, pois ele havia lido num dos seus estudos na Royal School, que quase todos os navios ingleses partem de Southampton, portanto a informação recebida não poderia ser verdadeira. Em conversa com os pescadores, souberam que os funcionários do porto estavam insatisfeitos com seus salários e que se preparavam para uma greve geral. Por essa razão faziam de tudo para afastar possíveis passageiros. Os três candidatos procuraram então o capitão dos portos que lhes deu o nome do navio que iria para a América, com escala em Tortola, nas ilhas Virgens Britânicas. Ele partiria em 15 de janeiro de 1831.

Enfim, uma boa notícia. Decidiram reservar as passagens a bordo do navio Prince Arthur, uma embarcação mista — cargueiro e passageiros, com apenas treze cabines. Resolveram permanecer em Southampton procurando descobrir mais detalhes sobre Tortola, a maior das ilhas Virgens Britânicas. Como Luca parecia ser o mais ansioso, se dedicou à investigação sobre o local e descobriu a seguinte série de informações:

O clima de Tortola é praticamente perfeito, com praias maravilhosas, quase desertas, vegetação tropical e lindos recifes de corais submarinos. Quanto aos habitantes, na sua grande maioria são descendentes de africanos escravizados.

No passado, entretanto, os nativos arawak ocupavam as ilhas Virgens, sendo expulsos pelos aguerridos caraíbas, na época em que Cristóvão Colombo aportou no arquipélago, em 1493. Curiosamente, Colombo chamou as ilhas de "Santa Úrsula e as Onze Mil Virgens". Em 1555, o imperador do Sagrado Império Romano Carlos V dos Habsburgo, enviou uma força de invasão espanhola para reclamar para si a propriedade das ilhas e, em 1556, a maioria dos caraíbas acabou fugindo ou assassinada. As ilhas eram frequentadas por piratas e bucaneiros, sendo Tortola inicialmente colonizada, em 1648, por piratas holandeses. Em 1666, foi invadida por agricultores ingleses que anexaram o arquipélago às ilhas Leeward, administradas pelos britânicos.

Para admiradores da natureza, Tortola possui frutas de várias espécies, como graviola, manga, coco, cacau e fruta-pão. Orquídeas crescem nas encostas. O melhor, porém, são os peixes. Há uma verdadeira abundância de peixes-espada, um peixe chamado tarpão, espadim (marlin), cherne e outro chamado de wahoo. É o paraíso dos pescadores, especialmente para os rapazes Vivone, ansiosos para pescar esses peixes.

A temperatura da região atinge em média 26 °C com baixa umidade. A época da seca vai de fevereiro a julho e as chuvas acontecem entre setembro e dezembro, mas a falta de água é um problema sério. Em caso de furacões, geralmente ocorrem entre agosto e outubro.

As ilhas Virgens Britânicas são compostas de algumas ilhas maiores, como é o caso de Tortola, Abnegada, Virgin Gorda e Jost Van Dyke, e mais 32 ilhas menores, das quais 20 são inabitadas. A cidade principal é Road Town, onde os rapazes pretendem se alojar[5].

A separação foi uma experiência difícil, principalmente pela longa ausência que se previa dos três rapazes. Mas a torcida dos pais para o sucesso da aventura foi um incentivo para as futuras realizações.

5 https://www.britannica.com/place/British-Virgin-Islands

06

Foi indescritível a emoção dos três Vivone na hora do embarque. Estavam ainda cheios de dúvidas sobre o que enfrentariam num lugar completamente diferente, desconhecido e tão distante, no meio do mar do Caribe e do oceano Atlântico. Mas eles eram fortes e preparados para a aventura. Com a idade de 23 anos, nada poderia se opor aos seus planos.

O roteiro e as escalas previstas pelo Prince Arthur eram as seguintes: a primeira parada em Lisboa, onde o navio descarregaria mercadorias inglesas exportadas para Portugal; em seguida, Casablanca no Marrocos, para carregar trigo e tapetes; depois Santa Cruz de Tenerife, para buscar frutas tropicais. Em cada um desses portos permaneceria no máximo uma semana, até completar o embarque e desembarque de mercadorias. Depois, de Santa Cruz de Tenerife à cidade de Praia, capital de Cabo Verde, para receber mais cinco passageiras, preenchendo as treze cabines existentes no navio.

Em Cabo Verde começaria a viagem mais longa, em direção às ilhas Virgens Britânicas e até Road Town, a capital de Tortola. A maioria dos passageiros pretendia desembarcar nessa cidade, pois tiveram as mesmas intenções dos três Vivone, ou seja, passar dias maravilhosos num lugar de sonhos. Portanto, o navio faria quatro escalas, com duração total da viagem de aproximadamente três meses e a chegada prevista para abril de 1831.

Munidos dos seus documentos ("passeports")[1], os três aventureiros subiram a bordo. O navio zarpou pontualmente em 15 de janeiro de 1831. As acomodações do navio eram bastante satisfatórias, fornecendo o necessário conforto para os três viajantes. O mesmo pode ser dito da comida, recheada de especialidades inglesas. No golfo de Biscaia a embarcação enfrentou um mar revolto, causando enjoo na maioria dos passageiros (oito ao todo), inclusive nos três novatos que ficaram duas refeições sem comparecer ao refeitório. Para alívio dos Vivone, o navio chegou a Lisboa no dia 25 de janeiro e, como disse Luca: "Parou de balançar, finalmente".

— Temos cinco ou seis dias para passear em Lisboa e usar os conselhos dos nossos pais para explorar um pouco a região — alertou Luca. — Eles recomendaram visitar pelo menos quatro locais lindíssimos!

Mosteiro dos Jerónimos – Ou Mosteiro de Santa Maria de Belém, um mosteiro português da Ordem de São Jerónimo, construído no século XV. É o mais belo conjunto monástico português, sua construção foi determinada por iniciativa de D. Manuel I (1469–1521) e a sua construção durou cerca de cem anos[2].

Parque e Palácio da Pena – O Palácio da Pena está situado no topo de uma montanha, no segundo ponto mais alto da serra de Sintra. Lamentavelmente foi atingido por um raio e praticamente destruído, além de ser danificado pelo terremoto de 1755, que abalou Lisboa. Neste ano de 1831, só poderão ser visitadas as obras de reconstrução, cujo término é previsto para 1836[3].

Castelo dos Mouros – O Castelo dos Mouros permite admirar, ao longo dos caminhos de ronda, por entre penedos e sobre penhascos, uma paisagem única que se estende até o oceano Atlântico. Sobranceiro à serra de Sintra, e de configuração irregular, consiste

1 https://www.portaleducacao.com.br/conteudo/artigos/direito/origem-do-passaporte/45951

2 https://www.atlasobscura.com/places/jeronimos-monastery

3 https://www.parquesdesintra.pt/parques-jardins-e-monumentos/parque-e-palacio-nacional-da-pena/

numa fortificação construída em torno do século X, após a conquista muçulmana da Península Ibérica, sendo ampliada depois da reconquista cristã[4].

Palácio Nacional e Jardins de Queluz – O Palácio Nacional de Queluz e os seus jardins históricos constituem um dos exemplos mais extraordinários da ligação harmoniosa entre paisagem e arquitetura palaciana em Portugal. Ilustram a evolução do gosto da corte nos séculos XVIII e XIX, período marcado pelo barroco, o rococó e o neoclassicismo. Mandado construir em 1747 pelo futuro D. Pedro III, consorte de D. Maria I, o Palácio de Queluz foi inicialmente concebido como residência de verão, tornando-se espaço privilegiado de lazer e entretenimento da família real, que o habitou de 1794 até a partida para o Brasil, em 1807, na sequência das invasões francesas[5].

— De resto, podemos procurar o rio Tejo, do qual já ouvimos falar na Royal School, e explorar a cidade andando sem destino. O importante é não nos perdermos. Temos que voltar ao navio bem antes da partida — preveniu Luca.

Todas as noites os três voltavam ao navio para dormir e de manhã já saíam para a exploração das belezas de Lisboa. No último dia, com receio de chegar atrasados para o embarque, preferiram perambular pelo porto.

A nova partida foi em 1º de fevereiro, com destino ao Marrocos. Não foi uma viagem muito agradável, pois o navio enfrentou um mar revolto de tal modo que a própria tripulação ficou preocupada. A rota entre Lisboa e Casablanca era quase uma reta, mas levou mais tempo do que o previsto, com novos enjoos e terrível mal-estar. Mais uma vez, abençoaram a hora da atracação em Casablanca.

— Lamentavelmente a tripulação não nos indicou os passeios que deveríamos fazer em Casablanca — falou Enrico. — Vamos arriscar uma saída do navio? O problema é que não temos licença no

4 http://www.sintra-portugal.com/pt/Castelo-dos-Mouros-sintra-pt.html

5 https://www.parquesdesintra.pt/pt/parques-monumentos/palacio-nacional-e-jardins-de-queluz/

passaporte para andar pelo país e podemos ser advertidos, mas eu acho que, no pior dos casos, nos mandariam de volta para o navio.

— Vamos desembarcar? E como vamos nos comunicar com os marroquinos? Eles falam a língua árabe ou berbere, nenhuma das quais entendemos. No entanto, ouvi dizer que alguns falam francês e espanhol. Quanto ao francês podemos encarar, espanhol já é mais difícil, mas poderíamos usar as mãos para fazer sinais, o que vocês acham? — propôs Arthur.

— Acho que devemos consultar o capitão Thompson, sobre a possibilidade de desembarcar e sobre o problema do passaporte — disse Luca.

— Eu não aconselho vocês a descerem em Casablanca, pois as autoridades são extremamente rigorosas e, se pegarem vocês em flagrante, irão presos sem qualquer esperança de perdão. Fiquem por aqui mesmo que estarão seguros — preveniu o capitão.

— Mas será que se a gente andar meio sem chamar a atenção, não daria para visitar a cidade? — insistiu Luca.

— Bem, façam o que quiserem, mas depois não digam que eu não preveni — retrucou o capitão. — Se quiserem, posso até contar um pouco sobre a história de Casablanca, assim vocês podem matar um pouco a curiosidade, que tal? — falou, com muita paciência.

— Está bem, acho que temos que ser razoáveis e ouvir o que o senhor está nos relatando, ficaremos muito gratos pelas informações sobre a cidade — concordou Luca, com o apoio dos outros.

— Então vamos lá — começou o capitão. — Casablanca foi fundada antes do século VIII a.C. por tribos berberes, que deram o nome de Anfa à povoação. Consta que os colonos romanos tinham estado no local. O nome Anfa mudou quando os portugueses a conquistaram no século XV, evoluindo para a versão espanholada na época dos Felipes[6]. Mesmo assim, Casablanca ficou sob controle de Portugal após a Restauração. Em 1755, o violento terremoto que assolou Lisboa atingiu também Casablanca, que ficou totalmente arrasada,

[6] União Ibérica (1580–1640).

sendo então abandonada pelos europeus. Quem reconstruiu a cidade foi o sultão Mohammed ben Abdallah, que manteve o nome de Casablanca, em árabe chamada ad-Dār al-Bayḍā. No ano de 1800, a cidade tinha cerca de 5 mil habitantes[7]. É a maior cidade do Marrocos na costa atlântica do país e uma das maiores da África.

— Agradecemos muito sua exposição, senhor capitão, assim, pelo menos, já temos uma boa ideia do que estamos enxergando daqui do navio — disse Luca.

O bom senso mais uma vez prevaleceu e evitou possíveis problemas. Conforme programado, o Prince Arthur levantou âncoras em 8 de fevereiro de 1831, rumo a Santa Cruz do Tenerife, na ilha de Tenerife, pertencente às ilhas Canárias. A chegada ao porto ocorreu em 15 de fevereiro. Felizmente, os três poderiam desembarcar nessa cidade, pois ela pertencia à Espanha. Antes, porém, recorreram ao simpático capitão para descobrir os aspectos fundamentais que constituíam as Canárias e, especialmente, a cidade de Santa Cruz de Tenerife. Como sempre amável, o capitão Thompson se prontificou a contar o que sabia sobre o assunto.

— As ilhas Canárias são um arquipélago, um conjunto de ilhas, situado no oceano Atlântico, a 108 km da costa do Marrocos — começou o capitão. — As Canárias pertencem à Espanha, e seu nome tem algo a ver com cães e não com canários, como muita gente pensa, pois a palavra "canárias" deriva de cão. Encontraram-se vestígios que provam que as ilhas eram conhecidas desde a Antiguidade pelos romanos e cartagineses. O povo nativo que habitava as ilhas Canárias eram os guanches, que ainda viviam, aparentemente, na Idade da Pedra quando as ilhas começaram, a partir da alta Idade Média, a ser regularmente visitadas pelos europeus e, posteriormente, ocupadas pelos espanhóis. A resistência guanche aos invasores foi longa, durou quase um século, e eles só foram completamente dominados no final do século XV, em 1496. A partir do século XIV, o arquipélago foi sucessivamente visitado por navegantes vindos de Portugal, que o

7 http://www.marrocos.com/destinos/visitar-casablanca-marrocos/.

ocuparam em 1335, também italianos, franceses e espanhóis, até que o papa Clemente VI reconheceu a soberania espanhola sobre as ilhas em 1344, em prejuízo dos portugueses que também a reivindicavam. Como vocês sabem, as Canárias servem de ponto de escala para algumas rotas comerciais que cruzam o oceano Atlântico em direção às Américas do Norte e do Sul ou à África.

"Geograficamente, o arquipélago pode ser dividido em duas partes. A ocidental, formada pelas ilhas Tenerife, Gran Canaria, La Palma, La Gomera e Ferro; e a oriental, que engloba as ilhas Lanzarote e Fuerteventura, além de algumas ilhotas. As capitais dessas províncias são, respectivamente, as cidades de Santa Cruz de Tenerife e Las Palmas de Gran Canária. As ilhas surgiram de erupções vulcânicas que aconteceram há milhões de anos. Devido aos vulcões, o ponto mais alto das ilhas ocidentais ultrapassa em 1.200m o nível do mar, e o pico do Teide, na ilha de Tenerife, alcança 3.718m, sendo o mais alto da Espanha e de todas as ilhas do oceano Atlântico. As Canárias têm clima subtropical com temperaturas amenas o ano todo. Esse clima levou ao desenvolvimento da laurissilva, como é conhecida a floresta de árvores da família das lauráceas, típica dessa região do Atlântico, chamada Macaronésia, por ser formada pelas ilhas Madeira, Canárias, Açores e Cabo Verde. Entre os principais plantios das ilhas estão o trigo, a cevada, o tabaco, o tomate e a banana. Espero que eu tenha dado uma boa ideia desse maravilhoso lugar que vocês poderão visitar nesses dias[8]."

No dia seguinte, lá estavam os três desembarcando em Santa Cruz, munidos de muita expectativa e coragem. O plano era conhecer o monte Teide, mas necessitariam de cavalos para alcançá-lo, e nenhum dos três sabia montar, o que impossibilitou o programa. Ficaram vagando pela cidade, aguardando a próxima partida que, felizmente, ocorreu em dois dias após o carregamento do navio.

8 https://escola.britannica.com.br/levels/fundamental/article/ilhas-Canárias/483153

Em 17 de fevereiro partiram para Cabo Verde. Luca havia realizado um trabalho sobre o arquipélago e relatou o que sabia sobre a localidade. Vejamos o que ele descreveu aos seus companheiros.

— O que eu sei sobre Cabo Verde é o seguinte — começou Luca:

"Cabo Verde é um arquipélago, constituído por dez ilhas do oceano Atlântico, situadas a mais de 500 km do cabo que lhe deu o nome, no Senegal. As dez ilhas, das quais nove habitadas e várias ilhotas desabitadas, compõem dois grupos: ao norte são chamadas de ilhas de Barlavento, o lado de onde sopra o vento. Ao sul, acham-se as ilhas de Sotavento, o lado oposto ao que sopra o vento. O clima é tropical seco, com a média de temperatura anual perto dos 25 °C, com duas estações, a das chuvas, de agosto a outubro, e a estação seca, de dezembro a junho. O arquipélago de Cabo Verde é muito afetado pelos ventos que sopram do grande deserto africano. Antes da descoberta oficial pelos portugueses, africanos da orla costeira foram atraídos pela extração do sal. Vieram também geógrafos e cartógrafos árabes. As ilhas de Cabo Verde foram descobertas, cinco delas, em 1460, por Diogo Gomes e Antonio da Noli, enquanto as restantes teriam sido achadas por Diogo Afonso, em 1462. Quando descobertas, as ilhas eram virgens e desabitadas. O povoamento de Santiago e Fogo foi desenvolvido pelo sistema de capitanias hereditárias. A língua falada em Cabo Verde é o português.

"Um dos grandes ramos comerciais da região, lamentavelmente, é o transporte de africanos escravizados, principalmente para as plantações de algodão, de árvores frutíferas e de cana-de-açúcar na ilha de Santiago, onde foi fundada a cidade de Ribeira Grande, que se tornou importante local de triste e rentável comércio escravista, que se prolonga há mais de três séculos. Com o objetivo de fazer do arquipélago uma base de apoio para a navegação e o comércio ao longo da costa, a capital foi transferida para a cidade de Praia.

"Vejam vocês que interessante: As ilhas de Cabo Verde logo se tornaram escala obrigatória de muitos navegadores célebres, como foi o caso de Vasco de Gama, em 1497, Cristóvão Colombo, em 1498, e a nau "Vitória" que na viagem de circum-navegação de Fernão de

Magalhães dobrou, já sem ele, o Cabo da Boa Esperança, em 1522. Pela sua posição privilegiada, a meio caminho entre os três continentes, Santiago tornou-se uma escala para a navegação transatlântica, ou seja, para o aprovisionamento de navios, ponte de penetração portuguesa no continente, entreposto de pessoas escravizadas levadas para a Europa e para as Américas.

"A situação econômica do arquipélago degradou-se durante a dominação filipina de Portugal, devido aos ataques de ingleses, holandeses e franceses, que se prolongaram até o princípio do século XVIII. Na segunda metade do século XVII, terminou a época dos arrendatários individuais do comércio escravista, mas, apesar dos acordos entre Portugal e Inglaterra para a proibição do tráfico de pessoas escravizadas, em 1810, e depois da sua interdição a norte do Equador, em 1815, o comércio na região continua clandestinamente e até aumentou.

"Os recursos econômicos de Cabo Verde dependem sobretudo da agricultura e dos recursos marinhos. A agricultura sofre, frequentemente, os efeitos das secas. As culturas mais importantes são o café, a banana, a cana-de-açúcar, os frutos tropicais, o milho, o feijão, a batata-doce e a mandioca[9]."

— Meus parabéns, caro Luca, você deve ter ganho uma nota altíssima pelo seu trabalho na Royal School, pois nos deu uma ideia completa de Cabo Verde, e vamos certamente poder aproveitar os dias por lá — elogiou Arthur.

Antes do navio partir, chegaram a bordo cinco passageiras provenientes de Santa Cruz. Tratavam-se de freiras que iriam realizar um trabalho na paróquia de Tortola. A viagem entre Santa Cruz de Tenerife e a capital de Cabo Verde, Praia, foi longa devido a uma pane em duas velas, ocasionada por ventos fortíssimos que abalaram o barco após atingir o alto mar. O capitão Thompson ficou preocupado devido às mercadorias que certamente se deteriorariam antes

[9] http://teiaportuguesa.tripod.com/caboverde/viagemcaboverde.htm

de chegar a Tortola. Com apenas uma vela, a velocidade ficou muito reduzida e a chegada atrasou significativamente.

Finalmente, em 15 de março, alcançaram a cidade de Tortola, nas ilhas Virgens Britânicas. Foi um alívio desembarcar numa colônia britânica, principalmente porque os três eram ingleses, possuindo direitos devido à nacionalidade. A maioria dos passageiros chegou ao seu destino, e o navio prosseguiu viagem para a América.

— Quando conversei com o capitão Thompson, ele me informou que as ilhas Virgens Britânicas têm uma população de cerca de 7 mil habitantes. Como ele não tinha certeza de quantos habitantes teria Tortola, calculou uns 4 mil — contou Arthur.

"Como os habitantes são, em sua maioria, descendentes de africanos, a maior parte deles é negra. Eles se dedicam à plantação de cana-de-açúcar, algodão e fabricação de rum. Logicamente, a pesca também é uma atividade bastante importante para os habitantes das ilhas."

— Enfim, é pouquíssima gente — percebeu Luca. — Vamos ver onde poderemos achar um alojamento, porque não acredito que existam pensões por aqui. Seria ótimo se pudéssemos achar uma casa para alugar, melhor ainda se ficar na praia, pois, pelo que eu vi, são simplesmente maravilhosas.

— Temos que planejar nossos próximos passos para aproveitar ao máximo essas belezas naturais — sugeriu Enrico. — Como vocês sabem, a capital é Road Town, onde estamos agora, e as ilhas principais do arquipélago são Tortola, onde fica a capital, Abnegada, Virgem Gorda e Jost van Dyke. Existem outras, mas essas quatro são as que valem a pena conhecer. Temos duas opções neste momento:

"Se não encontrarmos casa para morar, podemos talvez alugar um barco a vela onde poderemos dormir. Logicamente, como não entendemos nada de navegação, temos que ficar com o barco ancorado.

"Se encontrarmos uma casa na praia, podemos praticar um pouco de natação que aprendemos na Royal School, mas é arriscado entrar muito fundo no mar, pois ouvi dizer que há tubarões por aqui."

— Eu não tenho o menor interesse em desafiar esses animais perigosos. Portanto, a minha ideia é de caminhar e resolver em primeiro lugar o nosso abrigo — propôs Luca.

Depois de fixado o consenso, passaram a visitar a cidade que, na verdade, tinha tão poucas casas que, num instante estavam senhores da região. Dirigiram-se inicialmente para o oeste da ilha e chegaram logo a um lugar que os habitantes chamaram de Sea Cow Bay, uma baía de águas tranquilas. Arthur chamou a atenção dos primos para uma casa situada na praia, que parecia ter sido construída recentemente e era enorme, podendo até pertencer a algum prefeito ou mesmo governador.

— Acho que devemos nos aproximar dessa casa e descobrir onde vamos nos alojar hoje à noite, o que vocês acham? — perguntou Enrico.

Como não havia nenhuma cerca em volta da casa, bateram na porta e apareceu um senhor alto e moreno queimado do sol, aparentando um pouco mais de 50 anos, perguntando o que desejavam.

— Meu senhor, tomamos a liberdade de bater à sua porta, pois acabamos de chegar de Southampton, onde mora o meu pai, Paul Vivone, e gostaríamos de indagar onde poderíamos nos hospedar por aqui em Sea Cow Bay, ou em outro local em Tortola — arriscou Luca.

— Vocês são de Southampton? — indagou o senhor, amavelmente.

— Na verdade, nascemos em Oxford, onde os nossos pais estudaram entre 1801 e 1806. Meu nome é Luca Vivone e o meu pai, Paul Vivone, é médico e leciona medicina na Universidade de Southampton com a minha mãe, Alessandra — esclareceu Luca. — O meu tio John e a minha tia Liselotte são professores de filosofia na Universidade de Cambridge, e o meu tio Robert e minha tia Kelly são veterinários e têm uma clínica em Londres. Assim, os únicos Vivone que estão em Southampton são os meus pais.

— A minha família é de Liverpool e meu pai também era médico, mas faleceu muito cedo, com 42 anos, uma pena. Meu nome é Oliver Drake e estou aqui há quase quinze anos — contou ele.

— O senhor, por acaso, é parente de Francis Drake, o herói inglês que derrotou a "Invencível Armada" da Espanha? — perguntou Luca.

— Sim é um antepassado meu — respondeu o senhor Oliver. — Aliás, ele foi considerado um pirata, algo que posso contar amanhã. Mas antes temos que providenciar um local para vocês comerem e dormirem. Para comer, convido-os a entrar em casa, vamos preparar um jantar e depois tenho uma sugestão quanto ao alojamento. Como não tenho lugar na minha residência, pois a minha esposa e as minhas filhas vão chegar amanhã, acho que seria uma boa ideia vocês dormirem no meu barco a vela, que se encontra no ancoradouro. Há quatro camarotes bem confortáveis onde vocês poderão ficar, que tal?

— Caro senhor Drake, é muita gentileza sua, mas o senhor não nos conhece e está se arriscando com três desconhecidos! Nós estamos cientes da famosa hospitalidade britânica, mas não queremos, em absoluto, abusar da sua cortesia, e gostaríamos de pagar as despesas de alimentação e de alojamento, pois certamente teríamos esses gastos para comer ou dormir — disse Arthur.

— Absolutamente, eu sei reconhecer pessoas merecedoras de confiança como parece ser o caso, e o que estou oferecendo só me dará prazer, assim como à minha esposa. Afinal de contas não é sempre que recebemos visitas tão simpáticas — afirmou o senhor Drake.

— Então vamos agradecer a sua oferta e ocupar seu barco, mas só por alguns dias, pois estaríamos abusando da sua hospitalidade — respondeu Arthur.

Após um delicioso jantar, foram encaminhados ao barco, que na verdade não era um barco, mas um iate como nunca tinham visto. Foi um sucesso e uma sorte, algo característico da família Vivone.

No dia seguinte, após os agradecimentos de praxe, indagaram ao Sr. Drake se ele poderia falar um pouco do antepassado dele, Sir Francis Drake.

"Sir Francis Drake[10] foi capitão, vice-almirante e um homem muito importante para a Inglaterra. Ele auxiliou o país a ampliar seu poder durante o reinado da rainha Elizabeth I. Duas das suas proezas mais famosas foram: em primeiro lugar, a abertura do oceano Pacífico aos navios ingleses e, em segundo lugar, seu papel de liderança para derrotar a famosa 'Invencível Armada' espanhola que pretendia conquistar a Inglaterra.

"Drake começou a trabalhar como marinheiro aos 13 anos, mais ou menos. Quando tinha pouco mais de 20 anos, entrou para uma frota de navios negreiros, embarcações que faziam tráfico de pessoas escravizadas. A frota foi atacada pelos espanhóis ao largo da costa do México, e a partir daquele momento Drake passou a detestar os espanhóis.

"Em 1572, ele atacou um assentamento espanhol no Panamá, apossando-se de um grande tesouro. Em seguida, chegou ao oceano Pacífico, atravessando o Panamá por terra. A navegação no Pacífico era controlada pela Espanha, e Drake queria que os navios ingleses pudessem percorrer esse oceano.

"Em 1577, a rainha Elizabeth enviou Drake para uma viagem de circum-navegação do mundo. Drake partiu com cinco navios, mas apenas o dele completou o percurso. Para chegar ao oceano Pacífico, Drake deu a volta no Estreito de Magalhães e viajou para o norte pelas costas da América do Sul e do Norte. Dois anos depois, em 1579, atravessou os oceanos Pacífico e Índico, retornando à Inglaterra em 1580, com seu navio carregado de tesouros. A rainha Elizabeth o recompensou, dando-lhe o título de cavaleiro. A partir dessa data, passou a ser chamado Sir Francis Drake.

"Em 1586, o rei Filipe II, da Espanha, reuniu uma esquadra de navios de guerra, chamada a Invencível Armada, para invadir a Inglaterra. No ano seguinte, Drake destruiu muitos dos navios espanhóis em um ataque ao porto espanhol de Cádiz. Quando a Armada

10 Sir Francis Drake (1540–1596).

lançou seu ataque à Inglaterra, em 1588, Drake liderou o esforço para repeli-la. Com isso, tornou-se um herói para os ingleses.

"Suas últimas viagens não tiveram êxito igual. Em janeiro de 1596, Drake adoeceu enquanto combatia os espanhóis nas Antilhas, morrendo em seguida[11]."

— Muito obrigado por nos ilustrar a respeito de Sir Francis Drake. Nós ouvimos falar que ele também foi pirata, será que é verdade? — perguntou Arthur.

— Realmente, Francis foi também um corsário contra navios e possessões espanholas. Era conhecido como Franciscus Draco, Francis the Dragon, ou "El Draque" para os espanhóis. O rei Felipe II chegou a oferecer uma recompensa de 20 mil ducados por sua vida. Mas ele fazia tudo em benefício da Inglaterra — respondeu Oliver[12].

"Acho que vocês poderiam me fazer companhia amanhã, quando irei de barco para Anguila, uma ilha que é um território britânico ultramarino nas Caraíbas. Ela tem como fronteira marítima, no canal de Anguilla, a ilha de São Martinho, que é dividida em uma parte neerlandesa, Sint Maarten, e uma parte francesa, Saint-Martin. A oeste, tem como vizinhas mais próximas as ilhas Virgens Britânicas, onde nós moramos. A capital de Anguilla é The Valley. Foi colonizada por ingleses de San Cristobal e Nieves, em 1650. Administrada pelo Reino Unido até 1825, a ilha foi passada para a administração de São Cristóvão e Névis contra a vontade dos seus habitantes. Desde então, em várias ocasiões, Anguilla tentou se separar[13].

"Uma das praias mais maravilhosas que conheci chama-se Shoal Bay, de areias brancas e finas, mar calmo, enfim, um paraíso. Querem ir conosco? Eu prometi levar as minhas filhas para conhecer o lugar e elas já chegaram hoje de manhã. O barco suporta muita gente e vocês seriam muito bem-vindos."

11 https://escola.britannica.com.br/levels/fundamental/article/Francis-Drake/481170

12 http://asteroide-leonel.blogspot.com/2011/03/historia-invencivel-armada-de-felipe-ii.html

13 https://www.britannica.com/place/Anguilla-island-West-Indies

— Se não formos uma carga excessiva, teríamos imenso prazer em conhecer esse tão falado paraíso — afirmou Luca.

Enfim, depois de embarcarem as filhas e a esposa do Sr. Oliver, partiram para Anguilla, onde jogaram a âncora na famosa Shoal Bay. Como todos sabiam nadar, pularam do barco em direção à praia. Os pais chegaram primeiro, enquanto as meninas, de 8, 10 e 12 anos, continuaram na água brincando e espirrando água nos três Vivone, quando ouviram um grito vindo da praia e apontaram para o lado direito de onde estavam os seis. Imediatamente, Luca percebeu que se tratava de um tubarão que vinha se aproximando do grupo e avisou os outros. Sem titubear, os três agarraram as meninas, as colocaram nos ombros e foram em direção à praia. Apesar da resistência da água, conseguiram atingir a areia e abaixaram as meninas, que estavam brancas de medo. Os pais correram em direção ao grupo, abraçaram as filhas e não sabiam como agradecer o que Luca, Arthur e Enrico fizeram com tanta velocidade e coragem. Esse acontecimento selou a amizade da família com os Vivone.

— Tivemos muita sorte de ouvir os gritos vindos da praia e ver a barbatana dorsal do tubarão. Ainda bem que ele não estava tão perto de nós — afirmou Arthur. — Mas pode ter certeza de que fiquei apavorado com a perspectiva de ser comido por um bicho daquele tamanho.

— Agora temos um problema a enfrentar: como vamos voltar ao barco? — perguntou o Sr. Oliver. — Não podemos entrar no mar com esse tubarão rondando!

— Será que não acharíamos alguém com um bote que pudesse nos levar até o barco? — questionou Allison, a esposa do Sr. Oliver.

Enfim esse dilema foi resolvido, pois alguns pescadores presenciaram a cena e vieram correndo para ver se poderiam dar qualquer auxílio. Eles se prontificaram a trazer dois botes pequenos para transportar os Drake e os Vivone para o barco.

— Vocês foram muito imprudentes ao pularem do barco sem olhar em torno. Aqui tubarões são raríssimos, mas sempre há um ou outro que se aproxima da praia. Que sirva de lição para nunca mais caírem nessa armadilha — preveniu um dos pescadores. — Como vocês são novos aqui em Shoal Bay, vou convidá-los para experimentar uns peixes que pegamos hoje cedo, e assim vocês esquecerão o episódio. Vamos até o nosso rancho, onde minha esposa está preparando o almoço.

— Mas isso seria um abuso de nossa parte — afirmou o Sr. Oliver. — O senhor está sendo muito gentil, mas não queremos dar trabalho à sua esposa.

— Absolutamente, nem sempre a gente acha alguém que escapou por um triz de ser comido por um tubarão.

Foi um almoço abençoado. As meninas, de nomes Sybil, Carmen e Lúcia ficaram encantadas com a coragem dos três Vivone e não paravam de fazer perguntas. A viagem, apesar do susto, foi um completo sucesso.

Os Vivone conseguiram alugar uma casinha próxima à mansão do Sr. Oliver em Road Town, e lá ficaram por três anos, conhecendo não só as ilhas próximas como praticamente o Caribe inteiro, graças às viagens realizadas com a família Drake.

07

Em 1835, os três aventureiros já haviam cumprido seus objetivos de conhecer novas regiões e decidiram voltar para a Inglaterra, a fim de iniciarem os seus estudos para se tornarem profissionais. Durante o período no Caribe, tiveram notícias dos pais, que continuavam exercendo suas profissões com o sucesso habitual. Jennifer casou-se com David Lodge, formado em engenharia em Oxford, e teve um filho nascido em 1833, recebendo o nome de Jimmy Vivone Lodge. Jennifer acabou se formando em matemática na Universidade de Oxford, onde atualmente leciona a matéria.

A conselho de John, pai de Arthur, os rapazes resolveram procurar vagas na Universidade de Cambridge, onde foram aceitos graças ao curso feito na Royal School. Arthur quis cursar medicina, Enrico e Luca foram para engenharia. Os cursos terminaram em 1840, ano em que os pais completavam 74 anos.

Arthur foi o único que se casou depois da formatura, em 1842. Sua esposa era uma colega, também médica, de nome Beatrice Arlington-Jones, filha do duque Jorge Arlington-Jones, um famoso engenheiro civil londrino. Beatrice é três anos mais moça do que Arthur, portanto nasceu em 1812, em Londres. O casal não teve filhos até 1843, quando tiveram dois gêmeos do sexo masculino, de nomes Peter e Bill.

Até 1845, Luca e Enrico não haviam casado, mas conseguiram um trabalho como engenheiros em Londres, na empresa do pai de

Beatrice, esposa de Arthur. O casal de médicos, Arthur e Beatrice, passou a lecionar na própria Universidade de Cambridge, cada um em sua especialidade. Beatrice em cardiologia e Arthur em cirurgia geral.

Sempre interessados no progresso da ciência, os dois médicos, nas horas vagas, decidiram estudar o trabalho do cientista inglês Charles Robert Darwin (1809–1882). Como estudaram em Cambridge, a qual Darwin também frequentou, tiveram mais informações sobre o progresso do seu trabalho. A sua curiosidade sobre o desenvolvimento das espécies foi, de certa forma, satisfeita pelas ideias de Darwin, especialmente após sua viagem de cerca de cinco anos a bordo do navio HMS Beagle. Numa das reuniões da família Vivone, Arthur contou o resultado da sua pesquisa sobre o trabalho de Darwin:

— Charles Robert Darwin é um inglês nascido em Shrewsbury, em 1809, portanto quase ao mesmo tempo que nós três, inclusive Jennifer. Ele é um naturalista que elaborou a teoria científica da evolução pela seleção natural, uma teoria que representou a fundação dos estudos modernos da evolução. No início, Darwin chocou a sociedade religiosa vitoriana quando sugeriu que os animais e os humanos compartilhavam uma ancestralidade comum. No entanto, a sua biologia não-religiosa conquistou adeptos entre a crescente classe de cientistas profissionais.

"Darwin formulou a sua ousada teoria entre 1837 e 1839, após retornar da viagem de volta ao mundo a bordo do navio HSM Beagle. Imaginem o incrível roteiro que Darwin percorreu: saindo de Plymouth, na Inglaterra, em 1831, passou pela ilha da Madeira, Tenerife nas ilhas Canárias, cidade de Praia... aliás estivemos em Tenerife e em Praia, capital de Cabo Verde, lembram-se? Em seguida, passou pelo arquipélago de São Pedro e São Paulo, viajou rumo ao sul pela costa da América do Sul, seguindo para o arquipélago de Abrolhos, atingindo o Rio de Janeiro, Montevideo, ilhas Falklands, contornando o Cabo Horn, depois Valparaíso no Chile, Callao, ilhas Galápagos, Taiti, baía das ilhas na Nova Zelândia, Sydney na Austrália, Hobart na Tasmânia, King George Sound a oeste da

Austrália, ilha de Cocos ou Kealing Islands, ilhas Maurício, contornou o cabo da Boa Esperança, ilha de Santa Helena, a meio caminho entre a África e o Brasil, ilha de Ascención, um pouco mais ao norte de Santa Helena, chegando à Bahia, depois rumo ao norte, novamente pela cidade de Praia, arquipélago dos Açores e, finalmente, retornando à Inglaterra, à cidade de Falmouth, em outubro de 1838[1]."

— Mas Arthur, eu não entendi muito bem o que o Darwin elaborou. Você mencionou que ele, como naturalista, elaborou a teoria científica da evolução pela seleção natural. O que significa seleção natural? — perguntou Luca.

— Ele estudou profundamente a evolução das espécies — respondeu Arthur. — O que Darwin descobriu em sua viagem é que os vários tipos de plantas, animais e outros seres vivos na Terra, têm origem em outros tipos pré-existentes, e que as diferenças que os distinguem ocorreram graças a modificações ocorridas em sucessivas gerações[2].

"Retrocedendo um pouco no tempo, a vida de Darwin teve alguns episódios interessantes. A sua mãe faleceu quando ele tinha 8 anos, e ele ficou sob os cuidados das suas três irmãs mais velhas. O menino observava com admiração o seu pai, cujas observações inteligentes lhe ensinaram muito sobre psicologia humana. Darwin detestava o ensino repetitivo dos clássicos, na tradicional Escola Anglicana de Shrewsbury, onde estudou de 1818 a 1825. Seu pai, percebendo que, com a idade de 16 anos ele só se interessava por montar e caçar, enviou-o à Universidade de Edimburgo para estudar medicina, em 1825. Entretanto, Darwin não se adaptou ao curso, pois tinha horror à anatomia. O que ele gostava mesmo era da natureza. Aprendeu a classificar plantas pelo moderno sistema natural e, no Museu de Edimburgo, praticou taxidermia. Dedicou-se, também, à identificação geológica dos estratos rochosos da terra e ao estudo da flora e fauna colonial.

1 https://www.britannica.com/biography/Charles-Darwin

2 https://www.britannica.com/science/evolution-scientific-theory#ref1178238

"Seu pai, um livre-pensador, resolveu que a igreja seria um ambiente melhor para seu filho e o matriculou no Colégio de Cristo, 'Church College', em 1828. Nesse novo ambiente, Darwin recebeu uma educação de cavalheiro anglicano e acabou se formando em 10° lugar como Bacharel em Artes, em 1831[3]."

— Muito bem, Arthur, agora quero lhe fazer uma pergunta que veio à minha mente sobre o trabalho de Darwin — disse Enrico. — Se ele descobriu que os seres vivos evoluíram sucessivamente no tempo, então ele não acredita nos ensinamentos da igreja, que diz que todos os seres vivos foram criados por Deus. Como resolver essa controvérsia? Será que os dignitários da igreja estão errados? Veja bem, conforme você pode ver na Bíblia, Deus criou o mundo e tudo que existe nele. Darwin disse que não é assim, e forneceu uma porção de provas. Então quem tem razão? Na minha opinião vai dar uma briga dos diabos.

— De fato, você vai presenciar essa briga — respondeu Arthur. — Na minha opinião, os dois lados têm argumentos muito fortes. Da parte das pessoas que acreditam em Deus, não há nem dúvida de que Deus é o supremo criador, teoria essa que se chama criacionismo. Por outro lado, Darwin provou por meio de extensa pesquisa que os seres vivos são consequência de evolução ocorrida durante bilhões de anos, o que se chama de evolucionismo, contradizendo os argumentos da igreja. No caso de Darwin, seus argumentos são provados cientificamente, enquanto os religiosos assentam as premissas sobre suas crenças. Portanto, tudo depende do que você aceita, seja o lado religioso ou científico. Eu acho que vai demorar muito tempo até que surja um consenso entra essas duas teorias.

— Vou passar a meditar muito sobre o que você falou. Valeu a pena discutir essas duas ideias — afirmou Enrico.

Neste ano de 1845, durante um dos almoços em família, Enrico contou que um importante evento agitou a Inglaterra e o Brasil. A curiosidade foi grande e ele teve que explicar o que ocorreu.

[3] https://www.britannica.com/biography/Charles-Darwin

— Como vocês sabem, o tráfico de escravos no mundo constituiu uma fonte de lucro considerável para diversos países, destacando-se Portugal, Espanha, Inglaterra, França e Holanda entre os mais ativos. Estima-se que cerca de 10 a 12 milhões de escravizados foram transportados através do oceano Atlântico entre os séculos XVI e o nosso século XIX. Na verdade, o comércio escravista já existia na Antiguidade, mas, a partir de 1480, navios portugueses levavam africanos para as plantações de cana-de-açúcar de Cabo Verde e da ilha da Madeira, enquanto navios espanhóis, em 1502 os levavam para o Caribe. No entanto, os portugueses, durante mais de um século e meio dominaram o tráfico a partir de suas bases no Congo e em Angola. Em 1600, os holandeses foram importantes mercadores escravistas, seguidos, no século seguinte, pelos franceses e ingleses que capturavam pessoas na região dos rios Senegal e Níger. Cerca de três quintos do total de escravizados foram enviados para as Américas, principalmente para as plantações de açúcar e de café, produtos que seriam exportados para a Europa.

— Mas os escravizados não se revoltaram contra os seus captores? — perguntou Luca.

— Certamente, só que, quando eles dominavam os tripulantes dos navios e os seus comandantes, geralmente levavam os navios de volta para a África e ninguém ficava sabendo, pois pensava-se que os navios haviam afundado. Mas houve alguns registros de motins, e o que eu soube vou passar para vocês — disse Enrico.

"Por exemplo, em junho de 1730, um capitão chamado George Scott partiu da costa da Guiné com uma carga de 96 escravizados a bordo do navio 'Little George'. Seis dias depois, esses escravizados se revoltaram, prenderam o comandante e parte da tripulação. Ao chegarem de volta à África, todos escaparam. Aparentemente o capitão sobreviveu para contar a história.

"Em 1731, um comandante de nome capitão Jump foi morto ao longo da costa da África, com toda a sua tripulação exceto por três marinheiros.

"Em março de 1742, os traficantes a bordo do navio 'Jolly Bachellor' estavam embarcando escravizados no rio Sierra Leone, quando foram atacados por estes, que mataram o capitão Cutler e mais dois marinheiros. Os africanos depredaram o navio, libertaram os capturados e abandonaram a embarcação.

"Em dezembro de 1753, um tal de capitão Bear estava embarcando escravizados no seu navio, em Coast Castle, oeste da África. Estes se rebelaram, mataram o capitão e toda a tripulação, com exceção de dois marinheiros que pularam a amurada e escaparam nadando até a praia.

"Em 1764, o navio de nome 'Adventure' ancorou ao largo da costa da África e foi atacado por africanos que mataram a tripulação e liberaram os escravizados.

"Em julho de 1839, os escravizados a bordo do navio espanhol 'Amistad' se revoltaram e tomaram o controle do navio. O líder da revolta foi um homem chamado Joseph Cinque. Eles levaram o navio até Long Island, onde houve um julgamento no qual John Quincy Adams, que já havia sido presidente dos Estados Unidos, os defendeu. Lamentavelmente, apesar de enviados de volta à África, encontraram sua vila totalmente destruída.

"Em outubro de 1841, um navio de nome 'Creole' partiu da Virgínia a Nova Orleans com 135 escravizados. Durante a viagem, dois destes, Madison Washington e Ben Blacksmith iniciaram a insurreição. Em novembro, o navio se aproximou das Bahamas e os escravizados tomaram as armas da tripulação e ameaçaram jogá-la no mar caso não os conduzissem a uma colônia britânica. Como a Inglaterra havia abolido a escravidão em 1833, os escravizados escaparam ao chegarem a Nassau, nas Bahamas. O governo dos Estados Unidos, sob pressão dos sulistas, enviou uma reclamação formal aos britânicos."

— E o que fez o governo da Inglaterra? — perguntou Luca.

— A resposta foi engraçada: "Esqueçam-nos, por favor".

"Enfim, Luca, para que os motins fossem bem-sucedidos, era necessário conquistar os navios logo na origem, próximo à costa da

África, pois, depois de atingir o alto-mar, isso se tornava muito difícil. Os pobres escravizados não dispunham de armas, eram barbaramente acorrentados e submetidos a um tratamento desumano, sendo complicado insurgir-se contra os dominadores armados e poderosos. Na verdade, os povos africanos não se submetiam mansamente aos seus captores, eles resistiam, mas eram sobrepujados pelas armas e embarcados em navios apelidados 'navios da morte'[4].

"Acredita-se que a África sofreu imensamente em virtude do sequestro de seus habitantes. Devido ao aprisionamento dos mais moços e de mulheres grávidas, o desenvolvimento da agricultura e a economia africana sofreu um baque, pois os traficantes largavam os mais velhos, que não tinham a capacidade de enfrentar atividades produtivas. Para piorar, os africanos capturados eram conduzidos do interior por distâncias imensas, entre 400 e 500 km, o que resultava em um índice de morte de cerca de 15% desses infelizes. Outros motivos para tantas mortes se deviam à superlotação dos navios e das condições anti-higiênicas, da falta e da inadequação da alimentação, do calor insuportável e da falta de oxigênio, do aperto e da promiscuidade nos porões, além das distâncias percorridas entre a África e os portos de destino, que podiam atingir até 8 mil km.[5]"

— Que desgraça — falou Arthur, horrorizado. — Como é possível submeter seres humanos a tamanha tortura?! Ainda bem que existem pessoas que estão se revoltando contra essa barbaridade.

— Mas, antes de contar todo esse drama, você mencionou que um importante evento agitou a Inglaterra e o Brasil. Será que tem alguma coisa a ver com esse assunto? — perguntou Luca.

— Pois tem sim. Apesar de a Inglaterra ter sido uma das maiores nações escravagistas, surgiu um movimento abolicionista no Reino Unido após a Revolução Industrial. Nesse sentido, em 1845, o Parlamento Britânico aprovou uma proposta chamada "Bill Aberdeen" ou "Slave Trade Suppression Act", de autoria do ministro

4 http://crab.rutgers.edu/~glasker/MUTINYSLAVESHIP.htm

5 https://www.britannica.com/topic/transatlantic-slave-trade

das Relações Exteriores, George Hamilton-Gordon, Lorde Aberdeen, que visava combater o tráfico escravista no Atlântico Sul, dando aos navios da Marinha Real Britânica o direito de apreender qualquer navio negreiro com destino ao Brasil. Desde 1810, o tráfico já era considerado um ato de pirataria.

"Na década de 1840, a marinha britânica aprisionou centenas de embarcações que transportavam escravizados e os conduziu de volta à África. Esse ato revoltou os escravagistas brasileiros, argumentando que se tratava de uma interferência de um país estrangeiro, ofendendo o Direito Internacional. Na verdade, desde 1820, o Brasil já vinha desobedecendo aos tratados assinados contra o tráfico de escravizados, descumprindo também a própria legislação interna, que estabelecia que as pessoas escravizadas recém-chegadas ao país deveriam ser libertadas e devolvidas a seus países de origem na África, principalmente Serra Leoa e Libéria.

"Em consequência da Lei Aberdeen, surgiram vários incidentes diplomáticos devido à teimosia dos brasileiros em aceitar as regras dos tratados. A marinha britânica chegou a abordar e destruir mais de duzentos navios brasileiros em águas territoriais do Brasil[6]."

6 https://mundoeducacao.bol.uol.com.br/historiadobrasil/bill-aberdeen.htm

08

Os pais dos quatro Vivone continuavam na Inglaterra, dedicados respectivamente aos campos da filosofia (John e Liselotte), medicina (Paul e Alessandra) e veterinária (Robert e Kelly). Além deles havia Jennifer, professora de matemática em Oxford, e seu marido, David Lodge, trabalhando como engenheiro civil na mesma cidade.

No entanto, em 1845, as idades dos pais já vinham pesando e a saúde podia ser considerada longe da ideal. Na idade de 69 anos para os maridos e aproximadamente 67 para as esposas, sempre pode ocorrer algo imprevisto. Foi o que aconteceu nos cinco anos seguintes. Por diversos motivos, parte por doença, parte por fraqueza, faleceram o casal John e Liselotte, em 1847, e Paul e Alessandra, em 1850. Robert e Kelly ainda se mantinham em casa, sem trabalhar, cuidados por sua filha Jennifer e o marido David.

— Desde o fim do século XVIII até hoje, neste século XIX , presenciamos muitos acontecimentos — disse Enrico. — Tivemos a Revolução Francesa, as Guerras Napoleônicas, a fuga de D. João VI para o Brasil, a Inconfidência Mineira, a Independência do Brasil, a Independência dos Estados Unidos, os novos conceitos trazidos por Charles Darwin, a Lei Aberdeen, enfim, ficamos todos mais sabidos, eu até diria mais cultos.

— Sem falsa modéstia — brincou Robert — vocês se esqueceram de mencionar nossa viagem à França e o episódio importante para a nossa família, que foi a visita a Napoleão Bonaparte e a consultoria que demos a ele sobre as doenças dos seus cavalos.

O ano de 1850 foi triste para a família, com o falecimento de Robert Vivone. Ele sofreu um colapso cardíaco durante o repouso após um almoço no qual comeu exageradamente. Ao se deitar, sentiu grande dificuldade de respirar, chamou a Dra. Beatrice, esposa de Arthur, que se encontrava em casa. Apesar de socorrido em menos de dois minutos, Robert já estava imóvel e sem pulso. Kelly havia saído pouco depois do almoço e só tomou conhecimento da morte do marido quando retornou à casa. O choque abalou os Vivone, que consideravam Robert um dos seus membros mais saudáveis. Kelly viveu mais três anos e faleceu em 1853.

Rememorando os últimos eventos, sobraram na família Arthur e a esposa Beatrice com os filhos Peter e Bill, Enrico e Luca, sem filhos, Jennifer e David Lodge com o filho Jimmy. A árvore genealógica a seguir demonstra a situação em 1856.

ÁRVORE GENEALÓGICA DA **FAMÍLIA VIVONE** NO ANO DE 1856

- Ryan (1716–1792) e Sayen (1723–1803)
    - Raini (1745–1813) e Mabel Harris (1750–1813)
        - John (1776–1847) e Liselotte König (1778–1847)
            - Arthur (1809–) e Beatrice Arlington-Jones (1812–)
                - Peter (1843–)
                - Bill (1843–)
    - Talli (1746–1823)
- Brian (1717–1792) e Omatah (1721–1792)
    - Tuxaua (1745–1822) e Andrea Watt (1751–1822)
        - Paul (1776–1850) e Alessandra Carpelli (1780–1850)
            - Enrico (1808–)
            - Luca (1808–)
    - Temanem (1746–1813) e Christiane Hopkins (1751–1813)
        - Robert (1776–1850) e Kelly Gordon (1779–1853)
            - Jennifer (1808–) e David Lodge (1808–)

Jimmy (1833–)

— Ontem tive um encontro muito interessante — iniciou Arthur. — Conheci o general Lorde James Cardigan, que veio dar uma palestra em Cambridge sobre a Guerra da Crimeia. Vocês sabiam que a guerra terminou em março de 1856, com o Tratado de Paris?

— E o que contou o general? — perguntou Luca.

— Vou ver se me lembro de todos os detalhes da conferência e passarei para vocês, pois é muito interessante e nós deveríamos tomar conhecimento desse episódio da história.

"A Guerra da Crimeia foi um conflito ocorrido na península da Crimeia, no mar Negro, no sul da Rússia e nos Balcãs. E quais foram os motivos que levaram a essa guerra? Em 1853, o tsar Nicolau I da Rússia invocou o direito de proteger os lugares santos dos cristãos em Jerusalém, então parte do Império Otomano[1]. Por isso, suas tropas invadiram os principados otomanos do rio Danúbio. O sultão otomano, contando com o apoio da Grã-Bretanha e da França, rejeitou as pretensões do tsar, declarando guerra à Rússia. Em consequência, a frota russa destruiu a frota turca na Batalha de Sinope.

"O Reino Unido, sob a regência da rainha Vitória, temia que uma possível queda da cidade de Constantinopla diante das tropas russas lhe pudesse retirar o controle estratégico dos estreitos de Bósforo e Dardanelos, cortando suas comunicações com a Índia. Por outro lado, Napoleão III da França queria mostrar que era o legítimo sucessor de seu tio, Napoleão I. Com a derrota naval dos turcos, ambas declararam guerra à Rússia no ano seguinte, seguidos pelo reino da Sardenha, formando a Aliança Anglo-Franco-Sarda e o Império Otomano. Esta coligação, que contou ainda com o apoio do Império Austríaco, foi formada como reação às pretensões expansionistas da Rússia.

"As frotas dos aliados desembarcaram na península da Crimeia, em 16 de setembro de 1854, iniciando o bloqueio naval e o cerco

[1] Atual Turquia.

terrestre à cidade portuária fortificada de Sebastopol, sede da frota russa no mar Negro. A Rússia, mesmo vencida em Balaclava e em Inkerman, recusou-se a aceitar os termos de paz, razão pela qual o conflito continuou".

— Como foi a participação do general Cardigan nesse conflito? — perguntou Enrico.

— Foi bom você me perguntar, porque foi uma participação incrível. Ele comandava uma tropa de cavalaria da armada britânica chamada Brigada Ligeira durante a Batalha de Balaclava, em 25 de outubro de 1854. Ele recebeu ordens para avançar contra a bem defendida artilharia russa naquilo que se chamou de "Carga da Brigada Ligeira". Cardigan carregou sobre os inimigos sem hesitar, mas as tropas foram dizimadas pelas armas pesadas dos russos, dotados de aproximadamente vinte batalhões de infantaria com o apoio de mais de cinquenta peças de artilharia sob comando de Pavel Liprandi. Os britânicos sofreram 40% de baixas em poucos minutos. Na verdade, a ordem foi um erro de julgamento por parte do comandante-chefe do exército, Lorde Raglan, que deu a ordem a Lorde Lucan, comandante da cavalaria. Cardigan sobreviveu à carga e foi posteriormente considerado um herói nacional na Grã-Bretanha[2].

"Durante o cerco a Sebastopol, as tropas britânicas e francesas tiveram enormes perdas. As doenças sofridas pelos soldados foram responsáveis por grande número de vítimas no total de 250 mil de ambos os lados.

"Quando as notícias das deploráveis condições em que se encontravam as tropas britânicas chegou à Inglaterra, uma enfermeira de nome Mary Seacole financiou a própria viagem a Balaclava e transformou o clube dos oficiais do Hotel Britânico numa casa de convalescença para tratar dos doentes e feridos nos campos de batalha. Foi lá que surgiu a heroína enfermeira britânica chamada Florence Nightingale[3]."

— E quem foi essa heroína? — perguntou Luca.

[2] https://www.britannica.com/event/Crimean-War

[3] Florence Nightingale (1820–1910)

— Ela criou a primeira escola de enfermagem da Inglaterra no Hospital Saint Thomas, em Londres. Nasceu em Florença, na Itália, no dia 12 de maio de 1820. Filha do milionário William Nightingale, foi aluna do King's College de Londres. Em uma viagem ao Egito, visitando hospitais, ela descobriu sua vocação para a enfermagem, apesar de na época não ser considerada uma atividade digna.

"Na Inglaterra, iniciou seu aprendizado estudando anatomia e visitando o hospital do distrito. Em 1854, surgiu a oportunidade para Florence seguir para o hospital militar inglês em Scutari, que atendia os feridos anglo-franceses na Guerra da Crimeia, onde os soldados morriam vítimas da cólera e do frio. Com uma pequena equipe e os equipamentos necessários, apesar da negligência dos médicos militares, o ambiente tornou-se propício para atender os enfermos. A sua dedicação aos doentes reduziu drasticamente as mortes no hospital militar. Foi chamada pelo jornal *The Times*, de Londres, de "A Dama da Lâmpada", pois percorria todas as enfermarias com uma lamparina na mão[4]. Ela dirigiu o atendimento hospitalar de campanha e realizou melhoramentos no hospital situado em Üsküdar, revolucionando o tratamento de soldados feridos. O seu trabalho posteriormente levou ao desenvolvimento da medicina em campos de batalha.

"A guerra terminou com a assinatura do tratado de Paris de 30 de março de 1856. Pelos seus termos, o novo tsar, Alexandre II da Rússia, devolvia o sul da Bessarábia e a embocadura do rio Danúbio ao Império Otomano e à Moldávia, renunciava a qualquer pretensão sobre os Balcãs e ficou proibido de manter bases ou forças navais no mar Negro. Por outro lado, o Império Otomano, representado por Aali-pachà, ou Meliemet Emin[5], era admitido na comunidade das potências europeias, tendo o sultão se comprometido a tratar seus súditos cristãos de acordo com as leis europeias[6]."

4 https://www.ebiografia.com/florence_nightingale/

5 https://www.sohistoria.com.br/ef2/crimeia/

6 https://www.britannica.com/event/Crimean-War

09

Em 1860, Bill e Peter, filhos de Arthur e Beatrice, completaram 17 anos, enquanto Jimmy, filho de Jennifer e David, dez anos mais velho do que os dois gêmeos, estava com 27. Jimmy, Peter e Bill já terminaram o curso da Royal School, mas Jimmy, apesar de também formado, foi o único que não se adaptou às regras da escola. Achava que esse negócio de princípios morais era tudo besteira e que utilizava seus próprios. Durante o curso, apesar de ter sido excelente aluno de matemática, de línguas e de história, era o mais revoltado e não mostrava qualquer respeito pelos professores, tendo até ameaçado agredir um deles, que discutia os ensinamentos do livro *Moralidade e Ética* do patriarca Francesco Vivone. Jimmy ficou conhecido como o Vivone Brigão.

Tudo isso deixou Jennifer e David frustrados com seu comportamento. De tanto discutirem com ele sobre as suas ideias, chegaram a ponto de desistir, deixando-o viver sua própria vida. Finalmente, os pais ficaram um pouco mais sossegados depois que ele resolveu se mudar de Londres. Sem se despedir da família, desapareceu e não deu mais notícias.

O fato de Jimmy sumir sem dar satisfação provocou uma certa perplexidade por parte de Arthur, Luca e Enrico. Decidiram investigar um pouco mais o episódio, principalmente porque Enrico, ao saber do início do namoro de Jennifer com David, achou que o futuro marido da prima era meio estranho, difícil de entender.

— Como vamos agir neste caso? — perguntou Luca.

— Eu tenho uma ideia — falou Enrico. — Vou dar uma passada na Royal School para falar com um dos meus colegas que ficou na escola como professor. O nome dele é Mark Grief, é quem teve mais contato com o David. Ele poderá dar um palpite mais detalhado sobre o seu comportamento. Depois eu informo.

Foi fácil achar Mark, que acabara de sair da aula de matemática. Com muito cuidado, Enrico abordou o assunto e tentou descobrir o que Mark achava de David.

— Bem, eu nunca me importei com ele, pois era uma pessoa meio distante, até meio misteriosa — contou Mark. — Na verdade, tive uma impressão meio negativa quando o vi conversando com três homens com caras não muito recomendáveis. Eu soube mais tarde que se tratavam de antigos militares de altas patentes do exército inglês. Como fiquei curioso, perguntei ao David quem eram e o que queriam, imagine só que coragem a minha. Ele, rispidamente, disse que eu não tinha nada que me meter nos negócios dele! Então saí e esqueci o assunto, mas na hora fiquei meio desconfiado.

— Realmente é algo estranho que vale a pena a gente investigar um pouco mais. Como você acha que devo proceder? — perguntou Enrico. — O pior de tudo é que se trata do marido da minha prima e ela não deve estar sabendo de nada.

— Enrico, eu tenho muitos amigos na Scotland Yard[1] que poderiam me dar alguns esclarecimentos, mas você tem que manter isso no mais absoluto silêncio, estamos combinados? Eu volto a falar consigo assim que tiver outros dados — prometeu Mark.

Uma notícia importante saiu no jornal de Londres, chegando ao conhecimento dos irmãos no início de 1860. Em novembro de 1859, Charles Darwin publicou o seu famoso livro *A Origem das Espécies*, resultado das suas pesquisas sobre as mutações de todos os seres vivos em sucessivas gerações. Como suas afirmações se opuseram aos

[1] Fundada em 1829, começou a patrulhar as ruas de Londres em 1842. https://mapadelondres.org/scotland-yard/

conceitos bíblicos da história da criação, sua obra não teve o sucesso que merecia na época, pois poucos cientistas vitorianos aceitaram sua posição ateísta no livro. Mas, posteriormente, a obra foi reverenciada pelos cientistas que se convenceram da perfeição das pesquisas do gênio que foi Charles Darwin.

— Acho que estamos vivendo numa época privilegiada — observou Luca. — Cada dia surgem mais descobertas e novos conceitos científicos, econômicos, sociais, políticos e humanos que ultrapassam e aperfeiçoam as ideias de antigos estudiosos. Temos sorte de nos encontrarmos num período da história cujo futuro presumivelmente será maravilhoso em termos de novas conquistas e invenções.

Em outubro de 1860, Mark, o professor da Royal School que se comprometeu a contactar a polícia sobre David Lodge, entrou em contato com Enrico para relatar o resultado das suas investigações.

— Caro Enrico — começou Mark — ,tenho notícias sobre seu parente, David Lodge. Infelizmente o resultado não foi muito bom. Ele possui uma longa ficha na Scotland Yard, onde consta uma série de processos contra ele, principalmente ligados a contrabando de armas para a Inglaterra. Aparentemente, ele estava mancomunado com alguns militares ingleses que estão sendo investigados há vários anos. Também parece que, o filho dele, o Jimmy, esteve envolvido na venda ilegal de armas oriundas dos Estados Unidos. Consta também que Jimmy, temendo ser preso, conseguiu fugir para Nova York, de onde obtinha parte das armas do contrabando. Sinto muito, Enrico, dar essas notícias a você que é tio dele, pelo que entendo. O conselho que recebi da Yard é que devemos ficar longe desse problema e deixar que os agentes da polícia cuidem disso. Seria perigoso vocês se meterem com esse pessoal que parece ser da pesada, havendo gente importante envolvida.

— Mark, não sei como agradecer a você pelo favor que prestou à nossa família. Certamente obedeceremos à sugestão da Scotland Yard de não nos envolvermos — respondeu Enrico.

Até 1862, os três Vivone continuavam a trabalhar, cada um em sua especialidade, e não se envolveram com o problema de David Lodge, principalmente em respeito a Jennifer, que tinha verdadeira adoração pelo marido. Por isso, não foi fácil ela entender o motivo da visita da Scotland Yard em janeiro, solicitando a presença de David para interrogatório. Foi ainda mais difícil quando soube que a polícia inglesa estava pedindo a extradição de Jimmy dos Estados Unidos, por suspeita de contrabando de armas.

— David, o que está acontecendo? — perguntou Jennifer, preocupada. — Por que esse pessoal da polícia vai levar você para interrogatório? Algum amigo seu estaria envolvido em algum crime? E o que querem com Jimmy? Como sabem que ele está nos Estados Unidos?

— Jennifer, não se preocupe, na verdade não sei do que se trata. Mas assim que eu voltar, contarei o que houve, está bem? — respondeu David.

Na Scotland Yard, David foi colocado na sala de interrogatório perante um dos oficiais, que iniciou as perguntas de praxe:

— Sr. Lodge, nossos investigadores acharam por bem convocar o senhor para prestar alguns esclarecimentos sobre a acusação de tráfico de armas para a Inglaterra, armas essas de origem americana. O que o senhor tem a declarar a respeito? — perguntou o oficial Oscar Bell.

— Lamentavelmente, não tenho a menor ideia do que se trata — respondeu David.

— Acho que o senhor não me entendeu — avisou o oficial Bell — pois temos provas irrefutáveis de que o senhor esteve a bordo do navio "Extender", de nacionalidade americana, na data da sua chegada em Dover. Conforme deve ser do seu conhecimento, o navio foi retido por nós devido à quantidade de armas que trazia a bordo, sem qualquer "bill of lading"[2] que descrevesse a carga ou os seus compradores. O conhecimento apresentado pelo capitão do navio citava

2 Bill of lading = Conhecimento de transporte.

a carga de trigo a granel que, evidentemente nada tinha a ver com o que havia realmente a bordo.

— Ignoro totalmente o assunto. Eu realmente estive a bordo do navio para receber um pacote de sementes que um dos tripulantes muito gentilmente me trouxe da América — refutou David.

— Muito bem, vejo que não chegaremos a um acordo tão cedo. Portanto, o senhor está dispensado, apenas com a recomendação de não se ausentar do país até novas instruções, estamos entendidos? — preveniu o oficial Bell.

— Perfeitamente entendido e estou à disposição para fornecer qualquer outra informação — prometeu David.

— Somente para constar, gostaria de saber se o senhor teve conhecimento de que o seu filho Jimmy se encontra nos Estados Unidos e que deverá ser extraditado para cá em curto prazo? Além disso, pesa sobre ele a acusação de ser seu elemento de ligação no citado contrabando de armas. Caso essa acusação seja provada, é fácil prever o que acontecerá com vocês dois, sabe? — falou o oficial com um leve sorriso nos lábios.

Ao chegar em casa, David encontrou Jennifer andando de um lado para o outro, preocupada com a situação.

— Bem, vou contar para você o que houve — explicou David assim que entrou na sala. — Eles estão procurando um amigo meu, que chegou no navio que visitei para pegar as sementes que ele me trouxe dos Estados Unidos. O oficial da polícia me disse que esse meu amigo está sendo acusado de contrabando de armas, imagine você!

— Mas que sementes são essas? — perguntou Jennifer.

— Eu encomendei umas sementes de flores com esse amigo para nós plantarmos no jardim, mas elas chegaram estragadas e joguei fora — respondeu David.

— E o Jimmy, o que falaram sobre ele? — indagou Jennifer.

— Jimmy parece que se envolveu com uma mulher em Nova York e os americanos ficaram sabendo que ele bateu nela. Depois de prendê-lo, viram que ele não tinha documentos para permanecer nos Estados Unidos e resolveram extraditá-lo — inventou David.

— Mas isso é um absurdo, não acredito que nosso filho tenha batido numa mulher, ele nunca faria algo assim — contestou Jennifer.

— Jennifer, você sabe como o nosso filho é difícil. Ele deve ter bebido ou algo parecido. Mas não se preocupe, logo ele estará de volta e nós teremos uma conversinha com ele, pode ficar tranquila — mentiu David.

Jennifer encontrou os primos quando vieram de Cambridge a Oxford em janeiro de 1863 e conversou sobre o caso da Scotland Yard, ainda aflita com Jimmy, que até agora não havia chegado. David continuava trabalhando em Oxford e estava fora no momento.

— Vocês sabem alguma coisa sobre essa convocação do David pela Scotland Yard no fim do ano passado? E sobre o Jimmy, que aparentemente está nos Estados Unidos? O David me contou que ele havia batido numa mulher e que vai ser extraditado para cá, será verdade? — perguntou Jennifer.

— Infelizmente não sabemos de nada, Jennifer. Quer que a gente vá até a Scotland Yard? — questionou Luca.

— Se vocês forem, eu gostaria de ir junto para indagar quando Jimmy chegará e por que está demorando tanto — propôs Jennifer.

— Então vamos — propôs Luca.

Lá foram os quatro à Scotland Yard. Luca, Enrico e Arthur foram cuidadosos para não adiantar o que sabiam à Jennifer, antes que ela tivesse a chance de ouvir o caso do oficial da polícia.

— Estou às ordens, Sra. Lodge, para informá-la sobre o motivo da convocação do seu marido. Ele deve ter dito à senhora que existem contra ele algumas delações de que estaria envolvido em contrabando de armas da América. Ainda estamos investigando a respeito, mas as provas que temos são bastante circunstanciais. Quanto ao seu filho Jimmy, aparentemente existem indicações de que ele estaria agindo em sociedade com o pai nesse tipo de delito. Aviso à senhora que estamos para terminar a investigação e, caso seja provada a inocência do senhor David e do seu filho Jimmy, tudo voltará ao normal — relatou o oficial Bell.

— Santo Deus, não posso acreditar que existam essas acusações contra o meu David e contra o Jimmy! — disse Jennifer, quase chorando.

— Informaremos sobre o resultado das nossas providências o mais breve possível, pode ficar descansada — completou o oficial.

— E agora? O que vou fazer? O David me contou uma história completamente diferente. Falou de umas sementes que havia encomendado a um amigo, mas que teria jogado fora porque estavam estragadas. Falou também que era o amigo que estava sendo acusado de contrabando. Além disso, ainda me disse que o Jimmy havia sido preso em Nova York por ter batido numa mulher, e que estaria sendo extraditado por não ter documentos. Em quem devo acreditar? — perguntou Jennifer com voz embargada.

Ao voltar do trabalho, David ficou sem respostas para Jennifer. Não conseguiu arranjar uma explicação. Teve que confessar.

Desiludida com o marido, Jennifer acabou se divorciando de David em 1864, após um ano de discussões sem resultado concreto. Em março do mesmo ano, David foi preso pela Scotland Yard, por tráfico de armas provenientes dos Estados Unidos. Jimmy conseguiu fugir de Nova York, escapando da NYPD (New York Police Department) e se encontra em local ignorado. Jennifer mudou-se para Cambridge e licenciou-se da Universidade de Oxford.

Depois de tantas desilusões, em julho de 1865, Jennifer recebeu uma carta da Filadélfia, capital do estado da Pensilvânia, nos Estados Unidos. *O que será*", pensou ela. *Eu não conheço ninguém dos Estados Unidos, muito menos do estado da Pensilvânia, pode ser algo relacionado com o meu filho Jimmy.* Abriu nervosamente o envelope e, de fato, era uma longa missiva do seu filho.

Filadélfia, Pensilvânia, 15 de junho de 1865

Querida família, querida mamãe, papai, meus tios e primos,

Desde 1860 estou longe de casa sem fornecer qualquer notícia. Vocês devem estar se perguntando o que teria acontecido. Esta carta serve para esclarecer o meu paradeiro e as minhas andanças pela América do Norte.

Como vocês sabem, estive enrolado com uma atividade não muito honrosa, juntamente com o papai. Estávamos nos preparando para ganhar muito dinheiro com esse trabalho, que consistia em comprar armamentos militares nos Estados Unidos e exportar para a Inglaterra, algo só permitido pelos exércitos americano e britânico, portanto, o que fazíamos era nada mais nada menos do que contrabando. Vocês perguntarão: "Como poderiam achar esses armamentos sem ter sócios na fonte e no destino?" Nós tínhamos nos dois lados. O meu pai conseguiu a colaboração de antigos militares britânicos que nos indicaram contatos em Nova York envolvidos nesse tráfico e iniciamos o comércio ilegal com grande sucesso, até que a coisa se complicou com a investigação da Scotland Yard, cujos agentes há tempos vinham investigando as nossas atividades.

Enfim, dadas as circunstâncias, resolvi fugir para a América e não pude deixar qualquer notícia, pois certamente eu iria preso antes de embarcar. Continuei a mexer com o tráfico de armas até que as autoridades de Nova York me descobriram. Consegui fugir mais uma vez e acabei chegando à Filadélfia, onde estou no momento. Na época em que cheguei a Nova York, presenciei um grande episódio aqui nos Estados Unidos. Foi a eleição presidencial de novembro de 1860, na qual o republicano Abraham Lincoln[3] *derrotou seus adversários, John C. Breckinridge, democrata, Stephen A. Douglas, também democrata, e John Bell, da União Constitucional.*

Houve uma divisão entre os democratas do norte e do sul, devido à questão da escravatura e, nos meses após a eleição de Lincoln, sete estados liderados pela Carolina do Sul se retiraram da União, preparando o clima para a terrível Guerra

[3] Abraham Lincoln (1809–1865)

Civil Americana[4], que começou um mês depois da posse do presidente Lincoln[5].

O que levou os Estados Unidos à guerra civil foi basicamente a diferença entre a economia do norte e do sul. Entre 1815 e 1861, a economia dos estados no norte foi se modernizando e se diversificando rapidamente. Apesar de a agricultura (pequenas fazendas que utilizavam empregados livres) ainda compor a atividade mais importante, a industrialização já vinha crescendo em importância. Além disso, os estados do norte investiram pesadamente em sistemas de transportes que incluíam canais, estradas, barcos a vapor e ferrovias, além de bancos e seguros. Iniciaram uma grande rede de comunicações composta de revistas, livros, jornais e, principalmente, o telégrafo.

Os estados do sul, por outro lado, baseavam sua economia em grandes latifúndios, chamados "plantations", dedicados à agricultura de algodão, tabaco e açúcar, que utilizavam mão de obra escravizada. Em vez de investir em fábricas, os sulistas investiam em escravizados, muito mais do que em terras. O preço do algodão, a safra principal do sul, havia subido vertiginosamente em 1850, e o valor dos escravizados (que eram considerados propriedade dos donos das fazendas) aumentou também. Assim, em 1860, a riqueza dos brancos dos estados sulistas era o dobro da riqueza do norte.

Os estados que se separaram da União em 1860-61 foram Carolina do Sul, Mississippi, Flórida, Alabama, Geórgia, Louisiana, e Texas. Eles constituíram os "Estados Confederados", formando o "Confederate Army" (Exército Confederado) e os estados do norte formaram o "Union Army" (Exército da União). Imaginem vocês que todas essas

4 Guerra Civil Americana (1861–1865)

5 https://www.britannica.com/event/United-States-presidential-election-of-1860

hostilidades foram a consequência de décadas de disputas sobre a escravatura.

Enfim, em 12 de abril de 1861, os sulistas rebeldes abriram fogo contra o Forte Sumter na entrada da baía de Charleston, Carolina do Sul. Por incrível que pareça, não houve vítimas nesse embate. Depois de um bombardeio de 34 horas, o major Robert Anderson rendeu-se para as tropas dos confederados. Após algumas semanas, mais quatro estados se juntaram aos confederados: Virgínia, Arkansas, Tennessee e Carolina do Norte. Os confederados convocaram inicialmente 100 mil soldados que, posteriormente, aumentaram para 400 mil[6].

Para não prolongar muito esta carta, quero que saibam que participei da guerra pelo lado do Exército da União, convocado pelo comando com a promessa de que meus crimes seriam perdoados se eu me alistasse. Felizmente, estive apenas em uma batalha, já no final da guerra, e não fui ferido, mas presenciei verdadeiros massacres de ambos os lados. A guerra terminou em 13 de maio de 1865 com a rendição do general Robert E. Lee ao Exército da União sob o comando do general Ulisses U. Grant, no Tribunal de Appomattox na Virgínia. Na guerra morreram aproximadamente 360 mil soldados da União e 198 mil da Confederação.

Como fui perdoado pelo exército dos Estados Unidos, pretendia voltar à Inglaterra, mas receio que eles não respeitem esse documento emitido pelas forças da guerra civil. Portanto, pretendo ingressar no exército dos Estados Unidos onde terei um emprego e poderei progredir com honestidade, algo que não consegui fazer no meu país devido à minha imaturidade. Só espero que todos vocês me perdoem por ter sido um revoltado e um filho desrespeitoso com a minha família, especialmente com a minha querida mãe Jennifer.

6 https://www.britannica.com/event/American-Civil-War

A carta de Jimmy não poderia ter provocado maior alegria aos tios, aos primos e especialmente à mãe. Foi um bálsamo para Jennifer. Logo em seguida, ela enviou uma missiva ao filho, com uma demonstração do seu amor.

Em 1863, o presidente Lincoln havia libertado muitos escravizados, mas a verdadeira abolição aconteceu mais tarde. Em abril de 1864, o Senado passou uma emenda abolindo a escravatura. Após mais algumas manobras do presidente Abraham Lincoln, a Câmara dos Deputados também aprovou uma medida que foi ratificada por todos os estados do norte em 31 de janeiro de 1865.

Logo depois do término da guerra civil, Lincoln foi assassinado, em 15 de abril de 1865, no camarote de um teatro. O assassino foi John Wilkes Booth, filho de um famoso ator, Junius Booth. Os Booth viviam numa fazenda no estado de Maryland e eram favoráveis à escravatura. Durante a guerra civil, John trabalhou como espião a serviço dos confederados. Motivado pelas derrotas confederadas na guerra e por Lincoln ser contra a escravatura, John se aproveitou do fato de seu pai ser ator de teatro, invadiu o camarote onde se encontrava o presidente e deu-lhe um tiro na cabeça. Após fugir a cavalo para a Virgínia com seu comparsa David Herold, investigadores seguiram suas pistas e interrogaram pessoas que os avistaram durante as paradas. Na fazenda da família Garret, conseguiram armar um cerco em volta do celeiro em que a dupla se escondia. John foi alvejado e morreu três horas depois.

Após a morte de Lincoln, o presidente Andrew Johnson conseguiu a aprovação da abolição da escravatura pelos estados do sul, o que demorou até o fim de 1865[7].

[7] https://www.britannica.com/topic/Thirteenth-Amendment

10

Em outubro de 1866, numa reunião da família, Arthur e Beatrice manifestaram o desejo de requerer aposentadoria na Universidade, pois queriam a todo custo viajar para o exterior. Como Arthur adorou sua viagem ao Caribe, almejava ardentemente que Beatrice e seus filhos Bill e Peter tivessem uma oportunidade de conhecer outros países. Luca e Enrico apoiaram imediatamente o plano do primo. Quanto aos custos, os dois concluíram que tinham renda suficiente como engenheiros e poderiam se juntar ao projeto.

Jennifer achou excelente a ideia e sugeriu os Estados Unidos como primeiro destino. Assim, poderia rever Jimmy, que provavelmente estaria no exército americano. Finalmente fixou-se a data de 10 de fevereiro de 1867 para a partida, saindo de Southampton no navio Carlsten II, de nacionalidade escocesa.

O navio saiu pontualmente com todos os Vivone a bordo. Chegaram a Nova York em maio de 1867, se hospedaram numa pousada e no dia seguinte seguiram para a Filadélfia, onde supostamente estaria Jimmy. Na cidade dirigiram-se ao quartel-general do exército para indagar sobre seu paradeiro, conseguindo localizá-lo rápido, graças à colaboração de um tenente cujo nome era Joe Bristol. Jimmy trabalhava na seção de suprimentos. O encontro da família com Jimmy foi algo indescritível. Ao ver a quantidade de entes queridos, Jimmy teve um ataque de choro que só parou após algum tempo e muitos abraços.

Ficaram horas rememorando os bons e os maus momentos que passaram na Inglaterra. Com as obrigações de Jimmy no exército, tiveram que resolver como seriam os próximos passos da família na Filadélfia. Decidiram seguir viagem para o oeste, passando pelos estados de Ohio, Indiana, Iowa, Nebraska, Wyoming, Utah, Nevada e Califórnia. Seria uma aventura fantástica rumo ao desconhecido. Depois de alguns dias com Jimmy, partiram para o oeste.

Nesse período, logo após o fim da guerra de secessão, o governo começou a desenvolver a rede ferroviária[1], com o intuito de ligar o leste ao oeste. Como consequência foram investidos grandes capitais nesse setor, gerando milhares de empregos. Logicamente, os Vivone só puderam aproveitar algumas dessas ferrovias, pois muitas ainda estavam em construção. Mas atravessaram os estados mais ao norte dos Estados Unidos e só chegaram à Califórnia em agosto de 1868 realizando longas paradas em cada um dos estados. O que mais atraiu a família e, principalmente os rapazes Peter e Bill, foi a Universidade da Califórnia – Berkeley. Ela foi fundada em março de 1868, justamente na época em que os Vivone lá se encontravam[2].

Maravilhados com a exuberância da construção, os dois jovens pediram autorização aos pais para se matricularem no primeiro ano de funcionamento. Com 25 anos de idade seria uma lástima deixarem passar uma oportunidade como essa. Como o ano letivo começaria em setembro, eles se apressaram para conseguir vagas entre os quarenta alunos que frequentariam o primeiro ano da faculdade. Conseguiram se inscrever em último lugar entre os quarenta e optaram por medicina, a profissão predominante entre os Vivone.

Peter e Bill, a partir de 1868, ficaram morando na universidade, que ficava próxima à cidade de São Francisco. Enquanto isso, os seus

[1] https://books.google.com.br/books?id=H07uBgAAQBAJ&pg=PT22&lpg=PT22&dq=estados+unidos+entre+1865+e+1875&source=bl&ots=Y7CUoaQLAJ&sig=lmA7S23pC44sV-yIUo7N9b7zaeQ&hl=pt-BR&sa=X&ved=2ahUKEwiTwNv3vY3dAhXFHJAKHXY_BwcQ6AEwD3oECAAQAQ#v=onepage&q=estados%20unidos%20entre%201865%20e%201875&f=false

[2] http://bancroft.berkeley.edu/CalHistory/charter.html

pais Arthur e Beatrice, assim como Enrico, Luca e Jennifer, resolveram fixar residência em Sausalito, que ficava à beira da baía de São Francisco, lado oposto a Berkeley. Seria uma estadia tranquila, à beira-mar.

Enrico e Luca, dois engenheiros, ficaram encantados com os progressos das estradas de ferro americanas e resolveram investigar a possibilidade de participar nesses trabalhos. A ferrovia transcontinental, chamada inicialmente de Pacific Railroad, vinha sendo construída entre Council Bluffs-Iowa, Omaha-Nebraska (via Ogden, Utah e Sacramento, Califórnia) e Alameda, também na Califórnia. Ela conectava as costas do Atlântico e do Pacífico por via ferroviária pela primeira vez na história, e foi aberta ao tráfego em 10 de maio de 1869, com o chamado "prego de ouro" (em inglês: "golden spike") em Promontory, Utah. Essa obra estabeleceu uma rede de transportes que revolucionou a economia do oeste americano e foi a coroação das façanhas da presidência de Abraham Lincoln, apesar de completados quatro anos após sua morte. A construção da ferrovia requereu enormes feitos de engenharia e de trabalho na passagem de planícies e altas montanhas pela Union Pacific Railroad e Central Pacific Railroad, que construíram a linha ocidental e oriental, respectivamente, no que foi considerado o maior feito tecnológico norte-americano do século XIX. Serviu como uma ligação vital para o comércio e as viagens entre as metades oriental e ocidental dos Estados Unidos[3].

Enrico e Luca viajaram para Alameda para ver se conseguiriam vagas como engenheiros nos trabalhos finais da estrada. Foram muito bem recebidos pelos encarregados da empresa, que ficaram surpresos com a presença de ingleses na região. Como a engenharia era a profissão mais importante para uma construção de estrada de ferro, foram contratados como auxiliares. Sendo solteiros, aceitaram viver junto com os demais funcionários no canteiro de obras. Aos poucos foram se familiarizando com as técnicas adotadas pelos engenheiros americanos.

[3] https://www.britannica.com/topic/Central-Pacific-Railroad#ref112701

Arthur e Beatrice resolveram abrir uma clínica médica em Sausalito, onde Beatrice se dedicaria à clínica geral e Arthur atenderia pacientes com problemas cardiológicos. Jennifer, por sua vez, não queria ficar ociosa, principalmente por ser especializada em matemática, e pensou: *Quem sabe, haja alguma oportunidade na Universidade da Califórnia em Berkeley para uma professora de matemática.*

Enfim, parece que a sorte sorriu mais uma vez para os Vivone. Jennifer foi contratada como assistente da cadeira de matemática. Mas nem tudo se mostrou cor-de-rosa para as empresas construtoras de ferrovias. Apesar de parecer que trariam grandes lucros aos seus empreendedores, alguns fatores provaram o contrário, pois sua construção foi extremamente cara, eram mal administradas, passavam por algumas regiões com poucos habitantes, com um pequeno número de passageiros, o que reduzia sua rentabilidade e, ainda por cima, induziram grandes desperdícios ambientais e de recursos naturais. No entanto, foram motivo de orgulho dos americanos, por possuírem uma rede ferroviária que levava os viajantes e as mercadorias de um oceano a outro. Despertava neles o orgulho de ser um povo moderno e criador de meios para explorar um grande território rico em recursos naturais. Contribuiu também para a construção dessas ferrovias uma vontade patriótica de "tomar posse" de todo o território nacional, inclusive a "fronteira" do chamado Far West[4].

A ferrovia manteve os dois irmãos ocupados até a formatura de Bill e Peter, em 1874, quando estes se juntaram aos pais na clínica médica, que tinha uma clientela considerável graças à alta qualidade do trabalho, tendo em vista a sólida formação dos dois médicos na Universidade de Cambridge.

4 DRUMMOND, José Augusto, "As grandes ferrovias e o capitalismo monopolista nos EUA do século XIX", 2011, Em comentário sobre o trabalho de: WHITE, Richard. "Railroaded: the transcontinentals and the making of modern America". Nova York: Norton, 2011. http://www.scielo.br/pdf/topoi/v14n26/1518-3319-topoi-14-26-00179.pdf

— Vocês estão perdendo tempo aqui na Califórnia — falou Jennifer aos sobrinhos. — Com tanta mulher bonita na universidade, vocês não foram capazes de arranjar umas namoradas? Só medicina não é possível, tem que pensar em outras coisas também. Se eu fosse vocês, sairia correndo.

— E quem disse que estamos parados nesse sentido? Pois estivemos numa festa dada pelos colegas da faculdade e houve alguns momentos agradáveis, você pode imaginar, né? Na semana que vem, haverá um acampamento na floresta de "redwoods", árvores imensas, nas montanhas de Santa Cruz[5]. A altitude de lá é de 1.154m no ponto mais alto, chamado de pico Loma Prieta. Essas montanhas estão localizadas ao norte da Califórnia, e separam o oceano Pacífico da baía de São Francisco, no condado de Santa Clara, a uns 16 km de Morgan Hill. Eu só sei que vai ser muito divertido e terá uma boa quantidade de moças bonitas, o que é longe de ser um desperdício.

Jennifer vinha se queixando de dores de garganta intensas. Foi examinada diversas vezes por Arthur e Beatrice, que chegaram à conclusão de que ela sofria de uma severa infecção. Tiveram uma reunião com Peter e Bill que, durante o período de residência, trataram pacientes infectados que apresentavam os mesmos sintomas de Jennifer. As recentes pesquisas realizadas em Berkeley mostravam que uma série de doenças eram causadas por germes, principalmente após as descobertas de Louis Pasteur (1822–1895), um cientista nascido em Dole, na França. Suas descobertas tiveram enorme importância na história da química e da medicina. Um dos seus feitos mais notáveis foi conseguir a redução da mortalidade e a criação da primeira vacina contra a raiva. Suas experiências deram fundamento à teoria microbiológica da doença. Pasteur foi mais conhecido do público em geral por inventar um método para impedir que leite e vinho causem doenças, um processo que veio a ser chamado pasteurização, em homenagem a seu sobrenome. Ele é considerado um

5 https://www.summitpost.org/loma-prieta/153892

dos três principais fundadores da microbiologia, juntamente com Ferdinand Cohn e Robert Koch[6].

— Vejam, papai e mamãe, somos recém-saídos de Berkeley e lá deram ênfase aos problemas sanitários enfrentados principalmente em Nova York, mas também por aqui, em virtude da maciça entrada de imigrantes das mais variadas nacionalidades, que trouxeram bactérias e doenças do exterior, infectando também os habitantes dos Estados Unidos. Além disso, foi salientado que as doenças eram frequentemente espalhadas por contato individual ou contágio, o que mudou a estratégia da saúde pública em favor da educação das pessoas, visando prevenir a disseminação das moléstias que vinham aumentando a mortalidade. Em vez de apenas efetuar um controle de eliminação pública de detritos, o novo método se baseia em enfatizar que o contato por pessoas infectadas é um perigoso agente de propagação de doenças[7].

— Vamos agora tratar da tia Jennifer, que não está nada bem, sabem? — propôs Peter. — Eu acho que ela está com uma infecção provocada por estreptococos, uma bactéria descoberta por Louis Pasteur em 1879 e que ataca a garganta, e a infecção se chama faringite estreptocócica causada pela bactéria *streptococcus pyogenes*. Eu recomendo que ela descanse bastante, beba muito líquido, coma comidinhas mornas, faça gargarejos de água com sal e evite respirar ar muito seco. É extremamente importante lavar bastante as mãos, especialmente depois de usar o banheiro, comer, espirrar ou tossir. Para reduzir a secura do ar, pode-se colocar uma vasilha com água perto da cama.

— Peter, não há um remédio que possa combater esse meu mal-estar? — perguntou Jennifer.

— Bem, existe a chamada salicilina, uma substância que melhora os sintomas dessa sua inflamação, mas ela tem um gosto horrível e pode provocar dor de estômago por ser muito ácida. Em 1874, a

6 https://www.britannica.com/biography/Louis-Pasteur

7 http://ushistoryscene.com/article/immigrants-cities-disease/

salicilina foi sintetizada por um cientista chamado Herman Kolbe, na Alemanha[8], e tem sido usada por diversos médicos. Eu poderia tentar dar esse remédio para você, mas tenho medo de que vá fazer mal ao seu estômago. Vamos tentar os procedimentos que eu citei e acompanhar o seu desenvolvimento, está bem? — propôs Peter.

— O que você fizer está bem para mim, o problema maior é a minha fraqueza, mas acho que deve ser da idade, né? — arriscou Jennifer.

— Veremos.

Peter acabou conhecendo uma professora da cadeira de história, também formada em Berkeley, uma brasileira do Rio de Janeiro, nascida em 1855. Seu nome era Lúcia de Almeida que, à semelhança dos dois irmãos Vivone, teve a sorte de conseguir se matricular no ano de fundação da universidade. Ela conhecia a família de D. Pedro II, pois frequentava a cidade de Petrópolis, onde seus pais passavam férias.

Durante o acampamento dos alunos da universidade nas montanhas de Santa Cruz, eles se conheceram melhor, passaram a maior parte do tempo juntos e, logicamente, de mãos dadas. Peter estava curioso para descobrir o que havia de bom no Brasil e, principalmente, para aprender um pouco sobre os seus governantes.

Quem melhor do que Lúcia, brasileira e professora de história, poderia fornecer tais informações? Peter ficou fascinado com o relato sobre o imperador Dom Pedro II (1825–1891) e sobre a riqueza de detalhes que ela lhe proporcionou:

— Para mim é bem fácil contar o que sei sobre o imperador e a nobreza brasileira. Espero que você não fique cansado, pois o relato é longo, mas muito interessante. Vamos começar com o nascimento de D. Pedro II no ano de 1825, no palácio da Quinta da Boa Vista, no Rio de Janeiro. Ele foi o segundo imperador do Brasil, tendo sido o sétimo filho de D. Pedro I e da imperatriz Dona Maria Leopoldina que faleceu quando Pedro II tinha um ano de idade. Você não vai acreditar no tamanho do nome dele. É Pedro de Alcântara João Carlos Leopoldo Salvador Bibiano Francisco Xavier de Paula Leocádio

8 https://www.revistas.ufg.br/REF/article/viewFile/1954/1887

Miguel Gabriel Rafael Gonzaga. Cada um desses nomes representa a homenagem a um familiar. Por exemplo, Carlos é em homenagem à Carlota Joaquina, rainha consorte do Reino Unido de Portugal, Brasil e Algarves, entre 1822 e 1826, casada com Dom João VI de Portugal e assim por diante.

"Tinha 5 anos quando o pai abdicou. Ele ficou no Brasil sob a tutela de José Bonifácio de Andrade e Silva. Durante sua menoridade, o Brasil foi dirigido por uma regência. Foi aclamado segundo imperador do Brasil aos seis anos de idade e assumiu o trono aos 15 anos, em 18 de julho de 1841, um ano depois de ser declarado maior e começar a reinar. Teve diversos mestres ilustres que o instruíram em português e literatura, francês, inglês, alemão, geografia, ciências naturais, música, dança, pintura, esgrima e equitação. No dia 30 de maio do ano de 1843, D. Pedro II casou-se com a princesa napolitana Teresa Cristina Maria de Bourbon, filha de Francisco I, do Reino das Duas Sicílias. Teve quatro filhos, mas só dois sobreviveram: as princesas Isabel e Leopoldina.

"Interessado pelas letras e pelas artes, manteve correspondência com cientistas europeus, entre eles Pasteur e Gobineau, sempre protegendo os intelectuais e escritores. Durante seu reinado, percorreu quase todo o Brasil, viajou por várias partes do mundo, visitando a América do Norte, a Rússia, a Grécia e vários outros países da Europa e do Oriente Médio, procurando trazer para o Brasil várias inovações tecnológicas.

"Nesse período, importantes acontecimentos sociais e econômicos ocorreram, como o declínio do escravismo, sobretudo a partir de 1850, com a extinção do tráfico negreiro e a contratação dos ingleses para elaborarem e implantarem sistemas de esgoto para o Rio de Janeiro e São Paulo, à época as principais cidades brasileiras.

"Em 1870, com o final da guerra do Paraguai, os conservadores estavam novamente fortalecidos, o que fez surgir o Partido Republicano, dando início a decadência política do império[9]."

[9] http://www.monarquia.org.br/dompedroii.html

— Mas que história fascinante — declarou Peter. — Como é que você soube de tudo isso?

— Mas o melhor ainda está por vir — insistiu Lúcia. — Você não sabe o que vou contar agora. Era comum que os monarcas tivessem uma amante, ou várias. Foi o que aconteceu com Dom Pedro II. O seu casamento foi arranjado, como tantos outros. Ele recebeu uma pintura de uma morena lindíssima pela qual se apaixonou sem a conhecer. Quando ela chegou de Nápoles, o imperador teve uma crise de choro ao ver uma mulher bem diferente. Com isso estava aberta a porta de entrada para sua amante, uma mulher elegante e educada, de beleza rara: era magra, sabia se vestir e seguia a moda da França. O seu nome era Luísa Margarida de Barros Portugal, condessa de Barral que viveu 34 anos ininterruptos com o imperador Dom Pedro II e conseguiu despertar o amor que ele não sentia nem mesmo pela própria esposa, Teresa Cristina de Bourbon, mulher sem cultura e com um visual não muito atraente. Luísa foi sua grande paixão.

"Dom Pedro II era diferente do avô, Dom João VI, que corria atrás de qualquer espécime do sexo feminino, tendo tido acima de cinquenta filhos bastardos[10]. Pedro II era tímido e, quando conheceu Luísa, foi como se as portas do céu se abrissem para ele. Passou a ter informações sobre arte, livros, teatro e cultura, porque ela havia sido criada na França e estava atenta ao que acontecia no mundo.

"Luísa teve um papel importante na educação de Pedro II. Apesar de ter sido educado em várias línguas, Luísa completou a sua cultura, ensinando-lhe os costumes adotados na França de como se comportar à mesa, ensinou-lhe a necessidade de limpar as unhas, mostrou-lhe que os homens da Europa não costumavam bater nos ombros de outras pessoas, imagine o que isso significava para um imperador.

"Quando jovem, Luísa se casou com o visconde de Barral, na França, para onde havia sido enviada pelos pais para estudar. Posteriormente, o casal mudou-se para o Brasil. Por diversas circunstâncias, Barral ficou sem emprego no Brasil, o que forçou Luísa

10 https://oglobo.globo.com/sociedade/historia/historiadores-resgatam-episodios-de-corrupcao-no-brasil-colonia-na-epoca-do-imperio-17410324

a trabalhar como preceptora da irmã de Dom Pedro, Francisca de Bragança. Posteriormente, Francisca a indicou para cuidar das duas princesas, Leopoldina e Isabel, filhas do monarca[11]."

— Você sabe que o meu irmão Bill manifestou várias vezes uma grande curiosidade por conhecer o Brasil, principalmente porque alguns de nossos antepassados viveram na ilha de Itamaracá, no estado de Pernambuco, e falavam a língua tupi. Isso foi lá pelo ano de 1644, imagine só — confidenciou Peter à sua namorada.

— Mas que coisa interessante. Como eu pretendo voltar para a minha cidade natal, o Rio de Janeiro, seria ótimo se vocês também fossem para o Brasil. Garanto que não vão querer sair de lá. Não querem pensar no assunto? Tenho a certeza de que dois médicos como vocês seriam muito bem-vindos na cidade — propôs Lúcia.

— Bem, a ideia parece tentadora — falou Peter —, mas nós temos certa responsabilidade com os nossos pais, que moram em Sausalito, e com a tia Jennifer, que está muito doente no momento. Também temos um trabalho importante na clínica médica. Duvido que tenham disposição para enfrentar uma viagem dessas, especialmente pelas suas idades. Como hoje estamos em janeiro de 1884, eles estão respectivamente com 75 e 72 anos. Em todo caso, prometemos conversar com eles sobre essa ideia que é muito interessante.

— Tenho a impressão de que vocês estão com aquela comichão parecida com o da nossa mocidade — disse Arthur. — Sei que vocês serão muito felizes. Quanto à sua preocupação com a Jennifer, podem ficar tranquilos que cuidaremos dela da melhor forma possível. Mas não esperem uma visita nossa, pois não temos mais aquela energia do passado. Vamos deixar com vocês uma boa parte do dinheiro que ganhamos em Sausalito, inclusive graças à participação de vocês na clínica. Assim, poderão aproveitar bastante a estada no Brasil. E como está a perspectiva de casamento? Peter, abra o jogo conosco, por favor. E você, Bill, diga alguma coisa!

— Não imagina como fico feliz em saber que estão de acordo — disse Peter. — Eu sei que aprendemos muito na clínica e que essa

11 http://www.monarquia.org.br/dompedroii.html

experiência será de grande utilidade no Brasil. Estamos planejando sair daqui em março de 1884 e devemos chegar ao porto do Rio de Janeiro três meses depois, contando com imprevistos. Quanto à sua pergunta ao Bill, deixe que eu respondo: ele está escondendo alguma coisa e ninguém sabe o que é, mas estou desconfiado.

— Então vou abrir o jogo — desembuchou Bill. — Há uma colega que se formou comigo e que não tem "muita" raiva de mim, portanto, ainda não sei se ela poderá ser incluída no rol das minhas amigas mais chegadas. Mas vocês não perdem por esperar, está bem? Agora fiquem de olho no Peter, que o caso dele é um pouco mais sério do que o meu. O verdadeiro problema é que não sei se minha amiga gostaria de nos acompanhar ao Brasil, afinal de contas é uma decisão complicada, pois ela mora em Oakland com os pais, e nem falamos sobre o assunto.

— Você não quer dar uma conversada com ela? — propôs Peter. — Quem sabe ela fique com "menos" raiva de você e passe a gostar um pouco mais. De qualquer maneira, a Lúcia já está fazendo as malas.

Finalmente, foi esclarecido o mistério do relacionamento de Bill com Priscila Douglas, americana nascida em 1860, formada em medicina como ele. Não havia dúvida sobre sua paixão por Bill.

Os quatro aventureiros se reuniram para planejar a viagem. Não seria nenhuma brincadeira, pois teriam que sair de São Francisco e atravessar os Estados Unidos até Nova York de trem, onde embarcariam para o Rio de Janeiro. A primeira etapa poderia durar três semanas e a segunda, por mar, levaria um mês. Portanto, a chegada ao Rio de Janeiro estava prevista para junho de 1884. Apenas um problema poderia ocorrer em Nova York, onde talvez tivessem que esperar o embarque para a América do Sul, algo que poderia demorar semanas.

A despedida da família foi emocionante, principalmente porque o estado de saúde de Jennifer havia piorado muito. Ela já não conseguia entender o que estava ocorrendo, a ponto de Arthur e Beatrice não terem mais esperança de uma possível recuperação. Jennifer acabou falecendo em 1885.

11

A viagem de trem foi uma aventura maravilhosa que proporcionou uma verdadeira aula de geografia sobre a região norte dos Estados Unidos. Eles viajaram pela Northern Pacific Railway, ferrovia transcontinental que operava na área noroeste dos Estados Unidos, desde o estado de Wisconsin até Washington. Ela foi aprovada pelo Congresso em 1864 e recebeu quase 160 mil km^2 de concessões de terras, que usou para levantar dinheiro na Europa para a construção. As obras iniciaram-se em 1870 e a linha principal foi terminada em 1884, quando o ex-presidente Ulysses S. Grant inaugurou o último trecho no estado de Montana, fixando o chamado "golden spike"[1] (cavilha de ouro que fixa os trilhos). A ferrovia tinha por volta de 11 mil km de trilhos e servia os estados de Idaho, Minnesota, Montana, Dakota do Norte, Oregon, Washington e Wisconsin, além de um ramo internacional para a província de Manitoba, no Canadá. As principais atividades eram o transporte de trigo e outros produtos agrícolas, gado, madeira, minerais, produtos de consumo e passageiros.

Quando chegaram a Nova York, os Vivone ficaram impressionados com o tamanho de Manhattan, onde se hospedaram no famoso

1 https://books.google.com.br/books?id=ObL2taWqn4AC&pg=PA206&dq=o+que+-foi+a+cavilha+de+ouro+das+estradas+de+ferro&hl=pt-BR&sa=X&ved=0ahUKE-wiQzcWC8vDgAhXlEbkGHf_XBCoQ6AEIKTAA#v=onepage&q=o%20que%20foi%20a%20cavilha%20de%20ouro%20das%20estradas%20de%20ferro&f=false

Chelsea Hotel, um hotel com apartamentos que continham entre um e sete quartos, lareira, pé direito alto e paredes à prova de som. Ele abriu exatamente no ano de 1884, quando os casais chegaram, e ficava no centro de Manhattan. Nesse local situavam-se os principais teatros e, do outro lado da rua, estava o famoso Proctor Theater, com apresentações de shows de vaudeville e, no entroncamento da Oitava Avenida, encontrava-se a Grand Opera House. Enfim, o local não poderia ser mais conveniente[2].

No dia seguinte foram até o porto para indagar sobre navios para o Rio de Janeiro, mas por azar perderam um deles por dois dias. O próximo só sairia dentro de um mês. Esse atraso, no entanto, foi excelente, pois poderiam visitar Manhattan e realizar algumas compras de urgência.

A viagem mostrou que o relacionamento entre os dois casais se tornou cada vez mais firme. Parece que Lúcia teve uma verdadeira inspiração. Imagine-se a intimidade que surgiria durante uma travessia do oceano Atlântico!

A partida, celebrada com toda pompa e circunstância, foi emocionante para os casais, cada vez mais agarrados uns aos outros. Ainda tiveram tempo para despachar cartas aos pais contando as aventuras. O navio, de nome Jeanne d'Arc, de nacionalidade francesa, era de um luxo incrível, com um serviço impecável, pratos típicos franceses, doces maravilhosos, camarotes de primeira classe, enfim, um sonho realizado. Felizmente, o mar se comportou bem durante o trajeto com apenas algumas oscilações quando o navio alcançou o mar do Caribe, onde aportou em Saint John, a menor das Ilhas Virgens Americanas.

Logicamente, todos os passageiros desembarcaram para apreciar a beleza da ilha. A tripulação do navio providenciou um almoço regado a champanhe e peixes típicos da região. Ainda não casados, os quatro tiveram a impressão de que estavam em lua de mel.

2 https://www.crfashionbook.com/culture-a23780967-hotel-chelsea-history-new-york-icon

— Peter, eu nunca vi um atendimento como esse proporcionado pelo nosso navio francês, estou maravilhada com o tratamento — proferiu Lúcia. — Será que não poderíamos morar nesse navio por um ano? Isso aqui é bom demais, que pena que partiremos amanhã. A próxima parada será em Recife, Pernambuco, no nordeste do Brasil, depois finalmente chegaremos ao Rio de Janeiro.

— Lúcia, conte um pouco sobre o local onde iremos nos hospedar no Rio de Janeiro. Você mencionou a Quinta da Boa Vista, o bairro onde você mora, e eu gostaria de saber o que existe lá por perto — indagou Peter.

— Bem, Peter, a Quinta da Boa Vista é um parque municipal no bairro imperial de São Cristóvão, localizado na Zona Norte da cidade do Rio de Janeiro. Para você ter uma ideia, existe lá o palácio imperial, residência oficial do imperador Pedro II, utilizado pela família imperial brasileira desde a proclamação da independência do Brasil, em 1822, por Dom Pedro de Alcântara de Bragança, que era príncipe real do Reino Unido de Portugal, Brasil e Algarves e, posteriormente, o primeiro imperador do Brasil com o título de Dom Pedro I. O palácio foi antes utilizado como residência da família real portuguesa a partir de 1808, em decorrência do episódio conhecido como a transferência da corte portuguesa para o Brasil[3]. Você perguntou o que existe lá por perto. Pois lá se encontra o palácio Leopoldina, ou paço Leopoldina, localizado nas imediações do palácio imperial de São Cristóvão. Adquirido em 1865 para servir de residência oficial da princesa Dona Leopoldina de Bragança, filha do imperador Dom Pedro II. Após a morte de Dona Leopoldina, em 1871, a residência foi ocupada por seus filhos mais velhos, os príncipes D. Pedro Augusto e D. Augusto Leopoldo[4]. Mas, além de tudo isso, vocês verão que o bairro é lindíssimo e pode ser considerado um dos locais mais atraentes do Rio de Janeiro. Tenho certeza de que vocês vão adorar — afirmou Lúcia.

3 https://pt.wikipedia.org/wiki/Quinta_da_Boa_Vista

4 https://pt.wikipedia.org/wiki/Palácio_Leopoldina

A chegada do navio ocorreu em novembro de 1884 e os quatro seguiram para a Quinta da Boa Vista, onde ficava a casa dos pais de Lúcia, uma verdadeira mansão com quartos suficientes para várias famílias. Parece que os Vivone foram novamente beneficiados pela sorte.

Os viajantes foram recebidos sem qualquer entusiasmo. Essa atitude do pai pareceu estranha para Lúcia, que logo se trancou com ele para indagar o motivo da agressividade. O pai, de nome Ernesto de Castro Almeida, externou seu pensamento com as seguintes palavras:

— Filha, com que direito você traz à nossa casa três estrangeiros dos quais nada sabemos? Você, por acaso, já indagou quais seriam as intenções deles ao virem ao nosso país e, o que acho mais absurdo, ao quererem se hospedar em nossa residência? Se sua mãe ainda estivesse viva me apoiaria e não permitiria tal absurdo — esbravejou o pai.

— Mas, pai, eles foram meus colegas na faculdade e são todos médicos. Você acha que vão se aproveitar de nós? Além disso, o Peter é meu namorado e eu o adoro, portanto não posso concordar com a sua recusa. Quanto ao Bill e à Priscila, eles vão se casar em breve e seria muito gentil da nossa parte mostrar um pouco da hospitalidade brasileira — protestou Lúcia.

— Nada disso me interessa. Se quiserem se casar que o façam, mas não venham morar na minha casa, isso é definitivo. E se você insistir muito a respeito do seu namorado, pode ir junto com ele para onde quiserem, só que aqui não ficarão — retrucou o Sr. Ernesto.

— Bem, entendo que é inútil continuar a conversar sobre esse assunto. Fico muito infeliz por ser recebida com tanta indiferença, pois acreditava que, depois desse período de cinco anos longe da minha família, eu encontraria um pouco mais de amor. Não sei o que ocorreu nesses anos, mas sua atitude foi totalmente imprevista. Enfim, desejo que continue com saúde e me despeço com muita tristeza — declarou Lúcia, com lágrimas nos olhos.

Enquanto isso, os três ingleses perceberam que havia um desentendimento entre a filha e o pai. Como não entendiam português, não captaram o que estava acontecendo. Com o semblante abatido, Lúcia levou os três para um canto da sala e explicou o que havia ocorrido. Imediatamente, entenderam que não poderiam, em nenhuma hipótese, permanecer na residência.

— Querida Lúcia, não se preocupe conosco. Entendemos que o seu pai, aparentemente, não conseguiu assimilar o que acontece entre nós e ficou sem saber quanto amor temos nos nossos corações — consolou Peter. — Ele tem todo o direito de não nos hospedar, apesar de isso deixá-la tão triste. Mas não se preocupe, estamos do seu lado e faremos o que for necessário para uma permanência maravilhosa no Rio de Janeiro.

Ao se retirarem da mansão do Sr. Almeida, decidiram procurar um hotel onde pudessem se hospedar por algum tempo até conseguirem algo mais permanente. Em pouco tempo acharam uma pousada simpática com o nome de Recreio das Palmeiras, bem próxima ao palácio real de Dom Pedro II.

Passaram os anos de 1885 a 1887 na pousada. O casamento de Bill e Priscila foi animado, com festa onde compareceram os novos amigos que conheceram durante o primeiro ano. O enlace de Peter e Lúcia foi menos alegre pois, apesar de convidado, o pai dela não compareceu ao matrimônio por razões nunca compreendidas por eles. Participaram alguns nobres do palácio de D. Pedro II que se lembravam do tempo em que Lúcia passava as férias em Petrópolis.

Em dezembro de 1887, Lúcia recebeu uma notícia tristíssima dos amigos da família, comunicando que seu pai havia falecido. Imediatamente dirigiu-se, com Peter, à casa da Quinta da Boa Vista para saber o que teria causado a morte. Um dos empregados do Sr. Almeida informou, confidencialmente, que ele havia se suicidado com um tiro na cabeça, depois de um forte ataque de depressão, algo que se repetira nos últimos anos.

— Dona Lúcia, eu só sei que o médico particular do Dr. Almeida disse que ele tinha uma doença que chamou de demência. Ele tinha um comportamento estranho, de altos e baixos, com grandes alegrias e, de repente, se trancava no quarto e não queria conversar com ninguém, vivia triste e irritado, parece que via coisas que a gente não enxergava. Quando ele entrava nesse estado, eu não podia falar com ele — contou o Sr. Gilberto.

— Lúcia, estou entendendo agora o motivo de seu pai não ter permitido a nossa presença nesta casa. Ele realmente estava com a chamada demência precoce[5] e deve ter sofrido muito até o ponto em que não suportou mais os sintomas, entre os quais frequentes períodos de depressão. Se eu soubesse que era esse o caso, talvez pudesse ter dado um auxílio, apesar de essa moléstia não ser curável — assinalou Peter.

Três dias depois, Lúcia recebeu a visita do advogado de seu pai, que havia sido instruído para procurá-la em caso de falecimento, para relatar o teor do seu testamento. Como ela era filha única, tornou-se a herdeira de todos os bens. Conforme o documento, a residência do Dr. Ernesto passaria a ser de sua propriedade, além de outros itens preciosos. Entre eles havia joias, um quilo de ouro, prataria, castiçais de prata, pinturas famosas e outros objetos que existiam na residência. De uma hora para outra, Lúcia se tornou milionária. Como consequência, os quatro deixaram a pousada e se mudaram para a casa.

Em 1889, nasceram as crianças dos dois casais. Lúcia teve um menino de nome Ferdinando Vivone e Priscila deu à luz uma menina que recebeu o nome de Tatiana Vivone. Durante todos esses anos, os três Vivone, médicos, aprenderam perfeitamente o português e revalidaram seus diplomas na Academia Nacional de Medicina, nome que, em 1889, substituiu o da Academia Imperial de Medicina, vigente desde 1835[6]. De posse da revalidação do diploma de Berkeley, os três médicos fundaram uma clínica próxima à residência que

5 https://drauziovarella.uol.com.br/entrevistas-2/demencias-entrevista/

6 https://dichistoriasaude.coc.fiocruz.br/wiki_dicionario/index.php/SOCIEDADE_DE_MEDICINA_DO_RIO_DE_JANEIRO

refletiu imediatamente na região onde se situava o palácio de D. Pedro II.

— O ano de 1889 foi um dos mais importantes da história do Brasil — explicou Lúcia. — Vou contar o que ocorreu nesse ano. Vocês devem ter percebido que existe uma crise aqui no país e o prestígio da monarquia no reinado de D. Pedro II já vem declinando há algum tempo.

— E por que isso está ocorrendo? — perguntou Peter.

— Há um descontentamento entre a população brasileira, especialmente entre os militares, os civis republicanos, a elite agrária e os que se denominam abolicionistas. Eles exigiam a mudança de governo, ao mesmo tempo que buscavam mais participação na política e mais liberdade de direitos.

"As ações do governo monárquico e a crise econômica estavam incomodando a população, o que já vinha desde a Guerra do Paraguai[7], que elevou substancialmente as despesas governamentais. Depois eu explicarei o que foi essa guerra. Além disso, o aumento de impostos e taxas, a corrupção na corte de Dom Pedro II, a censura e a centralização da monarquia colaboraram para o estado de ânimo. Houve ainda a deterioração da relação Estado-Igreja, o que levou à disseminação de inúmeras revoltas pelo país. Outro exemplo, um pouco anterior à Guerra do Paraguai foi a Guerra dos Farrapos[8] no sul do país, desencadeada pelos fazendeiros que estavam insatisfeitos com o aumento dos impostos territoriais e das taxas sobre as exportações dos produtos.

"Ao mesmo tempo, os cafeicultores do oeste paulista exigiam mais autonomia, democracia e participação política. Com a abolição da escravidão promulgada pela princesa Isabel em 13 de maio de 1888, outros fazendeiros e escravagistas se voltaram contra D. Pedro II, pois esse fato acarretou a redução da produção, gerando fortes crises na economia rural.

[7] Guerra do Paraguai (1864–1870)

[8] Guerra dos Farrapos (1835–1845)

"Aliás, vou interromper um pouco o relato para contar como ocorreu a abolição da escravatura, uma decisão corajosa e importante para os escravizados. A princesa Isabel[9] era filha de D. Pedro II e de sua mulher Teresa Cristina das Duas Sicílias. Como herdeira presuntiva do Império do Brasil, ela recebeu o título de princesa imperial. Reparem só o nome completo da princesa: Isabel Cristina Leopoldina Augusta Micaela Gabriela Rafaela Gonzaga de Bourbon-Duas Sicílias e Bragança.

"A morte de seus dois irmãos homens a fez herdeira de D. Pedro II, mas sua personalidade a distanciou da política e de quaisquer confrontos com o pai, ficando satisfeita com uma vida calma e doméstica. Além disso, apesar da sua educação ter sido bem ampla, ela jamais foi preparada para assumir o trono. Isabel se casou em 1864 com o príncipe francês Gastão, conde d'Eu, com quem teve três filhos: Pedro de Alcântara, Luís e Antônio.

"A princesa serviu três vezes como regente do império enquanto seu pai viajava pelo exterior. Durante sua terceira e última regência, Isabel promoveu a abolição da escravidão e acabou assinando a Lei Áurea em 1888. A ação mostrou-se amplamente popular, outorgando-lhe até o título de "a Redentora". Além disso, ainda recebeu a "rosa de ouro" do papa Leão XIII. Devido às suas ações, houve forte oposição contra sua sucessão ao trono. O fato de ser mulher, seu forte catolicismo e o casamento com um estrangeiro foram vistos como impedimentos contra ela, assim como a emancipação dos escravizados, que gerou descontentamento entre ricos fazendeiros[10]."

— Mas não houve uma série de outras medidas contra a escravatura no Brasil, como foi o caso da Bill Aberdeen na Inglaterra? — perguntou Peter.

— Foi bom você me lembrar. De fato, vou citar as principais medidas que levaram à Lei Áurea que acabei de descrever — adicionou Lúcia. Na verdade, foram as seguintes cinco medidas:

9 Princesa Isabel (1846–1921)

10 https://www.bbc.com/portuguese/brasil-44091469

1. **Bill Aberdeen** – foi promulgada em 8 de agosto de 1845 pela Inglaterra, proibindo o tráfico de africanos escravizados. Desse modo, a marinha britânica perseguia, interceptava e aprisionava os navios negreiros que transportavam os escravizados pelo Atlântico Sul. Uma vez capturados os navios, os escravizados eram levados de volta para a África e desembarcados em regiões como Serra Leoa ou Libéria[11].
2. **Lei Euzébio de Queiroz** – promulgada no dia 4 de setembro de 1850[12]. Com medo das represálias que poderiam vir com a Lei Bill Alberdeen, o ministro da Justiça apresentou um projeto de lei para a extinção do tráfico escravista. Ele argumentava que, com a entrada de mais e mais negros escravizados, poderia haver um desequilíbrio entre pessoas livres e escravizadas. Isso poderia acarretar episódios de revolta liderados pelos negros. A Lei Eusébio de Queirós só foi realmente cumprida quando entrou em vigor a Lei Nabuco de Araújo, promulgada em 5 de junho de 1854, como complemento da anterior.
3. **Lei do Ventre Livre** – apresentada pelo visconde do Rio Branco[13] e sancionada pela princesa Isabel em 28 de setembro de 1871[14]. De acordo com a lei, o filho da mulher escravizada era livre, mas era entregue ao governo ou permanecia na fazenda ou casa do seu proprietário, junto à família até completar 21 anos. Também poderia ser entregue a alguma instituição do governo que se encarregaria de seu sustento até a maioridade.
4. **Lei dos Sexagenários** - promulgada no dia 28 de setembro de 1885, concedeu liberdade às pessoas escravizadas com idade igual ou superior a 60 anos. A proposta do senador

[11] https://www.todamateria.com.br/lei-bill-aberdeen/

[12] https://www.todamateria.com.br/lei-eusebio-de-queiros/

[13] Visconde do Rio Branco (1819–1880)

[14] https://www.todamateria.com.br/lei-do-ventre-livre/

Dantas propunha a assistência aos libertos, criação de colônias agrícolas e a libertação de todos os escravizados com mais de 60 anos, sem indenização aos fazendeiros. A lei só foi aprovada quando os senadores José Antônio Saraiva[15] e o barão de Cotegipe[16] propuseram uma emenda que aumentou o tempo de serviço para indenizar o proprietário. É considerada por muitos uma lei retrógrada que surtiu pouco efeito, visto que os escravizados viviam em condições precárias e a média de vida era de aproximadamente 40 anos. Além disso, segundo a lei, o alforriado deveria conceder mais três anos de trabalho gratuito ao patrão, ou até completar 65 anos, como forma de indenização[17].

5. **Lei Áurea** - sancionada pela princesa Dona Isabel, filha de Dom Pedro II, no dia 13 de maio de 1888. A lei concedeu liberdade total aos escravizados que ainda existiam no Brasil, um pouco mais de 700 mil, abolindo a escravidão no país.

"Enfim, voltando aos problemas enfrentados pelo imperador, no dia 15 de novembro de 1889, o marechal Deodoro da Fonseca[18], principal chefe do exército brasileiro, com o apoio dos republicanos e militares, junto com Benjamin Constant Botelho de Magalhães, um militar, engenheiro, professor e estadista brasileiro, se reuniram no Campo de Santana, no centro do Rio de Janeiro e prepararam um levante militar que teve sucesso e constituiu um golpe de estado com o qual derrubaram o império. Deodoro assinou o documento que legitimou o início da República do Brasil. Esse documento encaminhado à corte exigiu a abdicação de Pedro II e a saída da família real do país.

15 Senador José Antônio Saraiva (1823–1895)

16 Barão de Cotegipe (1815–1889)

17 https://www.todamateria.com.br/lei-dos-sexagenarios/

18 Marechal Deodoro da Fonseca (1827–1892)

"Com isso, a proclamação da república representou a queda do império de quase 70 anos, tendo sido assinada pelo primeiro presidente do país, o marechal Manuel Deodoro da Fonseca, ou seja, a imposição de uma nova forma de governo presidencialista pôs fim ao reinado de D. Pedro II, que partiu com sua família em 18 de novembro rumo à Europa, três dias após a proclamação.

"Um fato importante é que, apesar de a proclamação ter sido no dia 15 de novembro, o 'Dia da Bandeira' é comemorado no dia 19 desse mês, pois a data foi escolhida de acordo com o Decreto Lei nº 4, no qual a bandeira imperial foi substituída pela nova bandeira republicana nacional[19]."

— Agora quero fazer uma pergunta que está na minha cabeça há muito tempo. O que você achou do imperador Dom Pedro II? Daria para você contar quais foram suas realizações e como ele se comportou como líder do Brasil por tantos anos? — solicitou Peter.

— Bem, a meu ver, o imperador Dom Pedro II foi um dos homens mais íntegros que houve no Brasil até hoje. Ele se preocupava constantemente com o dinheiro público. Como exemplo dessa atitude altruísta, Dom Pedro II recebeu, durante os seus 49 anos de reinado os mesmos 800 contos anuais, que era sua dotação como imperador. Esse montante de 800 contos, representava, em 1840, 3% do orçamento do império e, ao final do seu mandato, não passava de 0,5%. As viagens de Dom Pedro II ao exterior eram pagas com empréstimos tomados de banqueiros a juros de mercado. Quando morreu no exílio, ainda devia dinheiro.

"Às vésperas da primeira viagem à Europa, em 1871, o deputado Teixeira Júnior propôs que a Câmara votasse uma verba de 2 mil contos de ajuda de custo. D. Pedro II aborreceu-se e respondeu: 'Respeitem o desinteresse com que sempre tenho servido e servirei à nação'. Anos antes, em 1867, durante a Guerra do Paraguai, repassara 25% de sua dotação ao Tesouro para financiamento do conflito, no que foi acompanhado pela imperatriz. Ao final da guerra rejeitou

19 https://www.infoescola.com/historia-do-brasil/proclamacao-da-republica/

os 36 contos que a Câmara votou com a finalidade de ser construído um monumento em sua homenagem. Recusou a mesma proposta feita pelos comerciantes da praça do Rio de Janeiro, sugerindo que o dinheiro fosse aplicado na construção de escolas, como de fato foi feito. Não só poupava o dinheiro público como gastava boa parte da dotação em doações feitas a pessoas e instituições durante as viagens pelo país. Concedeu 151 pensões, hoje chamadas de bolsas de estudo, no Brasil e no exterior, a artistas, cientistas, inventores e outras pessoas, quinze das quais mulheres[20].

"Por sua vez, o visconde de Ouro Preto, ex-primeiro-ministro do Brasil no reinado de Dom Pedro II, escreveu:

'O Império não foi a ruína. Foi a conservação e o progresso. Durante meio século, manteve íntegro, tranquilo e unido território colossal. O império converteu um país atrasado e pouco populoso em grande e forte nacionalidade, primeira potência sul-americana, considerada e respeitada em todo o mundo civilizado. Aos esforços do Império, principalmente, deveram a três povos vizinhos o desaparecimento do despotismo mais cruel e aviltante. O Império aboliu de fato a pena de morte, extinguiu a escravidão, deu ao Brasil glórias imorredouras, paz interna, ordem, segurança e, mais que tudo, liberdade individual como não houve jamais em país algum. Quais as faltas ou crimes de Dom Pedro II, que em quase cinquenta anos de reinado nunca perseguiu ninguém, nunca se lembrou de uma ingratidão, nunca vingou uma injúria, pronto sempre a perdoar, esquecer e beneficiar? Quais os erros praticados que o tornaram merecedor da deposição e exílio quando, velho e enfermo, mais devia contar com o respeito e a veneração de seus concidadãos? A república brasileira, como foi proclamada, é uma obra de iniquidade. A república se levantou sobre os broquéis da soldadesca amotinada,

[20] (CARVALHO, José Murilo de. O pecado original da República: debates, personagens e eventos para compreender o Brasil. Rio de Janeiro: Bazar do Tempo, 2017, pp. 133-4). Transcrito no site: https://www.facebook.com/DigaSimaMonarquia/posts/598845490239713/

vem de uma origem criminosa, realizou-se por meio de um atentado sem precedentes na história e terá uma existência efêmera! [21].'

"Quanto ao imperador, era homem culto, poliglota, cosmopolita e um entusiasta do progresso e das inovações. Ele falava correntemente hebraico, alemão, italiano, espanhol, francês, latim e tupi-guarani. Lia grego, árabe, sânscrito e provençal. Fez traduções do grego, do hebraico, do árabe, do francês, do alemão, do italiano e do inglês[22]. Ele admirava os judeus e, durante suas viagens à Europa, tinha o hábito de visitar sinagogas. Entrava incógnito e se sentava junto à porta, como se fosse um visitante pobre. Em algumas sinagogas, quando pensavam que fosse judeu e lhe destinavam a honra de ler a Torá e lhe perguntavam seu nome e de seu pai, D. Pedro II dizia quem era na verdade, respondendo humildemente que não era judeu. Em 22 de setembro de 1876, ele esteve na sinagoga de Odessa, Rússia, e se impressionou com a bela melodia das orações.

"Além disso, Sua Majestade costumava rezar com o 'sidur', livro próprio de orações em hebraico, assim sempre soube quando se levantar e o que dizer, acompanhando atentamente a liturgia. Há um relato que, no ano de 1871, na grande sinagoga de Great Portland Street, em Londres, se identificou após ser confundido como judeu, mas, mesmo assim, recebeu a confirmação do convite de leitura da Torá. D. Pedro fez o ritual da 'subida' à Torá proferindo as respectivas bênçãos em hebraico e até mesmo traduzindo os versículos que havia lido. Logo após, diante dos presentes, emocionou a todos declarando: 'Levarei comigo, em meu coração, o selo da Torá de Moisés e suas palavras pairarão para sempre diante de meus olhos'.

"Em dezembro de 1876, D. Pedro foi à Terra Santa, participou com os judeus das orações de sexta-feira à noite, no Muro das

[21] Afonso Celso de Assis Figueiredo, Visconde do Rio Preto (1836-1912) em: "Advento da Ditadura Militar no Brasil" em http://www.ebooksbrasil.org/eLibris/ouropreto.html

[22] https://periodicos.ufsc.br/index.php/traducao/article/view/2175-7968.2012v2n30p101

Lamentações. Foi, provavelmente, nessa viagem que o imperador adquiriu seus rolos da Torá[23].

"Um bom exemplo de seu entusiasmo pela inovação é a história de como ele, ao visitar os Estados Unidos na qualidade de convidado especial do presidente Ulysses S. Grant para as comemorações do centenário da Independência Americana, em 1876, ao visitar à Grande Exposição do Centenário, na Filadélfia, ficou curioso com o invento de Alexander Graham Bell, um modesto professor de surdos mudos e, tendo sido convidado a testar o aparelho exposto, um telefone, exclamou, entre incrédulo e maravilhado: 'Meu Deus, isto fala!'

"A empolgação de Dom Pedro II não ficou só em sua surpresa inicial. Tomado de entusiasmo pela invenção, foi a primeira pessoa a comprar ações da companhia criada pelo inventor, a Bell Telephone Company[24], fundada em 9 de julho de 1877 na cidade de Boston, Massachusetts. Foi também Dom Pedro II que adquiriu alguns dos primeiros telefones, que foram instalados na sua residência de verão, no palácio de Petrópolis, a 40 km do Rio de Janeiro. Com esta iniciativa, o Brasil foi o segundo país do mundo a ter telefones instalados em seu território[25].

"Por fim, D. Pedro II faleceu em Paris no dia 5 de dezembro de 1891."

— E o que significa esse novo governo, já que acabou a monarquia? — perguntou Peter.

— O Estado Republicano é uma forma de governo ou uma estrutura política de poder em que o bem comum está acima de interesses

[23] Bens tombados pelo Instituto do Patrimônio Histórico e Artístico Nacional (IPHAN) e expostos no Museu Nacional da Quinta da Boa Vista, no Rio de Janeiro. Pesquisadores israelenses consideram estes rolos da Torá como os mais antigos existentes no mundo, datados do século XIV ou XV. http://www.eismeaqui.com.br/noticias-sobre-israel/d-pedro-ii-o-unico-governante-do-brasil-que-amava-os-judeus-2/

[24] Companhia que mais tarde deu origem à American Telephone & Telegraph Company (AT&T) e acabou por tornar-se a maior empresa telefônica do mundo.

[25] http://www.digitaleiro.com.br/a-saida-digital/o-brasil-dom-pedro-ii-mr-bell-e-o-telefone/

particulares, de classes, grupos, corporações ou famílias. Nesse modelo, o chefe de Estado permanece no poder por tempo limitado e é escolhido pelo povo.

"É o regime onde o Estado é soberano e o governo passageiro. Por esse motivo, o poder do chefe de Estado não é ilimitado e a escolha ocorre por meio do voto popular, que pode ser facultativo ou obrigatório[26]. As suas características são as seguintes:

1. O governo defende o patrimônio público.
2. Os cidadãos participam da definição de novas políticas.
3. O governo emprega funcionários públicos.
4. Institui o regime de cobrança de impostos.
5. A escolha dos representantes é feita pelo voto popular.
6. O poder é descentralizado, dividido entre executivo, legislativo e judiciário.

"Esse sistema político surgiu na Grécia e em Roma e a palavra é oriunda do latim. *Res publica* significa 'coisa pública' e 'o que é comum'. A divisão do poder em executivo, legislativo e judiciário ocorre como forma de garantir a estabilidade e a soberania do Estado e seus ideais de justiça, liberdade e igualdade."

— Lúcia, apesar de nós considerarmos cansativo para você, daria para falar sobre a Guerra do Paraguai e a sua importância para o Brasil e o que causou essa guerra? — perguntou Priscila.

— A Guerra do Paraguai foi um episódio muito triste. Vou iniciar com o ano de 1864, que se caracterizou por rivalidades entre o Brasil, a Argentina, o Uruguai e o Paraguai. Explico por quê: Em primeiro lugar, havia entre esses países desentendimentos com relação às suas fronteiras. Em segundo, um dos países, o Paraguai, cerceou a liberdade de navegação no rio que passava pelo seu território. Existiam ainda disputas pelo poder por parte das facções locais: federalistas e unitaristas na Argentina, e blancos e colorados no Uruguai. Enfim, uma rivalidade que já durava mais de três séculos. Nesse ano de

26 https://www.todamateria.com.br/estado-republicano/

1864, o Brasil se envolveu num conflito armado no Uruguai que pôs fim à guerra civil uruguaia ao depor o governo interino uruguaio de Atanásio Aguirre, do Partido Blanco e aliado de Francisco Solano López presidente e ditador do Paraguai. Lopez se opôs à invasão brasileira e, assim, em 11 de novembro de 1864, iniciava-se o conflito com o aprisionamento, no porto de Assunção, do barco a vapor brasileiro que transportava o presidente da província de Mato Grosso, Frederico Carneiro de Campos, que nunca chegou a Cuiabá, morrendo em uma prisão paraguaia.

"Seis semanas depois, o exército do Paraguai sob ordens de López, invadiu pelo sul a província brasileira de Mato Grosso. Antes da intervenção brasileira no Uruguai, Solano López já vinha produzindo material bélico moderno, em preparação para um futuro conflito com a Argentina do presidente Bartolomeu Mitre, aliado do Brasil. Solano López alimentava o sonho expansionista e militarista de formar o Grande Paraguai, que abrangeria as regiões argentinas de Corrientes e Entre Rios, o Uruguai, o Rio Grande do Sul, o Mato Grosso e o próprio Paraguai. López instalou o serviço militar obrigatório, reaparelhou a Marinha, organizou um exército de 80 mil homens e criou indústrias bélicas. Em maio de 1865, o Paraguai também fez várias incursões armadas em território argentino, com o objetivo de alcançar e conquistar o Rio Grande do Sul. Contra as pretensões do governo paraguaio, o Brasil, a Argentina e o Uruguai reagiram, firmando o acordo militar chamado de Tríplice Aliança.

"A Guerra do Paraguai, travada entre a Tríplice Aliança e o Paraguai foi o maior conflito armado internacional ocorrido na América do Sul. A guerra estendeu-se de dezembro de 1864 a março de 1870. Nessa guerra, vencida pela Tríplice Aliança, aproximadamente 300 mil paraguaios pereceram, entre civis e militares, somados aos 50 mil brasileiros que também morreram. Do lado uruguaio e argentino, morreram 50% de suas tropas, causadas pelos combates, pelas epidemias que se alastraram durante a guerra e pela fome.

"A derrota marcou uma reviravolta decisiva na história do Paraguai, tornando-o um dos países mais atrasados da América do Sul, devido ao seu decréscimo populacional, ocupação militar por quase dez anos, pagamento de pesada indenização de guerra e perda de praticamente 40% do território em litígio para o Brasil e Argentina[27]. Com as imensas despesas que o império brasileiro teve com a Guerra do Paraguai, suas finanças ficaram seriamente abaladas."

— Lúcia, acho que você é a melhor professora de história que conheci até hoje. A sua precisão de detalhes é tal que desperta a nossa curiosidade e nos permite apreender o que realmente ocorreu. Agora só falta dar uma ideia do que foi a Guerra dos Farrapos que você mencionou anteriormente, será que ainda resta energia para mais essa aula? — perguntou Bill.

— Estou bem-disposta e inspirada pelo interesse de vocês. Por isso, aqui vai: como vocês sabem, o Brasil foi comandado por D. Pedro II entre 1840 e 1889. Pois bem, um dos acontecimentos durante esse período foi o que se chamou a Revolução Farroupilha, ou Guerra dos Farrapos, que acabou durando de 1835 a 1845. Ela ocorreu no sul do país. Só para deixar vocês curiosos, gostaria que imaginassem a seguinte situação: digamos que vocês são comerciantes de determinados produtos e, de repente, o governo baixa uma medida que permite a importação desses mesmos produtos de países vizinhos com impostos reduzidos. Eu tenho certeza de que vocês não gostariam que isso acontecesse, pois os importadores conseguiriam obter os produtos a preços menores, ganhando uma vantagem sobre a sua empresa.

"Pois foi justamente o que aconteceu no sul do país. Surgiu um conflito entre o império brasileiro e a elite sulista em virtude de uma medida alfandegária que permitia a entrada em território nacional de charque, ou carne seca, e de couro, com impostos reduzidos. Acontece que esses produtos importados eram similares aos produzidos pelos pecuaristas da região, que se rebelaram contra as medidas criadas pelo governo. Quem comprava esses produtos eram

[27] https://www.britannica.com/event/War-of-the-Triple-Alliance

principalmente os paulistas, que já vinham reclamando dos altos preços praticados pelos produtores sulistas. Além disso, com a ausência de um rei, pois D. Pedro I havia abdicado do trono em favor de seu filho, as lideranças gaúchas passaram a endossar posições separatistas de caráter republicano. Vejam vocês que naquele tempo já vinha crescendo o desejo de acabar com a monarquia e instituir a república no Brasil.

"Os conflitos começaram em 1835, comandados por um militar e estancieiro de nome Bento Gonçalves, um dos principais líderes sulistas. Aos líderes da elite gaúcha juntaram-se os trabalhadores pobres, chamados de 'farrapos'. Daí advém a expressão 'Farroupilha' ou 'Guerra dos Farrapos'.

"Com Bento Gonçalves, os farrapos conseguiram tomar o Rio Grande do Sul e proclamar a denominada República Rio-Grandense ou República de Piratini. Em 1839, invadiram o estado de Santa Catarina e proclamaram a República de Juliana, que se tornou uma confederação com a República Rio-Grandense. A onda de conquistas dos farrapos só terminou com uma incursão das tropas imperiais pelo sul comandadas por Luís Alves de Lima e Silva, o futuro Duque de Caxias que, por meio de negociações, conseguiu dissuadir a revolta em 1845[28]."

Antes de seguirmos, torna-se oportuno lembrar que neste ano de 1890, a família Vivone, com mais duas crianças, está assim constituída:

[28] DORNELLES, Laura de Leão. *Guerra Farroupilha: considerações acerca das tensões internas, reivindicações e ganhos reais do decênio revoltoso.* Revista Brasileira de História & Ciências Sociais. Vol. 2, n. 4, dez., 2010. p. 173.

ÁRVORE GENEALÓGICA DA **FAMÍLIA VIVONE** NO ANO DE 1890

Ryan (1716–1792) e Sayen (1723–1803)

  Raini (1745–1813) e Mabel Harris (1750–1813)

    John (1776–) e Liselotte König (1778–1847)

      Arthur (1809–) e Beatrice Arlington-Jones (1812–)

        Peter (1843–) e Lúcia de Almeida (1855–)

          Ferdinando (1889–)

        Bill (1843–) e Priscila Douglas (1860–)

          Tatiana (1889–)

  Talli (1746–1823)

Brian (1717–1792) e Omatah (1721–1792)

  Tuxaua (1745–1822) e Andrea Watt (1751–1822)

    Paul (1776–1850) e Alessandra Carpelli (1780–1850)

      Enrico (1808–)

      Luca (1808–)

  Temanem (1746–1813) e Christiane Hopkins (1751–1813)

    Robert (1776–1850) e Kelly Gordon (1779–1853)

      Jennifer (1808–1885) e David Lodge (1808–)

        Jimmy (1833–)

■

12

Lúcia, eu estou achando que a nossa vida aqui no Rio de Janeiro está bastante boa, tanto é que nós ingleses estamos felizes com os costumes, com as pessoas que conhecemos, e agora, com o novo sistema de governo, devemos ter uma fase favorável. A nossa clínica está indo muito bem e você, como professora de história, nos ensina tudo de que precisamos. Meus parabéns e mais uma vez obrigado por tudo que fez por nós — confirmou Bill. — Eu tenho até a impressão de que ficaremos aqui por mais tempo do que havíamos planejado.

— O que eu acho necessário neste momento é procurar notícias dos nossos pais e dos primos Enrico, Luca e Jimmy — alertou Peter. — A idade deles, com exceção de Jimmy, já deve estar pesando bastante e a resistência decresce rapidamente. Estou escrevendo para a Inglaterra e para os Estados Unidos para verificar a situação, pois já faz um bom tempo desde que recebemos informações. Quanto ao Jimmy, estou curioso para saber como ele progrediu no exército americano.

Em junho de 1890 chegou uma carta dos Estados Unidos, escrita por Jimmy. Dizia o seguinte:

> *Queridos Primos,*
>
> *Tenho muitas notícias. Infelizmente não são boas como eu gostaria. Recebi da Inglaterra, do tio Enrico, a informação de que o tio Arthur e a tia Beatrice faleceram em 1890, devido*

a complicações de natureza cardíaca. Como a idade deles já atingia 81 e 78 anos, respectivamente, estavam fraquinhos. O tio Arthur faleceu antes porque, ainda por cima, sofreu uma queda violenta e quebrou o fêmur. A tia Beatrice não suportou a morte dele e foi enfraquecendo até morrer. Eles deixaram uma herança para nós todos, cujo valor alcançou quase um milhão de libras esterlinas, importância originária em parte do que eles já possuíam por herança e em parte do que ganharam como médicos. Parece que teremos que comparecer à distribuição dessa herança.

Quanto aos tios Luca e Enrico, estavam vivendo numa casa de repouso em Londres, sendo que Luca teve um derrame e não consegue mais falar, mas Enrico está lúcido e cuida do irmão à medida do possível.

Quanto a mim, comunico com muito orgulho que fui promovido a coronel de artilharia e estou realmente feliz dentro do exército americano. Sou bem tratado, a alimentação é excelente, faço muito exercício e a saúde está muito boa, apesar dos meus 57 anos. O único problema é que eu tenho medo de ser preso na Inglaterra devido ao meu passado, isso impediria nosso encontro. Quem sabe vocês poderiam me representar em Londres na questão da herança.

Com muitas saudades de todos, um abração do Jimmy

— Bem, agora temos que decidir o que fazer a respeito dos nossos tios e da herança. O que vocês acham? — perguntou Bill.

— Eu acho que devemos escolher alguém da nossa família para dar um pulo na Inglaterra para resolver tudo isso — disse Peter. — Podemos pedir ao Jimmy que nos mande um documento autorizando-nos a agir em favor dele em tudo que se referir à herança. Isso seria o mais prático, caso contrário teríamos que ir aos Estados Unidos e depois à Inglaterra. Eu estou disposto a fazer essa viagem, se vocês estiverem de acordo.

— Claro, Peter, eu acho muito boa ideia, e tudo isso pode ser resolvido rapidamente — concordou Lúcia.

— Estamos de acordo — falaram ao mesmo tempo Bill e Priscila.

Imediatamente escreveram ao tio Enrico, informando que Peter iria para Londres no início de 1891. No entanto, havia necessidade de receber a autorização de Jimmy para que Peter pudesse representá-lo nos procedimentos relativos à herança antes de poder reservar passagem num dos navios que partiriam do Rio de Janeiro com destino a Southampton ou a outro porto inglês. Localizaram o navio Jordy Prince, de nacionalidade inglesa, que partiria em 20 de fevereiro de 1891 com destino a Lisboa e Southampton.

Como os Vivone se dedicaram ao plano da viagem de Peter para a Inglaterra, tiveram a oportunidade de aprender um pouco sobre o fluxo de imigração de estrangeiros provenientes da Europa para o Brasil. Lúcia, como especialista em eventos históricos, achou importante falar sobre o assunto.

— O imperador D. Pedro II era favorável à imigração devido à urgente necessidade de mão de obra para a agricultura do café nas tradicionais zonas cafeeiras situadas nas províncias do Rio de Janeiro, São Paulo, Minas Gerais e Espírito Santo. Para tornar possível esse acréscimo de trabalhadores, o imperador enviou representantes que atuavam em companhias internacionais de colonização e conseguiu estabelecer um fluxo regular de imigrantes para o Brasil. Em 1886, foi criada a Sociedade Protetora da Imigração, em São Paulo, que garantia aos estrangeiros transporte, alojamento, emprego e repatriamento em caso de inadaptação. Em 1887, a sociedade trouxe 32 mil trabalhadores estrangeiros para o Brasil.

"Eram portugueses, espanhóis, italianos, alemães, austríacos, atraídos pelas propagandas divulgadas em seus países, que acenavam com uma vida melhor para quem quisesse se aventurar nos trópicos. Foi da Itália, porém, que veio a maioria dos imigrantes, pois fugiam da falta de empregos e da fome generalizada. A maioria dos imigrantes iniciou seu trabalho nas lavouras de café de São Paulo. Um número expressivo dirigiu-se ao Paraná, Santa Catarina e Rio

Grande do Sul, onde se desenvolveu uma colonização baseada na pequena propriedade agrícola. Muitos ficaram nos núcleos urbanos, como operários ou artesãos autônomos. Por razões estratégicas, principalmente após a Guerra do Paraguai, a imigração foi para o sul onde a densidade demográfica era muito baixa[1]".

Em janeiro de 1891, finalmente chegou a autorização de Jimmy. Assim que a receberam, correram para efetuar a reserva da passagem para Southampton.

O Jordy Prince, com Peter a bordo, partiu em 20 de fevereiro de 1891, chegou a Lisboa no dia 10 de março e em Southampton em 20 do mesmo mês. Peter foi direto para Londres e sua primeira visita foi para os tios na casa de repouso "The Third Age Lodge of London", uma simpática mansão com serviço impecável. A surpresa de Enrico foi grande ao encontrar o sobrinho. Lamentavelmente, Luca não o reconheceu.

Depois de uma longa troca de relatos sobre o passado recente, sobre Jimmy e sua promoção a coronel e o falecimento dos seus pais, Peter contou que a família havia herdado uma quantidade de bens que deveriam ser repartidos conforme os desejos de Arthur e Beatrice.

— Bem, Peter, o meu futuro já está selado — disse Enrico. — Tenho 83 anos e dedico a minha vida à leitura e aos cuidados com Luca, que realmente necessita de atenção constante. Com respeito à herança, vou dar a você um documento no qual declararei que desisto da minha parte em favor da família, pois disponho de recursos suficientes para pagar a clínica e ter uma vida tranquila até o final. Em meia hora você terá esse documento assinado.

— Tio, isso é extremamente generoso da sua parte e tenho certeza de que todos se lembrarão de você como uma pessoa maravilhosa — falou Peter.

— Quanto à herança, sugiro que entre em contato com o cartório onde foi expedida a certidão de óbito do Arthur e da Beatrice e, quem

1 https://www.portalsaofrancisco.com.br/historia-do-brasil/imigracao-no-brasil

sabe, nomear um inventariante — disse Enrico. — Outra coisa que você poderia fazer em Londres, além do assunto herança, seria tentar verificar quais foram as últimas invenções dos ingleses nesse final de século. São criações realmente espetaculares que nem poderíamos imaginar quando éramos jovens. O progresso está à nossa porta e eu tenho certeza de que você vai ficar impressionado, podendo até levar algumas dessas ideias para o Brasil — afirmou Enrico.

— Certamente vou pesquisar o assunto — respondeu Peter. — Mas há um problema que preciso resolver com urgência. Como você disse, estamos herdando uma fortuna de um milhão de libras e não sei como vou conseguir transferir tudo isso para o Brasil. Você teria alguma ideia de como fazer isso?

— Só vejo uma forma: abrir uma conta num banco aqui em Londres, que tenha filial no Rio de Janeiro, e fazer a transferência do dinheiro. Eu me lembro de ter lido uma notícia vinda do Brasil informando que D. Pedro II autorizou e inaugurou a primeira filial brasileira do London & Brazilian Bank no Rio de Janeiro, em 1862. Assim, você deve procurar um contato com o gerente desse banco em Londres e indagar qual a melhor forma de transferir essa dinheirama para o Rio de Janeiro — aconselhou Enrico.

— Então não prometo voltar para cá nesses próximos dias, pois vou ter que agir como você sugeriu e tenho certeza de que voltarei com boas notícias — garantiu Peter.

As reuniões com o gerente do London & Brazilian Bank e com o oficial do cartório foram bem-sucedidas. Peter, de posse das autorizações dos seus parentes no Rio de Janeiro e de Jimmy, abriu a conta em nome de todos e doou o restante da herança a uma instituição de caridade. Despediu-se de Enrico e embarcou em Southampton, com destino ao Rio de Janeiro. Ao mesmo tempo, transferiu a parte que cabia a Jimmy para a filial do banco na Filadélfia, informando-o por carta.

Durante a viagem, Peter teve a oportunidade de conhecer um grupo de filósofos que discutiam as ideias de dois intelectuais chamados Karl Heinrich Marx e Friedrich Engels. Como Peter apenas tinha ouvido falar nos dois personagens, pediu aos professores do grupo se poderiam falar um pouco sobre as ideias apresentadas por eles. Com muito boa vontade, o mais falante resolveu atender à solicitação. Seu nome era Hans Gillentahl, um alemão de Wiesbaden.

— Bem, meu caro Peter, vamos explicar um pouco sobre esses dois estudiosos. Karl Heinrich Marx nasceu em 1818 em Trier, Renânia, província ao sul da Prússia, Alemanha e faleceu recentemente em 1883. Foi um filósofo e revolucionário socialista alemão que criou as bases da doutrina comunista, onde criticou o capitalismo. Sua filosofia exerceu influência em várias áreas do conhecimento, tais como sociologia, política, direito e economia.

"Marx era filho de Herschel Marx, advogado e conselheiro da justiça, descendente de judeus, perseguido pelo governo absolutista de Guilherme III. Em 1835, depois de concluir seus estudos no Liceu Friedrich Wilhelm, Karl ingressou no curso de direito da Universidade de Bonn, onde participou das lutas políticas estudantis. Como não se adaptou ao estudo do direito, preferiu mudar seu caminho para o campo da filosofia.

"Então, no final de 1836, transferiu-se para a Universidade de Berlim para estudar filosofia. Nessa época, propagavam-se as ideias de Hegel, destacado filósofo e idealista alemão. Marx se alinhou com os 'hegelianos de esquerda', que procuram analisar as questões sociais, fundamentados na necessidade de transformações da burguesia da Alemanha. Entre 1838 e 1840, dedicou-se a elaborar sua tese. Doutorou-se em filosofia em 1841, aos 23 anos de idade, na Universidade de Jena. Por motivos políticos, Karl Marx não conseguiu a nomeação para lecionar na universidade, que não aceitava mestres que seguiam as ideias de Hegel. Com a recusa, Marx passou a escrever artigos para os *Anais Alemães*, de seu amigo Arnold Ruge, mas a censura impediu sua publicação. Em outubro de 1842, mudou-se para Colônia, e assumiu a direção do jornal *Gazeta Renana*, onde conheceu Friedrich Engels, mas logo após a publicação do artigo sobre o absolutismo russo, o governo fechou o jornal.

"Em julho de 1843, Marx casou-se com Jenny von Westphalen, irmã de seu amigo Edgard von Westphalen. O casal mudou-se para Paris, onde Marx fundou a revista *Anais Franco-Alemães*, e publicou os artigos de Friedrich Engels. Nessa época, ingressou numa sociedade secreta, intensificou sua militância política e, em contato com organizações de trabalhadores, intelectuais e sociedades socialistas, percebeu que a revolução não poderia ser feita apenas no campo das ideias, como dizia seu professor Hegel, mas sim pela revolução da classe trabalhadora[2]. Em fins de 1844, Marx começou a escrever para o *Vornaerts*, em Paris. As opiniões desagradaram o governo de Frederico Guilherme V, imperador da Prússia, que pressionou o governo francês a expulsar os colaboradores da publicação, entre eles Marx e Engels. Em fevereiro de 1845, Marx foi obrigado a sair da França e seguiu para a Bélgica.

"Uma particularidade interessante na vida matrimonial de Marx: sua esposa Jenny era quatro anos mais velha e estava também perdidamente apaixonada. Tiveram sete filhos, dos quais quatro morreram na infância devido a problemas de saúde e à condição precária em que vivia a família. Ambos se sustentavam de heranças, vindas das famílias e de Engels, que se tornou o amigo mais próximo, tutor e salvador de Marx. Ainda por cima, Marx traiu a esposa em 1851 com a governanta da família, Helene Demuth, sendo que a traição gerou um filho bastardo que foi adotado por Engels.

"Karl Marx dedicou-se a escrever teses sobre o socialismo e manteve contato com o movimento operário europeu. Fundou a Sociedade dos Trabalhadores Alemães. Junto com Engels, integrou-se à Liga dos Justos, entidade secreta de operários alemães, com filiais por toda a Europa. No Segundo Congresso da Liga dos Justos, Marx e Engels foram solicitados a redigir um manifesto. No dia 21 de fevereiro de 1848, com base no trabalho de Engels, *Os Princípios do Comunismo*, Marx escreveu o *Manifesto Comunista*, onde esboçou suas principais ideias sobre a luta de classes. Ao criticar o

2 https://www.ebiografia.com/karl_marx_quem_foi_ideologia_comunista/

capitalismo, explicou a história do movimento operário, terminando com um apelo pela união dos operários no mundo todo. Pouco tempo depois, Karl e sua mulher foram presos e expulsos da Bélgica e se instalaram em Londres. Apesar da crise, em 1864, Marx fundou a Associação Internacional dos Trabalhadores, conhecida como 'Primeira Internacional'. Com a ajuda de Engels publicou, em 1867, o primeiro volume de sua mais importante obra, *O Capital*, em que sintetiza suas críticas à economia capitalista, mostrando que está baseada na exploração do trabalhador assalariado, que produz um excedente que acaba ficando para o capitalista. Segundo as teorias desenvolvidas por Marx, o excedente deveria voltar para o trabalhador, na forma de salário, numa porcentagem do valor equivalente ao que foi produzido, e a outra parte ficaria com o dono dos meios de produção. Essa seria então, o que Marx chamou de 'mais-valia'. Com a ajuda de Engels, o primeiro volume foi publicado em 1867."

— Muito bem explicado, caro Dr. Gillentahl — falou Peter. — No entanto, não consegui entender muito bem o que é o comunismo e quais as ideias que formam seu arcabouço. E como se caracteriza o capitalismo que Marx combate com tanta veemência? Quais seriam as principais diferenças entre o capitalismo, o comunismo e o socialismo?

— O comunismo pode ser definido como uma doutrina ou ideologia, com propostas sociais, políticas e econômicas que visam à criação de uma sociedade sem classes sociais — iniciou o Dr. Gillentahl. — De acordo com essa ideologia, os meios de produção, como fábricas, fazendas, minas e outras, deixariam de ser privados, tornando-se públicos. No campo político, a ideologia comunista defende a ausência do Estado. É interessante notar que numa tal sociedade preconizada por Marx, as relações sociais seriam reguladas pelo princípio mais justo, ou seja, as diferenças entre o trabalho intelectual e o manual e entre a vida rural e urbana tenderiam a desaparecer, o que abriria o caminho para o desenvolvimento ilimitado do potencial humano[3].

3 http://www.businessdictionary.com/definition/communism.html

Na minha opinião — disse o Dr. Gillenthal —, a ideia, apesar de muito interessante, deve ser de difícil implementação, pois acho que os seres humanos não podem ser considerados iguais, nem têm a mesma capacidade, cultura ou inteligência. Enfim, é o que Marx define como comunismo.

"Essas ideias estão contidas na célebre obra de Marx, denominada *O Capital*. Nela, Marx propõe que os operários das fábricas que ele denomina de 'proletários' deveriam tomar o poder e adotar uma economia de forma planejada para acabar com as desigualdades sociais, suprindo, dessa forma, todas as necessidades das pessoas.

"Como o assunto é atual e muito importante, acho que eu deveria entrar em mais alguns detalhes, mesmo que alguns sejam repetitivos. Como mencionei um pouco antes, o comunismo foi concebido por Karl Marx e Friedrich Engels em 1848 com o *Manifesto Comunista*. No documento, os filósofos apontaram que a história descreve um eterno conflito entre os trabalhadores, o proletariado, e os donos dos meios de produção, a burguesia.

"No manifesto, Karl Marx e Engels descreveram o comunismo como um regime no qual toda a produção pertence à classe trabalhadora e é distribuída de acordo com a necessidade de cada um. Dessa forma, não existem ricos e pobres. Além disso, em uma sociedade comunista todos os indivíduos trabalham para o mesmo objetivo e ninguém recebe mais por trabalhar mais. É mais uma das afirmações com a qual não sei se concordo", falou o Dr. Gillentahl, "pois, se eu trabalho mais do que o outro, acho que tenho direito a receber mais.

"Bem, Marx previa que após a revolução comunista, o proletariado tomaria o controle de todos os meios de produção e isso causaria o desaparecimento do governo. Em seguida, os trabalhadores estabeleceriam uma sociedade sem divisão de classes e baseada na propriedade comum, na qual a produção e o consumo atingiriam um equilíbrio. O comunismo constitui o que se entende por um regime de extrema esquerda.

"Quanto ao socialismo, constitui uma doutrina política e econômica que surgiu no final do século XVIII e se caracteriza pela ideia de transformação da sociedade por meio da distribuição equilibrada de riquezas e propriedades, diminuindo a distância entre ricos e pobres. Noël Babeuf foi o primeiro pensador que apresentou propostas socialistas como alternativa política.

"A origem do socialismo tem raízes intelectuais e surgiu como resposta aos movimentos políticos da classe trabalhadora e às críticas aos efeitos da Revolução Industrial, ou capitalismo industrial. De acordo com a teoria marxista, o socialismo representaria a fase intermediária entre o fim do capitalismo e a implantação do comunismo.

"O socialismo sugere uma reforma gradual da sociedade capitalista, ao contrário do comunismo, mais radical e defensor do fim do sistema capitalista e da queda da burguesia por uma revolução armada.

"Eu tenho um quadro com as principais diferenças entre o comunismo e o socialismo, e vou mostrar a você[4]:

	Comunismo	**Socialismo**
Governo	O comunismo prevê o total desaparecimento do governo.	O socialismo não prevê o fim do governo.
Distribuição da Produção	A produção é distribuída de acordo com as necessidades de cada um.	A produção é distribuída de acordo com a contribuição de cada um.
Estrutura Social	As diferenças de classe são totalmente eliminadas.	As diferenças de classe são amenizadas.
Propriedade Privada	É abolida. Todos os bens são comuns.	Bens pessoais como casas e roupas são de propriedade privada do indivíduo, mas os meios de produção pertencem ao povo (ainda que controlados pelo Estado).

"Agora só falta falar um pouco mais do capitalismo.

4 https://www.significados.com.br/comunismo-e-socialismo/

"O capitalismo, também chamado de economia de livre mercado, é o sistema econômico dominante no mundo ocidental desde o rompimento do feudalismo. No capitalismo, os meios de produção são de propriedade privada, a produção é dirigida e o lucro distribuído por meio da operação dos mercados. O capitalismo floresceu mais acentuadamente na Inglaterra durante o crescimento da indústria têxtil nos séculos XVI, XVII e XVIII.

"Com início no século XVIII, o foco do desenvolvimento capitalista mudou do comércio para a indústria, pois a acumulação obtida nos séculos anteriores foi aplicada no conhecimento tecnológico durante a Revolução Industrial. A ideologia do capitalismo clássico foi divulgada na obra de Adam Smith, um economista escocês, autor da obra *A Riqueza das Nações*, de 1776. Nessa obra, ele recomendava que se deixassem as decisões econômicas ao jogo livre de forças de mercado.

"O liberalismo político do século XIX incluía o livre comércio, o que se chamava de dinheiro sadio baseado no padrão-ouro, bem como recomendava um governo com orçamento equilibrado entre receitas e despesas e a erradicação da pobreza. Esse crescimento do capitalismo industrial e o desenvolvimento do sistema industrial no século XIX também criou uma vasta classe de trabalhadores industriais cujas condições geralmente eram de extrema pobreza, o que inspirou Karl Marx em sua filosofia revolucionária, prognosticando a inevitável queda do capitalismo por meio de uma guerra liderada pela classe proletária.

"Enfim, para terminar a exposição sobre Karl Marx e quando ele faleceu, conto a você que, em dezembro de 1881, Jenny morreu em decorrência de um câncer no fígado e deixou Marx ainda mais debilitado, já com sérios problemas pulmonares e ainda abalado pela perda da parceira. Em março de 1883, o amigo Engels acabou por encontrar Marx morto em casa, com apenas 64 anos de idade. Ele faleceu em Londres, Inglaterra, no dia 14 de março de 1883[5]."

5 https://www.ebiografia.com/karl_marx_quem_foi_ideologia_comunista/

Suas principais obras foram:

- *O Manifesto Comunista* (1848), com Engels
- *Trabalho Assalariado e Capital* (1849)
- *O 18 Brumário de Luís Bonaparte* (1852)
- *Contribuição à Crítica da Economia Política* (1859)
- *O Capital* (1867)

13

A chegada de Peter ao Rio de Janeiro foi um sucesso, com todas as tarefas resolvidas e uma fortuna de 1 milhão de libras depositadas no London & Brazilian Bank de Londres. Com a abertura de uma conta na filial do Rio de Janeiro, a família teve à sua disposição o necessário para as despesas mensais e para outros planos mais arrojados.

Enquanto isso, a Clínica Médica Vivone, de Bill, Peter e Priscila, estava em franco progresso, com excelente clientela, principalmente originária da Quinta da Boa Vista.

Em 1893, uma revolta armada sacudiu a cidade do Rio de Janeiro, liderada por algumas unidades da marinha brasileira.

— Mas o que está acontecendo — perguntou Bill a Lúcia.

— Vou tentar explicar alguns antecedentes para depois contar os fatos. A primeira constituição republicana, de 1891, estabelecia que as eleições no Brasil seriam diretas e que o presidente e seu vice seriam eleitos pelo voto popular. Entretanto, determinava também que, em caráter excepcional, o primeiro presidente e o primeiro vice-presidente seriam eleitos indiretamente, isto é, pelo Congresso Nacional. Foi o que aconteceu. No dia seguinte à promulgação da constituição da república, a segunda constituição do Brasil, o Congresso elegeu de forma indireta os marechais Manuel Deodoro da Fonseca para presidente e Floriano Peixoto[1] para vice-presidente, em 25 de fevereiro de 1891[2].

"O governo do marechal Deodoro só deveria terminar em 1894, mas o período registrou sérios problemas. A política econômica, que tinha Rui Barbosa como ministro da fazenda, foi marcada pelo chamado 'encilhamento' que se caracterizou pelo incentivo à emissão de moeda por alguns bancos e pela criação de sociedades anônimas. Como resultado, houve forte especulação financeira e falência de bancos e empresas.

"A formação de um novo ministério liderado pelo barão de Lucena, político vinculado à ordem monárquica, a tentativa de centralização do poder e as resistências encontradas no meio militar conduziram o país a uma crise política, que teve seu ápice na dissolução do Congresso Nacional realizada por Deodoro. Ao mesmo tempo crescia no meio militar a influência do vice-presidente Floriano Peixoto, que também fazia oposição a Deodoro juntamente com as forças legalistas. Todos esses fatores levaram à renúncia de Deodoro da Fonseca, em 23 de novembro de 1891[3]."

— O que foi realmente essa Revolta da Armada de 1893? — questionou Bill.

— A Revolta da Armada foi um movimento de rebelião liderado por algumas unidades da marinha brasileira contra o governo do presidente Floriano Peixoto, que assumiu após a renúncia do marechal Deodoro da Fonseca. Após a renúncia de Deodoro, Floriano Peixoto, ao assumir, destituiu todos os governadores que apoiavam Deodoro. Este fato gerou sérias divergências políticas. Além disso, os militares revoltosos da marinha contestavam a legalidade do governo Floriano, pois a constituição dizia que o vice-presidente só poderia assumir o cargo após dois anos de governo do presidente. Como

1 Marechal Floriano Peixoto (1839–1895)

2 https://educacao.uol.com.br/biografias/marechal-deodoro-da-fonseca.jhtm.

3 https://educacao.uol.com.br/disciplinas/historia-brasil/governos-deodoro-da-fonseca-e-floriano-peixoto-1889-1894-inicio-da-republica-foi-marcado-crises-politicas-e-economicas.htm

a renúncia de Deodoro aconteceu antes de dois anos de mandato, os revoltosos contestaram o governo Floriano. Por outro lado, os militares, principalmente da marinha, eram contrários à ascensão política de civis, promovida pelo governo de Floriano Peixoto, e achavam que a marinha tinha pouco prestígio político no âmbito federal em relação ao do exército.

"Os líderes da revolta eram o almirante Custódio de Melo e o almirante Luiz Felipe Saldanha da Gama, bem como oficiais da marinha brasileira, jovens oficiais e pessoas que defendiam o regime monarquista e que estavam insatisfeitas com seu fim.

"Em 13 de setembro de 1893, navios de guerra da marinha bombardearam a cidade do Rio de Janeiro, capital do Brasil. O governo Floriano, no entanto, não cedeu, organizou o exército e resistiu à revolta. A defesa do litoral impediu o desembarque dos revoltosos. Após muitos conflitos armados, o governo debelou a rebelião em março de 1894[4]."

Com a fortuna herdada pela família, somada à de Lúcia deixada pelo seu pai, os Vivone estavam com o futuro garantido. Enquanto isso, Ferdinando e Tatiana, nascidos em 1889, já com 9 anos em 1898, frequentavam uma das melhores escolas do Rio de Janeiro, a Escola Anglo-Germânica, onde eram ensinados o inglês e o alemão e, evidentemente, o português.

— Pai, na escola a professora falou num conflito na Bahia que ela chamou de Guerra dos Canudos. Por que é que eles estavam brigando? — perguntou Tatiana. — A professora disse que o povo baiano estava passando fome.

— Quem sabe desses acontecimentos é a tia Lúcia, que é professora de história. Pergunte a ela, porque eu não estou sabendo o que foi essa guerra — respondeu Bill.

Depois de falar com a tia, Tatiana recebeu a seguinte resposta:

— Tatiana, para a gente entender o que foi essa guerra, é importante analisarmos como se encontrava o Nordeste do Brasil nestes anos — iniciou Lúcia. — De fato, havia muita pobreza entre as

[4] https://www.historiadobrasil.net/resumos/revolta_armada.htm

famílias, porque muitos trabalhadores estavam sem emprego. Além disso, naquela região não chovia há muito tempo, o que dificultava o crescimento das plantas, prejudicando as colheitas e a sobrevivência do gado. O problema é que o governo e os políticos do Nordeste não se importavam com os pobres e havia muita violência porque os donos das terras contratavam grupos armados para proteger suas propriedades e para manter o poder na região. Era comum, também, a ação de alguns grupos religiosos que juntavam crentes, aos quais eles prometiam uma vida melhor.

— E o que aconteceu depois? — questionou Tatiana.

— Em novembro de 1896, no interior do sertão da Bahia, na região chamada Arraial de Canudos, um tal de Antônio Conselheiro, um homem muito religioso, reuniu e liderou uma porção de jagunços, sertanejos pobres e miseráveis, além de fanáticos religiosos. Por outro lado, o governo da Bahia enviou tropas, apoiadas por militares enviados pelo governo federal.

— O que são jagunços, tia?

— Jagunços são geralmente criminosos foragidos ou homens violentos contratados como guarda-costas por indivíduos influentes, como por exemplo fazendeiros, senhores de engenho, políticos e outros. Geralmente são homens que aceitam matar quem estiver ameaçando aqueles que os contrataram. Bem, o governo da Bahia, com apoio dos donos das fazendas, não concordava com o fato de os habitantes de Canudos não pagarem impostos e viverem sem seguir as leis estabelecidas. Afirmavam também que Antônio Conselheiro defendia a volta da monarquia, que havia sido substituída pela república em 1889.

"Conselheiro, no entanto, defendia o fim da cobrança dos impostos e era contrário ao casamento civil. Ele afirmava ter sido enviado por Deus para liderar o movimento contra as diferenças e injustiças sociais. Era também um crítico do sistema republicano, na forma como funcionava na época.

"As tropas do governo fizeram três tentativas para derrubar o Arraial de Canudos e não conseguiram porque os sertanejos e jagunços se armaram e resistiram aos militares. Na quarta tentativa, o governo da Bahia solicitou apoio das tropas federais, que mandaram armas pesadas para o sertão baiano. O arraial foi massacrado de forma brutal, com a morte bárbara de crianças, mulheres e idosos. Antônio Conselheiro morreu durante as batalhas, em 22 de setembro de 1897. A guerra terminou em outubro do mesmo ano[5]."

Em 31 de dezembro de 1899, a família Vivone estava eufórica com a perspectiva da passagem para os anos 1900. Grandes festas alegravam todos os habitantes, com bailes, festejos religiosos, fogos etc.

As crianças, já com 10 anos, divertiam-se observando tudo que se passava no Rio de Janeiro. Notícias nos jornais faziam retrospectos sobre os progressos científicos dos anos que se passaram e diziam que o predomínio de tais progressos, apesar de seus indubitáveis méritos, poderia exercer influência sobre as crenças religiosas. Sobre essa preocupação, o arcebispo da cidade de São Sebastião do Rio de Janeiro, declarou basicamente a seguinte:

"De todos os recantos do Brasil nos chegam notícias do modo pelo qual em cada cidade, vila ou arraial, se pretende solenizar a passagem do século, avultam pela forma excepcional dos festejos religiosos, para mostrar que o século que entra deve ser um século de repouso espiritual, pois a humanidade *esvaída intelectualmente pelo trabalho torturado da análise científica com uma curiosidade que chegou até a alucinação, necessitava do conforto espiritual e da fé nos mistérios sagrados que só a Igreja católica lhes podia oferecer.*"

No último dia de 1899, os editoriais e artigos de fundo dos principais jornais e revistas do Rio elaboraram previsões do futuro. A tônica foi a ***oposição ciência e espiritualidade***. A primeira surgia ora como instrumento da libertação humana dos mistérios do mundo, ora como algoz de um tempo cercado pelo materialismo caótico. Pela verdade científica ou pela verdade da fé defrontavam-se os positivistas cientificistas e os religiosos metafísicos[6].

5 https://www.suapesquisa.com/historiadobrasil/canudos_resumo.htm

6 http://www.scielo.br/pdf/hcsm/v4n3/v4n3a07.pdf

Em 1900, Bill e Peter estavam com 57 anos enquanto Jimmy completava 67. Lúcia com 45 e Priscila com 40. Portanto, ainda poderiam viver algum tempo no novo século XX. Um dos planos era enviar Tatiana e Ferdinando para a Inglaterra, para manter em pé a promessa da família de todos frequentarem a Royal School of Moral Integrity. O problema, no entanto, era a idade das crianças (11 anos) e a impossibilidade dos pais acompanharem os filhos à Inglaterra. O plano ficou para quando tivessem idade suficiente para viajarem sozinhos.

Foi bastante prazerosa a vida da família no Rio de Janeiro até 1910. Muita coisa aconteceu no Brasil nesses dez anos, além do natural envelhecimento dos pais. Nenhuma notícia de Jimmy nesse período. Lúcia continuava informando todos sobre o que se passava na economia, na política, na presidência da república, fornecendo sempre um resumo dos acontecimentos. Na verdade, não era fácil reter todos os detalhes do que ocorria, tanto no Brasil como no exterior. Mas ela dedicava quase todo o seu tempo a acompanhar os principais eventos e a relatá-los aos familiares. No ano de 1910, Tatiana e Frederico estavam prontos para a grande viagem à Inglaterra, mas queriam obter um resumo do que havia ocorrido nessa primeira década do Século XX. Desejavam assimilar esses conhecimentos para poderem transmiti-los a quem, na Royal School, se interessasse pelo Brasil.

"Então vamos nos dedicar um pouco aos fatos ocorridos até hoje nesses dez anos. Um pouco antes do fim do século XIX, em 1898, assumiu a 4ª presidência da república o Dr. Manuel Ferraz de Campos Sales[7], onde ficou até 1902. Ele sucedeu o presidente Prudente José de Morais e Barros[8], que exerceu a 3ª presidência do Brasil entre 1894 e 1898. Havia uma grave crise na época, devido à inflação alta e a uma superprodução de café que provocou a queda nos preços mundiais. O café, como vocês sabem, é o principal produto de exportação

[7] Manuel Ferraz de Campos Sales (1841–1913)

[8] Prudente José de Morais e Barros (1941–1902)

do Brasil. Devido à alta dívida do Brasil, Campos Sales recebeu empréstimos da Inglaterra, mas os ingleses, preocupados com o não pagamento da dívida por parte do Brasil, forçaram o país a assinar um acordo chamado 'funding loan', que dava aos ingleses o direito de ficar com toda a receita gerada pelas alfândegas estatais e pela estrada de ferro Central do Brasil. Imaginem como o governo estava endividado. Os ingleses também pressionaram o país para combater a inflação e valorizar a moeda. O ministro da fazenda, Joaquim Murtinho[9], se encarregou dessa política econômica no Brasil e começou a cortar gastos, reduzir despesas com obras públicas e investimentos nas indústrias, além de implantar novos impostos. Com essas medidas adotadas, no entanto, Campos Sales acabou perdendo o apoio da população, mas reagiu investindo na produção agrícola para exportação de cacau, erva-mate, café, borracha e algodão, além de minério.

"Depois de Campos Sales, assumiu a 5ª presidência do Brasil Francisco de Paula Rodrigues Alves[10], entre 1902 e 1906. Ele era um fazendeiro paulista, apoiado pelos partidos de Minas Gerais e de São Paulo. Rodrigues Alves queria modernizar a arquitetura do Brasil e criou grandes obras públicas, principalmente no Rio de Janeiro, mas sacrificou os mais pobres, que eram expulsos de suas casas.

"Umas das difíceis tarefas do presidente, além de lidar com a insatisfação da população, foi a anexação ao Brasil do Acre, mais ao norte do país. O território, onde se produzia borracha, era controlado pela Bolívia. Graças ao barão do Rio Branco, José Maria da Silva Paranhos Júnior[11], um hábil diplomata, o governo negociou com a Bolívia o pagamento de uma indenização de 2 milhões de libras esterlinas e se comprometeu a construir a estrada de ferro Madeira-Mamoré, para que a Bolívia tivesse uma via de escoamento para o oceano Atlântico.

9 Joaquim Murtinho (1848–1911)

10 Francisco de Paula Rodrigues Alves (1848–1919)

11 Barão do Rio Branco (1845–1912)

"Durante o governo de Rodrigues Alves, os produtores de café começaram a sentir o impacto financeiro dos baixos preços no mercado internacional. Para contornar essa situação, as elites agrárias do Rio de Janeiro, Minas Gerais e São Paulo propuseram ao governo um acordo no qual o próprio governo se comprometeria a comprar a produção cafeeira do Brasil. Tratava-se do chamado Convênio de Taubaté, que acabou sendo refutado pelo presidente, pois ele alegava que a medida prejudicaria as finanças públicas[12]."

— E o que ocorreu depois de 1906, tia? — perguntou Tatiana.

— Antes de continuar, devo dizer que estou muito feliz por ter escolhido o ramo de história como profissão. Sabe por quê? Por exemplo, no caso do Brasil e mesmo de outros países, a gente aprende como se comportaram pessoas célebres, podendo qualificá-las de acordo com critérios como honestidade, sinceridade, falsidade, e podemos opinar se foram honestas, sinceras, fingidas, mentirosas, se viveram de acordo com bons ou maus princípios morais etc. No caso dos políticos, nota-se que uma grande parte trabalha sinceramente pelo bem do país em que vivem, enquanto outros costumam se aproveitar das importantes posições para seu próprio benefício. Assim, pode-se verificar se determinada pessoa se destaca pelo patriotismo, pelo idealismo e pela honestidade, ou se ela se orienta pelo egoísmo, pela ambição ou pela desonestidade, não se importando em transformar seu comportamento em algo imoral.

"É importante que vocês saibam que, todos esses acontecimentos que estou relatando têm que ser analisados com base nessas noções. Para isso, basta descobrir em qual desses grupos determinado líder político se enquadra. Dessa maneira, você poderá formar uma opinião sobre a pessoa e definir se se trata de alguém que poderia ser chamado **virtuoso** ou **não virtuoso**, conforme os critérios constantes no livro *Moralidade e Ética* do nosso antepassado Francesco Vivone, nascido, imaginem só, em 1200.

12 https://evolucaobrasileira.wordpress.com/2013/10/14/brasil-1900-a-1920/

"Vale a pena falar um pouco mais sobre o presidente Rodrigues Alves. Ele deu muita atenção à política externa e à saúde pública. Conseguiu erradicar a febre amarela, saneando a cidade do Rio de Janeiro que, devido à falta de higiene sofria com outras moléstias como a varíola e a peste bubônica, tendo tido a colaboração do famoso médico e sanitarista Oswaldo Cruz, nomeado chefe do departamento de saúde pública. Além disso, esse presidente melhorou o porto, expandiu a rede ferroviária nacional e incentivou a imigração estrangeira, com a fixação dos estrangeiros no campo. Entretanto, em novembro de 1904, promoveu uma campanha de vacinação obrigatória contra a varíola que desencadeou violenta reação — a chamada Revolta da Vacina. Pela forma autoritária como foi feita, com os agentes sanitários invadindo as casas e vacinando as pessoas à força, manifestações e conflitos se espalharam pelas ruas da cidade, com populares destruindo bondes e apedrejando prédios públicos. Em 16 de novembro de 1904, Rodrigues Alves revogou a lei da vacinação obrigatória, colocando nas ruas o exército, a marinha e a polícia para acabar com os tumultos. A ordem voltou à cidade em poucos dias. Enfim, muita coisa foi realizada nesse período[13].

"Depois de Rodrigues Alves, assumiu a presidência Afonso Pena[14], que era o vice-presidente. Afonso Augusto Moreira Pena, nascido em Minas Gerais, em 1847, estudou direito com Rodrigues Alves. Um dos seus principais ministros era o já conhecido barão do Rio Branco, das Relações Exteriores. Entre os seus planos, incluía-se a construção de ferrovias cortando o Brasil por todos os quadrantes e a tão sonhada ferrovia Norte-Sul, ligando Belém do Pará a Porto Alegre. Ele desejava também reformar os portos, melhorar a vida nas cidades e subsidiar a atividade industrial.

"No entanto, sua visão era excessivamente otimista, pois esqueceu-se de que todo progresso da época provinha de dinheiro fácil de empréstimos externos, sacando sem saber como pagar as dívidas que

[13] https://atlas.fgv.br/verbetes/rodrigues-alves

[14] Afonso Pena (1847–1909)

ficavam para os governos seguintes. Mesmo assim conseguiu realizar obras importantes."

— E qual foi uma das grandes realizações de Afonso Pena? — perguntou Tatiana.

— Veja que interessante. No governo do presidente Pena, surgiu um homem que ficou famoso e que foi um verdadeiro herói entre os brasileiros. Chamava-se Cândido Mariano da Silva Rondon, mais conhecido como marechal Rondon[15], nascido na cidade de Mimoso, estado do Mato Grosso. Em 1894, ele ingressou numa comissão de construção de linhas telegráficas que ligaram o estado de Goiás a Mato Grosso, onde conheceu rudes fazendeiros, negros maltratados e indígenas desconfiados e hostis com os homens brancos. Ele desenvolveu um trabalho importantíssimo de pacificação e conseguiu que o governo demarcasse terras indígenas. Neste ano de 1910, conseguiu que o governo promovesse a criação do Serviço de Proteção ao Índio. Agora imaginem vocês o que ele percorreu dentro das florestas brasileiras para estender a rede de telegrafia até o estado do Acre, atravessando quase 2 mil km de florestas e adquirindo uma riquíssima experiência, com a participação de geógrafos e naturalistas.

"Como vocês já devem ter percebido, o governo de Afonso Pena foi muito progressista. Ele incentivou a vinda de imigrantes de diversos países. Italianos foram para São Paulo, alemães para Santa Catarina e Rio Grande do Sul, poloneses e russos para o Paraná. Vieram também portugueses e libaneses. Esses últimos eram chamados erradamente de 'turcos' pela população.

"A economia continuava centralizada no café e na borracha, produtos dos quais o Brasil chegou a suprir 80% das necessidades do mercado mundial, mas os seringueiros dependiam apenas das árvores nativas e não se preocupavam em replantá-las. Com isso perderam mercado para outros países, principalmente para a Malásia. Enfim, o Brasil conseguiu realizar um razoável desenvolvimento industrial de bens de consumo para o mercado interno. O futuro da

[15] Marechal Rondon (1865–1958)

indústria era promissor, devido aos incentivos oficiais que recebia e pela chegada de imigrantes que vinham reforçar a mão de obra nas cidades.

"O barão do Rio Branco, confirmado uma vez mais na pasta de Relações Exteriores, conseguiu resolver questões com os países vizinhos, delimitando as fronteiras com a Colômbia, a Venezuela, o Peru e o Uruguai. Em 1907, Rui Barbosa foi indicado para representar o Brasil na Conferência de Paz de Haia, na Holanda, onde defendeu o princípio de igualdade de todas as nações soberanas, independentemente de sua projeção. Foi um grande orador, impressionando a todos, tendo sido incluído na lista dos Sete Sábios de Haia e ficou conhecido como a 'Águia de Haia'."

— E como terminou a presidência de Afonso Pena? — perguntou Ferdinando.

— Foi algo meio triste, pois o presidente Afonso Pena queria que o seu sucessor fosse o seu ministro da Fazenda, Davi Campista, mas um poderoso gaúcho de nome Pinheiro Machado propôs a candidatura do marechal Hermes da Fonseca, o então ministro da Guerra do presidente. Com essas manobras, Afonso Pena ficou deprimido e doente, vindo a falecer em 14 de junho de 1909, assumindo então o vice-presidente Nilo Peçanha[16], que permaneceu no cargo até o fim do mandato.

"Nilo Procópio Peçanha nasceu em Campos, no Rio de Janeiro, em 1867. Era advogado e idealista, vivamente interessado na política e nos problemas sociais do Brasil. Na verdade, por não ter tempo suficiente para mudar o país, criou apenas um ministério, seguiu os planos do presidente Afonso Pena e entregou a faixa presidencial ao seu sucessor, marechal Hermes da Fonseca[17]."

[16] Nilo Peçanha (1867–1924)

[17] http://www.pitoresco.com/historia/republ06.htm

14

A vida dos Vivone sempre foi cheia de surpresas. Em março de 1912, bateram à porta da residência quatro pessoas: um senhor mais velho e barbudo, dois moços e uma senhorita. Tatiana ficou meio assustada, pois não sabia do que se tratava e chamou o pai, que chegou correndo.

— Tem um senhor de idade na porta e ele está sorrindo. Quem será? — perguntou Tatiana.

— Posso perguntar quem são vocês? — questionou Bill.

— Vou conceder dez segundos para o caro amigo descobrir — disse o senhor de barba.

— Para dizer a verdade, não sei quem é o senhor — respondeu Bill.

— Bem, vou refrescar um pouco a sua memória — falou rindo. — Eu sou um general americano e esses jovens são meus filhos, todos de sobrenome Vivone.

— Ora, se não é o meu querido primo Jimmy!!! Mas que coisa fantástica, vamos entrar o mais depressa possível. Que bela surpresa! — Alegrou-se Bill. — E onde está a sua esposa?

— Lamentavelmente, a Susy teve uma grave doença há três anos. Imaginem que ela era diabética e nós não sabíamos, pois ela escondia o problema. Acabou ficando cega, teve uma série de ataques isquêmicos e acabou falecendo — falou Jimmy.

— Sinto muito por saber disso, Jimmy. Diga-me, como é que você descobriu o nosso paradeiro? Você nem fala português e não conhece o Rio de Janeiro. Estou verdadeiramente estatelado e feliz em ver tanta gente bonita — disse Bill quase chorando. — Deixe-me apresentar a minha família. Aqui está a minha esposa Priscila e minha filha Tatiana. Lúcia é a esposa de Peter e Ferdinando é filho deles.

— Bem, agora é a minha vez de apresentar os meus filhos. Os seus nomes são Johnny, Emerson e Carolyn — disse Jimmy. — Vocês devem estar se perguntando por que decidimos vir ao Brasil. Vou esclarecer: eu estava com tantas saudades de vocês que não resisti à ideia de passar um tempo aqui antes de irmos para a Inglaterra. A pergunta que deve estar nas suas mentes é como eu posso voltar para lá depois das trapaças que aprontei na minha juventude, com meu pai. Acontece que eu fiquei até há pouco no exército americano e alcancei o posto de general de quatro estrelas. Parece que o pessoal gostou de mim, não sei por quê. Em todo caso, meu comandante, o general Borden escreveu ao exército inglês dando conta da minha carreira no exército americano e, imaginem, fui perdoado e autorizado a entrar no país onde nasci. Foi a maior alegria da minha vida. O meu casamento com Suzi Atkins ocorreu na Filadélfia, em 1870, quando eu tinha 37 anos e ela 32, ou seja, ela nasceu em 1838. Johnny nasceu em 1872, Emerson em 1873 e Carolyn e 1874. Portanto, as "crianças" têm respectivamente 39, 38 e 37. Os três são formados. Johnny é médico, Emerson é engenheiro e Carolyn é professora de geografia e história.

"No entanto, tenho uma notícia triste para dar a vocês sobre o falecimento dos tios Luca e Enrico. Luca já estava internado num asilo e faleceu em 1891. Quem cuidava dele era Enrico, que já tinha 83 anos e ainda viveu mais dois, vindo a morrer em 1893. Quanto ao meu pai, David Lodge, perdi completamente o contato com ele desde que foi preso na Inglaterra. Portanto, não sei se ele morreu ou quando."

— Que tal se vocês permanecessem conosco para conhecer um pouco do Brasil e, principalmente, do Rio de Janeiro? — perguntou Peter. — Temos bastante espaço em nossa residência.

— Nós agradecemos de coração o seu convite, mas estamos a caminho da Inglaterra, onde devemos fixar residência se tudo der certo. Aproveitarei sua oferta e ficaremos por uma semana. Quanto ao London & Brazilian Bank, eu já tenho uma conta, que abri quando você transferiu a minha parte. Quando chegarmos a Londres, transferirei o saldo para lá.

A semana passou rapidamente e os cinco primos puderam se conhecer melhor. Apesar da diferença de idade, sendo Ferdinando e Tatiana bem mais moços, o contato foi maravilhoso. Como os dois estavam preparados para seguir para a Inglaterra, perguntaram aos pais se poderiam viajar com os primos para Southampton. Foi uma ideia magnífica, aceita imediatamente por Bill, Peter e esposas.

Em 25 de abril de 1912, Jimmy, seus três filhos, Tatiana e Ferdinando embarcaram no mesmo navio de nome "Oliver Trade" para Southampton, onde chegaram em 8 de maio. No departamento de imigração da Inglaterra já havia chegado o processo no qual constava a permissão de Jimmy para permanecer no país. Foram diretamente para Londres e se hospedaram numa pousada chamada Buccaneers Inn. Sem demora, Ferdinando e Tatiana foram à Royal School para proceder à inscrição. Como seria de se esperar, o nome Vivone despertou curiosidade por parte da secretária e, depois das perguntas de praxe, foram aceitos para o curso que iniciaria em julho se 1912, com formatura prevista para junho de 1914. Os dois casais, Peter e Lúcia, e Bill e Priscila, falavam apenas em inglês com os filhos; por isso eles não tiveram qualquer dificuldade para conversar com os encarregados da escola.

Johnny, Carolyn e Emerson ficaram de procurar empregos, pois queriam conquistar uma certa independência na Inglaterra para não dependerem de Jimmy. Este, por sua vez, decidiu comparecer ao comando do exército inglês e se colocar à disposição para intermediar quaisquer contatos com o exército americano.

É importante apresentar mais uma árvore genealógica nesse ano de 1912, com a chegada de Jimmy e seus filhos e o falecimento de Luca, Enrico, Arthur e Beatrice. O destino de David continuou ignorado.

ÁRVORE GENEALÓGICA DA **FAMÍLIA VIVONE** NO ANO DE 1912

- Ryan (1716–1792) e Sayen (1723–1803)
  - Raini (1745–1813) e Mabel Harris (1750–1813)
    - John (1776–) e Liselotte König (1778–1847)
      - Arthur (1809–) e Beatrice Arlington-Jones (1812–)
        - Peter (1843–) e Lúcia de Almeida (1855–)
          - Ferdinando (1889–)
        - Bill (1843–) e Priscila Douglas (1860–)
          - Tatiana (1889–)
  - Talli (1746–1823)
- Brian (1717–1792) e Omatah (1721–1792)
  - Tuxaua (1745–1822) e Andrea Watt (1751–1822)
    - Paul (1776–1850) e Alessandra Carpelli (1780–1850)
      - Enrico (1808–1891)
      - Luca (1808–1893)
  - Temanem (1746–1813) e Christiane Hopkins (1751–1813)
    - Robert (1776–1850) e Kelly Gordon (1779–1853)
      - Jennifer (1808–1885) e David Lodge (1808–)
        - Jimmy (1833–) e Suzy Atkins (1838–1909)
          - Johnny (1872–)
          - Emerson (1873–)
          - Carolyn (1874–)

Em 1913, os Vivone não contavam com os problemas que vinham se materializando na Europa, principalmente os ligados à guerra da Itália contra o Império Otomano (hoje, Turquia) e às duas Guerras dos Balcãs.

— Pai, o que são essas guerras? — perguntou Emerson.

— Trata-se de um assunto complicado e é necessário prestar muita atenção para entender. A primeira dessas guerras aconteceu entre

1911 e 1912. Veja só, a Itália há muito tempo queria estabelecer uma colônia no norte da África e, para isso, seria necessário capturar as províncias da Tripolitânia e da Cirenaica[1] que estavam em poder da Turquia. Os italianos, muito espertos, usaram o pretexto de que os turcos teriam infringido seus interesses na África. Em 28 de setembro de 1911, a Itália enviou um ultimato à Turquia e, no dia seguinte, declarou guerra. Rapidamente as tropas italianas ocuparam as cidades de Trípoli, Derna e Bengazi, além de empreenderem um ataque ao norte da África que durou de julho a outubro de 1912. Em consequência, a Turquia foi obrigada a pedir a paz. Em 12 de outubro, pelo Tratado de Lausanne, também chamado de Tratado de Ouchi, a Turquia desistiu dos seus direitos às cidades de Trípoli e Cirenaica em favor da Itália[2].

— Parece tão fácil um país se apoderar de outro! E o que houve nas Guerras dos Balcãs? — perguntou Emerson.

— A primeira Guerra dos Balcãs aconteceu entre 1912 e 1913. Foi um conflito armado entre os membros da Liga dos Balcãs, com Sérvia, Bulgária, Grécia e Montenegro de um lado, e do outro o Império Otomano, ou Turquia. A Liga dos Balcãs foi formada no verão de 1912 sob os auspícios da Rússia, que desejava tirar a Macedônia da Turquia, pois esta estava enfraquecida pela guerra com a Itália, que expliquei há pouco. Essa liga arregimentou um exército de 750 mil homens. Montenegro iniciou as hostilidades declarando guerra à Turquia em 8 de outubro de 1912 e outros membros da liga fizeram o mesmo, dez dias depois. A vitória da Liga foi rápida e o colapso da Turquia foi tão completo que as partes se dispuseram a assinar um armistício em 3 de dezembro, em Londres. Entretanto, apesar do armistício, houve um golpe de estado provocado por jovens turcos em Constantinopla, em janeiro de 1913, mas novamente a vitória foi da Liga dos Balcãs. De acordo com o Tratado de Paz assinado em Londres, em 30 de maio de 1913, o Império Otomano perdeu quase todo o seu território na Europa, inclusive a Macedônia e a Albânia.

1 Regiões da atual Líbia.

2 https://www.britannica.com/event/Italo-Turkish-War

"A Segunda Guerra dos Balcãs durou de 29 de junho a 10 de agosto de 1913 e começou quando a Sérvia, a Grécia e a Romênia começaram a brigar com a Bulgária. E por que essa nova briga? Como a Turquia perdeu a Macedônia para a Liga dos Balcãs, cada um desses países da Liga queria ficar com uma parte. Em 1º de junho, a Sérvia e a Grécia formaram uma aliança contra a Bulgária. Acontece que o rei Ferdinando da Bulgária não concordou com isso e ordenou um ataque às forças da Sérvia e da Grécia na Macedônia. A Bulgária acabou sendo derrotada e os combatentes assinaram um Tratado de Paz em 10 de agosto, segundo o qual a Grécia e a Sérvia dividiriam a maior parte da Macedônia, enquanto a Bulgária ficaria apenas com uma pequena parte da região[3]."

— Mas que loucura, pai, este mundo está virando um campo de batalha. Será que a Inglaterra não vai ter que participar de algum conflito? — perguntou Johnny.

— Espero que não, mas temos muito o que fazer aqui e não vamos nos preocupar com essas coisas. E agora parece que vai sossegar um pouco, depois do fim dessas três guerras — respondeu Jimmy.

E assim, enquanto Jimmy continuava a frequentar o alto escalão do exército britânico, os filhos conseguiram empregos em suas respectivas profissões. Johnny foi admitido no hospital militar em Londres, Emerson foi contratado por uma grande empresa de engenharia de pontes e canais e Carolyn passou a dar aulas de história americana no University College of London, e assim seguiram até meados de 1914, quando a situação na Europa começou a se tornar realmente complicada.

No início do mês de junho foi a formatura de Ferdinando e Tatiana, com as costumeiras festas e despedidas dos colegas. Os dois voltaram a morar com Jimmy e os primos. Ferdinando, durante o curso na Royal School, se enamorou de uma finlandesa que estudou na mesma classe e resolveram levar o caso mais a sério. Tatiana, por sua vez, preferiu terminar o curso antes de pensar em compromissos dessa natureza. Ela desejava imensamente se tornar advogada.

3 https://www.britannica.com/topic/Balkan-Wars

Ferdinando optou por medicina, o que demandaria um período de seis anos. Ambos conseguiram se matricular na London University, nos respectivos cursos. O curso de medicina teria início em setembro de 1914, dando tempo para Ferdinando aprofundar seu relacionamento com a finlandesa de nome Tiina Nieminen, nascida em 1900, que desejava também ser médica.

— Carolyn, ouvi que está se aproximando uma nova crise aqui na Europa e você, que está dentro da universidade e próxima aos professores de outras áreas, principalmente de geografia política, poderia nos dizer o que ocorre? — perguntou Ferdinando.

— Como você sabe, os nacionalistas sérvios, orgulhosos pelos resultados que obtiveram nas duas guerras dos Balcãs, de 1912 e 1913, voltaram suas atenções para a ideia de "livrar" os sérvios do sul, do império Austro-Húngaro. O reino da Sérvia aspirava à formação de uma Grande Sérvia e, para tanto, pretendia anexar o vizinho reino de Montenegro e as regiões da Bósnia-Herzegovina, Croácia e Eslovênia, pertencentes ao Império Austro-Húngaro. As ambições sérvias eram respaldadas pela Rússia, desejosa de consolidar sua influência nos Balcãs para ter acesso ao mar Mediterrâneo.

"O coronel Dragutin Dimitrijevic, comandante da inteligência militar da Sérvia era partidário desse plano. E o que fez o coronel? Elaborou um plano de assassinar o arquiduque austríaco Francisco Ferdinando, herdeiro provável do imperador austríaco Francisco José, porque isso ajudaria a Sérvia a atingir o objetivo de formar a Grande Sérvia. Apesar de o primeiro-ministro Nicola Pasic ter prevenido o governo austríaco sobre a possibilidade do assassinato, a sua mensagem não foi levada a sério.

"Assim, em 28 de junho de 1914, em Sarajevo, capital da Bósnia, Francisco Ferdinando e sua mulher, Sophie, duquesa de Hohenberg, foram mortos a tiros pelo sérvio Gavrilo Princip. Veja só como é interessante a arte da política: em virtude do assassinato, o chefe do exército da Áustria, conde Conrad von Hötzendorf e o ministro do exterior conde Leopold von Berchtold perceberam que o crime poderia ser uma bela oportunidade para humilhar a Sérvia e aumentar o prestígio austro-húngaro nos Balcãs. Os austríacos, então, decidiram apresentar um ultimato e declarar guerra à Sérvia. Eles tomaram essa atitude acreditando que a Alemanha certamente iria dissuadir a Rússia de intervir porque, em 1913, Guilherme II da Alemanha reafirmara ao conde Conrad que ele apoiaria o Império Austro-Húngaro caso iniciasse uma guerra preventiva contra a Sérvia.

"A Rússia, no entanto, anunciou em 14 de julho, que a Áustria-Hungria não deveria atacar a Sérvia. Em 27 de julho, Guilherme II da Alemanha aconselhou os austro-húngaros a se contentarem em ocupar temporariamente a capital da Sérvia, Belgrado. No entanto, o escritório de Relações Exteriores da Alemanha havia encorajado de tal forma o ministro do exterior da Áustria, Berchtold, que este, em 27 de julho, persuadiu o imperador Francisco José a autorizar a guerra contra a Sérvia. No dia seguinte, em 28 de julho, a artilharia austro-húngara iniciou o bombardeio de Belgrado. Como reação, os russos ordenaram uma mobilização parcial contra a Áustria-Hungria. Esta, por sua vez, reagiu mobilizando suas tropas na fronteira com a Rússia, o que fez com que ordenasse a mobilização total. Em 31 de julho, a Alemanha enviou um ultimato à Rússia para que paralisasse a mobilização, e ainda mandou outro ultimato à França, exigindo o cumprimento da sua promessa de neutralidade no caso de uma guerra Alemanha x Rússia.

"Conforme previsto, tanto a Rússia como a França ignoraram essas exigências. A coisa começou a engrossar quando a Rússia e a França ordenaram a mobilização geral. Depois de enviar tropas a Luxemburgo e exigir passagem livre de suas tropas pela Bélgica, a Alemanha declarou guerra à Rússia, França e Bélgica. Nos dias 3 e 4 de agosto, invadiu a Bélgica. Como a Inglaterra tinha obrigação de defender a Bélgica, declarou guerra à Alemanha. Agora vejam como o conflito estava armado e quantas declarações de guerra: a Áustria-Hungria declarou guerra à Rússia; a Sérvia contra a Alemanha; Montenegro, França e Grã-Bretanha contra a Áustria-Hungria e Alemanha; o Japão contra a Alemanha; a Áustria-Hungria contra o Japão e contra a Bélgica. No início de setembro, Rússia, França e Grã-Bretanha celebraram o Tratado de Londres, tornando-se 'Os Aliados'. Os adversários, denominados 'Potências Centrais', eram formados pela Alemanha, Áustria-Hungria e Turquia[4].

"E por que também a Turquia? Bem, o decadente Império Otomano, ou Turquia, apelidado 'O Homem Doente da Europa', vinha sofrendo uma dupla pressão: da Rússia, que tencionava apossar-se dos estreitos do Bósforo e dos Dardanelos, e da Grã-Bretanha, que desejava libertar as populações árabes do domínio turco, a fim de poder explorar o petróleo do Oriente Médio. Tal situação levou o governo otomano a se aproximar da Alemanha, em busca de ajuda técnica e militar[5]."

Não demorou muito para Ferdinando e Tiina marcarem o casamento para meados de setembro de 1914, apesar do início das aulas na universidade. A festa foi num pub inglês chamado Finears Inn, onde compareceram Jimmy, os filhos e alguns amigos mais chegados. A lua de mel teve que ser limitada a um fim de semana num hotelzinho próximo a Londres.

— E agora, pai, estamos em guerra, como vamos proceder? — perguntou Carolyn a Jimmy.

— Filha, desculpe eu não responder, não me sinto bem — disse Jimmy. — O meu cansaço não me parece normal. O coração está batendo depressa demais e estou sentindo muita falta de ar. Por favor, chame um médico para ver o que eu tenho.

O médico chegou em seguida e constatou que Jimmy teve um infarto. Conseguiram uma ambulância que o levou ao hospital militar de Londres, onde trabalhava Johnny. Jimmy já chegou desacordado e, apesar dos esforços dos médicos, veio a falecer. Foi algo tão repentino que todos ficaram em choque. O enterro em setembro de 1914 foi singelo, com poucas pessoas além dos parentes. Jimmy deixou um envelope com uma carta em que agradece a compreensão da família

4 https://www.britannica.com/event/World-War-I

5 http://www.curso-objetivo.br/vestibular/roteiro_estudos/primeira_guerra_mundial.aspx

a respeito dos seus pecados na juventude, mas que sua vida foi repleta de bons momentos, especialmente com a sua esposa Suzy e, também, no exército americano, onde pôde reconquistar seu prestígio.

A Primeira Guerra Mundial começou em agosto de 1914 e as batalhas se sucederam rapidamente. A Força Expedicionária Britânica, ou BEF (British Expeditionary Force), desembarcou na França para auxiliar os franceses e belgas a paralisar a ofensiva germânica. No confronto que ficou conhecido como Batalha das Fronteiras, as tropas francesas e alemãs se enfrentaram entre o leste e o sul da França e da Bélgica. No final de agosto, os russos invadiram a Prússia. Nesse episódio, os alemães utilizaram seu sistema ferroviário para cercar os adversários, causando a morte de dezenas de milhares de soldados russos além de 125 mil aprisionados na Batalha de Tannenberg.

Vários outros confrontos ocorreram em diferentes locais do mundo, entre agosto e dezembro de 1914, primeiro ano da guerra. Por exemplo, os 70 mil soldados da BEF enfrentaram o dobro de homens da Alemanha na Batalha de Mons; respeitando sua aliança com a Grã-Bretanha, o Japão atacou a colônia alemã de Tsingtau na China; forças francesas ocuparam Togoland, um protetorado alemão na África; os alemães, depois de vencerem 100 mil russos em Tannenberg, foram aprisionados na Batalha dos Lagos Mausurianos; tropas australianas ocuparam a Nova Guiné Germânica; tropas sul-africanas invadiram a África do Sul Germânica; na Batalha das Ilhas Falklands, o cruzador alemão de Von Spee foi afundado pela marinha real britânica, episódio no qual morreram ou se afogaram 2 mil marinheiros, inclusive o almirante Spee e seus dois filhos. Como se percebe, os conflitos ocorreram em várias frentes, empreendidos por diferentes países.

Em dezembro de 1914, a família recebeu uma notificação do exército britânico para que os jovens se apresentassem ao quartel mais próximo. Os cinco Vivone foram recebidos pelo pessoal responsável pelo alistamento de cidadãos aptos para o serviço militar e convocados para participarem da guerra. O que os ingleses não sabiam é que Ferdinando e Tatiana eram brasileiros e Johnny, Emerson e

Carolyn americanos, o que os eximia de serem convocados. Portanto, os cinco foram dispensados e puderam voltar para suas ocupações. No entanto, prontificaram-se a colaborar com o exército naquilo que fosse necessário.

O ano de 1915 foi também violento em termos militares. Em abril, os alemães iniciaram ataques com substâncias químicas, lançando cloro sobre as trincheiras dos aliados, matando perto de 5 mil soldados franceses e argelinos. O incrível de tudo isso é que os aliados também usaram substâncias químicas! No fim de abril, começam os desembarques dos britânicos, australianos e neozelandeses em Galípoli (uma península situada na Trácia Oriental, noroeste da Turquia). A tentativa de forçar os Dardanelos e capturar Constantinopla resultou num desastre onde os aliados sofreram 200 mil baixas. Essa ofensiva fracassada levou ao colapso do governo britânico. Em maio, um navio de passageiros britânico de nome Lusitânia foi torpedeado por um submarino alemão, afundando em 18 minutos e matando 1.200 marinheiros, entre os quais 128 americanos. No entanto, a destruição do navio foi justificada pelos alemães por estar carregando mais de 170 toneladas de munição para rifles e projéteis para artilharia, e assim a Alemanha considerou o navio como um alvo numa zona de guerra[6]. A Itália somente entrou na luta em 1915, ao lado dos aliados, pois Grã-Bretanha e França prometeram — e depois não cumpriram — que a Itália ganharia algumas colônias alemãs na África (além de Trento e Trieste)[7].

Os Vivone colaboraram com o exército britânico, principalmente Johnny, trabalhando no hospital onde chegavam os feridos. Emerson engajou-se na parte de engenharia, na reconstrução de prédios danificados e pontes destruídas. Carolyn prestou serviço como auxiliar de enfermagem no hospital onde Johnny trabalhava. Dispensados do serviço militar por serem brasileiros, Ferdinando e Tatiana puderam frequentar a London University nos cursos que escolheram.

6 https://www.britannica.com/list/timeline-of-world-war-i

7 http://www.curso-objetivo.br/vestibular/roteiro_estudos/primeira_guerra_mundial.aspx

O ano de 1916 mostrou mais uma vez a barbaridade da guerra. Uma das batalhas mais dramáticas foi a Batalha de Verdun, que se prolongou de 21 de fevereiro a 18 de dezembro de 1916. Foi a batalha mais sangrenta, mais longa e mais feroz de toda a Primeira Guerra Mundial, na qual tanto os franceses como os alemães lutavam em trincheiras, batalha essa vencida pelos franceses sob o comando do marechal Henri Philippe Benoni Omer Joseph Pétain (1856–1951). Nesses dez meses, as duas nações tiveram baixas de aproximadamente 700 mil homens, dos quais morreram cerca de 300 mil. Nove cidades em volta de Verdun foram totalmente destruídas[8]. Em maio de 1916, portanto durante a batalha de Verdun, as frotas britânica e alemã se encontraram a cerca de 100 km de distância da costa da Jutlândia, Dinamarca, numa luta sem que pudesse ser declarado um vencedor. Em julho de 1916, começou a Primeira Batalha de Somme, quando a ofensiva britânica tentou atrair a atenção dos alemães para fora de Verdun. Morreram cerca de 20 mil soldados ingleses num só dia, 1º de julho, considerado um dos dias mais tristes para o exército britânico. Considerando os quatro ou cinco meses da duração da Batalha de Somme, morreram perto de 1 milhão de soldados entre os dois exércitos.

No ano de 1917, em plena guerra mundial, ocorreram duas revoluções na Rússia, uma em março, que derrubou o governo imperial, e a segunda em outubro, quando o poder foi tomado pelos bolcheviques. Quais os motivos dessas revoltas?

Em primeiro lugar, a corrupção e a ineficiência do governo provocaram uma ruptura entre o povo e o tsar (imperador russo), o que demonstrou a crescente inquietude entre as diversas minorias étnicas dominadas pelo Império Russo. Mas ainda mais importante como causa foi a incompetência demonstrada pelo exército russo, castigado por fragorosas derrotas contra a Alemanha, além de possuir equipamentos inadequados e organização deficiente. Assim, a Rússia deixou de ser páreo para as "potências centrais". Sua economia estava em colapso, com greves iniciadas na capital Petrogrado

8 https://www.britannica.com/event/Battle-of-Verdun

devido à escassez de alimentos. Nesse momento, a guarnição da cidade aliou-se aos revoltosos. Como consequência, o tsar Nicolau II foi forçado a abdicar em março. Finalmente, com a recusa do seu irmão, grão-duque Michael de assumir o trono, terminou o domínio de mais de trezentos anos da dinastia dos Romanov.

Um comitê do parlamento foi escolhido para constituir o governo provisório, que enfrentou um forte grupo rival chamado Soviete dos Deputados Trabalhadores e Soldados (soviete significa conselho, em russo). Os 2.500 delegados desse soviete foram escolhidos entre unidades militares e fábricas de Petrogrado. O soviete provou logo ter muito mais autoridade do que o governo provisório, o qual queria prosseguir com a guerra na Europa. Enquanto isso, em abril de 1917, os Estados Unidos declararam guerra contra a Alemanha. O presidente dos Estados Unidos, Woodrow Wilson, citou dois motivos para o seu ato: em primeiro lugar, o ataque irrestrito dos submarinos alemães a navios estrangeiros e, em segundo, o telegrama Zimmerman[9] cujo teor será explicado mais adiante.

Entre março e outubro de 1917, o governo provisório russo foi reorganizado quatro vezes. O primeiro era composto em sua totalidade por ministros liberais, com a exceção do revolucionário socialista Aleksandr Kerensky. Os outros foram formados por coalisões, mas nenhum deles foi capaz de lidar com os principais problemas que afligiam o país. Entre os sovietes, o sentimento era de derrota e o desejo que reinava era de abandonar completamente a guerra.

No Primeiro Congresso Russo dos Sovietes, em junho, os revolucionários socialistas eram o maior bloco, seguido pelos mencheviques e os bolcheviques. Em julho, Kerensky foi nomeado chefe do governo provisório e, em parceria com o comandante em chefe do exército Lavr Georgiyevich Kornilov tentou um golpe visando subjugar os sovietes de Petrogrado. No entanto, Kerensky não conseguiu deter o caos político, econômico e militar, tendo o seu partido sofrido uma cisão com o predomínio do Partido Socialista Revolucionário.

9 https://www.britannica.com/event/Zimmermann-Telegram

À medida que o governo provisório se enfraquecia, os bolcheviques e os socialistas revolucionários de esquerda ganhavam força e conquistavam a maioria, tanto em Petrogrado como em Moscou.

Com a sua chegada ao país em abril de 1917, o líder do partido bolchevique, Vladimir Ilyitch Ulianov mais conhecido por Lenin, passou a defender o fim do governo provisório e a conclamar a palavra de ordem: "Todo poder aos sovietes". Essa foi uma importante jogada tática de Lenin que, percebendo a força criada pelos trabalhadores por meio dos sovietes, pretendia se apoiar neles para levar seu partido à tomada do poder.

No outono, o programa bolchevique intitulado "Paz, Terra e Pão" recebeu considerável apoio dos operários famintos e dos soldados, que já vinham desertando em grande número. Em 24 e 25 de outubro, os bolcheviques e os revolucionários socialistas de esquerda deflagraram um golpe praticamente sem derramamento de sangue, invadindo edifícios públicos, estações telegráficas e outros pontos estratégicos. A oposição de Kerensky foi inútil, acabando por fugir do país. No fim, o Segundo Congresso Russo dos Sovietes, reunido em Petrogrado, aprovou a formação de um novo governo, composto quase exclusivamente de comissários bolcheviques[10].

Em resumo, com o acirramento dos conflitos sociais no período, marcado pela ocupação das fábricas abandonadas pelos patrões e da tomada de terras pelos camponeses para a produção de alimentos, puderam os bolcheviques junto aos socialistas revolucionários de esquerda formar a Guarda Vermelha em Petrogrado. Apoiados na força que os sovietes tinham sobre a maior parte da população das grandes cidades, tomaram o poder em outubro de 1917[11]. Foi o que se chamou de "Revolução Russa de 1917".

Complementando a referência acima, vamos descrever o que constituiu o telegrama Zimmerman.

10 https://www.britannica.com/event/Russian-Revolution-of-1917

11 https://mundoeducacao.bol.uol.com.br/historiageral/os-sovietes-duplo-poder.htm

A entrada dos Estados Unidos na Primeira Guerra Mundial foi acelerada por um famoso telegrama redigido e criptografado pelo secretário do Exterior da Alemanha, Arthur Zimmerman, endereçada a Heinrich von Eckardt, embaixador alemão no México. Em 16 de janeiro de 1917, os especialistas britânicos instalados na famosa "sala 40", descobriram e conseguiram decifrar a mensagem na qual o secretário transmitia as seguintes instruções ao embaixador: Caso os Estados Unidos, atualmente neutros, resolvam entrar na guerra ao lado dos aliados, Eckhardt deverá se aproximar do presidente do México e lhe oferecer uma aliança secreta com a Alemanha. Nessa aliança, os alemães forneceriam suporte militar e financeiro para um ataque mexicano aos Estados Unidos e, em troca, o México ficaria com o direito de anexar os territórios perdidos para o Texas, Novo México e Arizona. Além disso, Eckhardt foi instruído a usar os mexicanos como intermediários, com o objetivo de seduzir o império japonês a se juntar à causa germânica.

Além do que demonstrou o telegrama Zimmerman, os americanos reagiram com indignação aos ataques dos submarinos alemães que torpedeavam seus navios indiscriminadamente, o que motivou o presidente Wilson a abandonar sua política de neutralidade e solicitar ao Congresso para declarar guerra à Alemanha e às "potências centrais". Em 6 de abril, portanto quatro dias depois, estava declarada a guerra. O conteúdo escandaloso do telegrama foi divulgado nos jornais em todo o país, provando indiscutivelmente a agressão alemã[12].

Em novembro de 1918, aconteceu a rendição da Alemanha, da Áustria-Hungria, da Bulgária e do Império Otomano. Durante esse ano, no entanto, a guerra continuou feroz, com vitórias e derrotas de ambos os lados. Uma série de episódios descrevem aproximadamente o fim da Primeira Guerra Mundial: depois da chegada das tropas americanas em fevereiro, o cenário se modificou e os aliados puderam impor sua força. Em março, a Rússia se retirou da luta

12 https://www.history.com/news/what-was-the-zimmermann-telegram

assinando o tratado de Brest-Litovsk com a Alemanha. No mesmo mês, os alemães iniciaram uma última ofensiva na frente ocidental, mas mais uma vez não conseguiram tomar Paris. Em setembro, a Bulgária se rendeu aos aliados e em outubro foi a vez da Turquia (Império Otomano). Em 3 de novembro, a Áustria e a Hungria assinaram acordos separados de cessar fogo, enquanto o kaiser Guilherme II, imperador da Alemanha e rei da Prússia, foi forçado a abdicar, fugindo da Bélgica, onde se encontrava, para a Holanda, alojando-se no palácio Huis Doorn, na província holandesa de Utrecht[13]. No dia 11, o novo governo alemão assinou um armistício com os Aliados.

A Primeira Guerra Mundial trouxe grandes novidades em matéria de novos engenhos bélicos, tais como metralhadoras, tanques, aviões de combate, aperfeiçoamentos da artilharia, tendo havido uma extraordinária modernização dos navios de guerra. Foram utilizadas também substâncias químicas por ambos os lados do conflito[14]. O resultado dramático dessa luta inglória pode ser entendido se considerarmos que 11 milhões de pessoas morreram durante o conflito, das quais 8 milhões eram combatentes. Além disso, verificou-se o fim dos impérios Russo, Austro-Húngaro, Alemão e Otomano, surgindo acentuada crise econômica que atingiu especialmente Rússia, Itália e Alemanha, enquanto se consolidava a ascensão dos EUA à posição de maior potência mundial. No país, foi criada a Liga das Nações, organismo destinado à preservação da paz e à resolução dos conflitos internacionais por meio de mediação e arbitramento.

É interessante notar que, durante o transcorrer do conflito, várias outras nações declararam guerra aos alemães e austro-húngaros: Cuba, Panamá, Brasil, Grécia, Sião, Libéria, China, Guatemala, Costa Rica, Nicarágua, Haiti e Honduras[15].

Entre 1918 e 1920 foram assinados os seguintes tratados de paz:

13 https://www.dw.com/pt-br/triste-imperador-guilherme-2º-no-exílio/a-17493283

14 https://www.britannica.com/topic/Remembering-World-War-I-1954306

15 http://www.curso-objetivo.br/vestibular/roteiro_estudos/primeira_guerra_mundial.aspx

1. Tratado de Versalhes, pela Alemanha com os Aliados, com efeito em 10 de janeiro de 1920.
2. Tratado de Saint-Germain, assinado pela Áustria e os Aliados, com efeito em 16 de julho de 1920.
3. Tratado de Neuilly, assinado pela Bulgária e os Aliados, com efeito em 9 de agosto de 1920.
4. Tratado de Trianon, assinado pela Hungria e os Aliados, com efeito em 4 de junho de 1920.
5. Tratado de Sèvres, assinado por representantes do Império Otomano e os Aliados, com efeito em 10 de agosto de 1920. O tratado aboliu o Império Otomano e obrigou a Turquia a renunciar aos seus direitos sobre a Ásia Arábica e África do Norte, além de promover a independência da Armênia.

15

Com o fim da guerra em 1918, e os tratados de paz celebrados em 1919 e 1920[1], a vida parecia ter voltado ao normal. Entretanto, chegou uma carta do Brasil, de Priscila, comunicando que seu esposo Bill e seu cunhado Peter, ambos com 77 anos, tiveram uma grave intoxicação alimentar e não estavam se recuperando como desejável. Os dois estavam extremamente fracos e Priscila, apesar de médica, não conseguia resolver o problema. Ao receber essa notícia, o susto dos Vivone na Inglaterra foi grande.

Em 1920, Ferdinando estava no último ano de medicina, casado com a finlandesa Tiina, e Tatiana estudando direito, ainda solteira. Johnny pertencia à equipe médica do hospital militar de Londres e estava namorando uma colega do hospital, de nome Audrey Lancaster, nascida em 1895. Carolyn e Emerson dedicaram-se ao trabalho e não se preocuparam em arrumar almas gêmeas. O que fazer a respeito do problema de saúde da família no Brasil?

— Acho que cabe a mim embarcar urgentemente para o Rio de Janeiro e verificar se posso ser útil aos meus tios — sugeriu Johnny. — Sei que a Priscila é excelente médica, mas talvez ela não tenha os recursos que temos aqui no hospital, onde fizeram numerosas pesquisas sobre intoxicação alimentar durante a guerra. Como estamos de férias no hospital, vou convidar a Audrey para ir comigo ao Rio,

1 https://www.britannica.com/topic/Treaties-of-Paris-1919-1920

ela poderá ajudar muito, pois é formada em doenças parasitárias e infecciosas.

O casal chegou ao Rio de Janeiro no início de 1921 e imediatamente se dedicou aos dois doentes, Bill e Peter. Eles estavam magros e quase sem força para se locomover e sem vontade de se alimentar, com cólicas abdominais lancinantes e febre acima de 39 °C. Audrey constatou que Priscila já havia recomendado o essencial quanto à higiene, como beber água filtrada, lavar bem as mãos, lavar as frutas, legumes e vegetais. Ela recomendou alimentos cozidos como batata, cenoura e arroz mole, sopa de mandioquinha e banana cozida. Mas faltava alguma coisa.

— Sabe que nos meus estudos sobre a intoxicação alimentar do tipo que acometeu Bill e Peter — disse Audrey — constava uma planta originária do Brasil cuja raiz contém uma substância denominada ipecacuanha, também chamada poaia, raiz-do-brasil e ipeca. Ela tem sido usada com bons resultados. Trata-se de uma raiz de uma planta que cresce na Bahia e em Mato Grosso. Acho que devemos tentar utilizá-la com vocês.

Dito e feito. Em dois dias, a fome dos dois doentes voltou e o estado geral apresentou uma significativa melhora. Priscila e Lúcia ficaram impressionadas com o resultado e abraçaram Audrey e Johnny efusivamente. Apesar da idade, os dois se recuperaram.

O casal aproveitou sua estada no Rio de Janeiro, no ano de 1921, para celebrar seu casamento, algo que havia sido postergado sem data. Foi uma festa em família, pois os dois estavam apressados para retornar à Inglaterra. Johnny estava com 49 anos e Audrey com 26.

Em 1922, Emerson e Carolyn continuavam trabalhando na Inglaterra. Johnny e Audrey acabavam de voltar a Londres depois do episódio no Rio de Janeiro. Infelizmente, a previsão sobre a saúde de Peter e Bill não era das melhores, devido ao enfraquecimento causado pela desidratação. A formatura de Ferdinando e Tatiana ocorreu no final de 1920 e os seus estágios terminaram em 1923. Ferdinando e Tiina formaram-se em medicina e Tatiana em direito.

Enquanto isso, a empresa de engenharia onde Emerson trabalhava estava passando por uma situação financeira grave, devido à total falta de pedidos. O mesmo ocorria com empresas concorrentes que lutavam com esse problema. Na verdade, a situação econômica da Inglaterra como um todo estava se deteriorando. Carolyn se propôs a explicar o que estava ocorrendo. Ferdinando e Tiina acabaram de chegar e quiseram ouvir a "aula".

— Bem, eu posso dar uma ideia da situação em que se encontra a Inglaterra — iniciou Carolyn. — Como vocês sabem, os gastos do país devido à Guerra Mundial foram enormes. Por outro lado, a volta dos militares que lutaram na guerra provocou um aumento da procura por empregos, mas a oferta caiu consideravelmente. A exuberância econômica do país sofreu um declínio causado em grande parte pelo crescimento da produção americana, dotada de técnicas mais avançadas e eficiência crescente. A perda de mercado, o aumento do desemprego e a queda acentuada dos preços dos produtos, provocaram um período de deflação.

— O que significa deflação? — perguntou Tiina.

— A deflação é caracterizada por uma acentuada queda nos preços dos produtos de um país, o que leva os consumidores a postergarem suas compras, na esperança de poderem adquirir as mercadorias por preços mais baixos. Com isso, a procura de bens diminui enquanto a produção aumenta, provocando um círculo vicioso com preços cada vez mais baixos. A deflação pode ser causada por diversos fatores, mas, basicamente, por dois mais importantes: uma queda na demanda agregada, que significa menor procura por bens e serviços, e o aumento da produtividade. O declínio na demanda agregada resulta, geralmente, em preços mais baixos. Além dessa causa, ocorre ainda uma redução nos gastos do governo e o desejo dos consumidores de poupar mais. Quanto à produtividade, as empresas operam mais eficientemente devido ao aperfeiçoamento da tecnologia. Por sua vez, essas melhorias levam a custos de produção menores e essas economias são transferidas aos consumidores sob forma de preços também menores[2].

2 https://www.investopedia.com/terms/d/deflation.asp

Lamentavelmente, Bill e Peter faleceram em 1923, já com 80 anos. Essa idade constituiu um verdadeiro milagre em termos da média da população brasileira. Lúcia e Priscila estavam sozinhas no Rio de Janeiro e já não trabalhavam mais. Viviam na enorme residência e a sua manutenção foi se tornando inviável. Por isso, Lúcia escreveu ao seu filho Ferdinando, explicando a situação e convidando-o a voltar para o Rio de Janeiro para administrar a propriedade. O convite soava bem para Carolyn, Emerson, Johnny, Audrey e, principalmente, para Ferdinando e Tatiana, devido à situação em que se encontrava a Inglaterra. Assim, depois de uma reunião da família, todos concordaram que a solução seria voltar ao Rio e começar vida nova no Brasil.

Os Vivone embarcaram em dezembro de 1924 no luxuoso navio RMS Majestic, um navio de passageiros operado pela White Star Line, originalmente construído na Alemanha. Durante a viagem, Audrey sentiu fortes enjoos e todos perceberam que ela estava grávida. A alegria, no entanto, compensou o sacrifício do seu mal-estar.

Carolyn, professora de história, teve tempo de fazer algumas amizades importantes, especialmente com um grupo de judeus alemães que embarcaram em Southampton provenientes da Alemanha. Eles estavam fugindo da crise que se aprofundava no país, como consequência da Primeira Grande Guerra Mundial e explicaram o que havia acontecido.

Um deles, o Dr. Uhlrich, contou que a Alemanha havia sido condenada a pagar uma gigantesca indenização aos Aliados e mencionou as condições impostas à Alemanha pelo Tratado de Versalhes, assinado em 28 de junho de 1919. Neste tratado, a Alemanha assumiu a responsabilidade pelo conflito mundial, comprometendo-se a cumprir uma série de exigências políticas, econômicas e militares. Estas exigências foram impostas à Alemanha pelas nações vencedoras da Primeira Guerra, principalmente Inglaterra e França. Foram as seguintes:

- Reconhecimento da independência da Áustria.
- Devolução dos territórios da Alsácia-Lorena à França.

- Devolução à Polônia das províncias de Posen e Prússia Ocidental.
- As cidades alemãs de Malmedy e Eupen passariam para o controle da Bélgica.
- A província do Sarre passaria para o controle da Liga das Nações por quinze anos.
- A região da Sonderjutlândia deveria ser devolvida à Dinamarca.
- Pagamento aos países vencedores, principalmente França e Inglaterra, de uma indenização pelos prejuízos causados durante a guerra. Este valor foi estabelecido em 269 bilhões de marcos.
- Proibição de funcionamento da aeronáutica alemã (Luftwaffe).
- A Alemanha deveria ter seu exército reduzido para, no máximo, 100 mil soldados.
- Proibição da fabricação de tanques e armamentos pesados.
- Redução da marinha alemã para 15 mil marinheiros, 6 navios de guerra e 6 cruzadores.

Conforme o Dr. Uhlrich, essas imposições do Tratado de Versalhes à Alemanha, fizeram nascer um sentimento de revanchismo e revolta entre a população alemã. Essa indenização enterraria a economia do país, exaurido pela guerra. De 1920 em diante, a Alemanha foi vítima de alto desemprego, inflação desenfreada e forte desvalorização do marco[3].

No início da guerra, a Alemanha achava que a vitória seria rápida e que as nações conquistadas arcariam com polpudas indenizações. Sob essa ótica, a Alemanha continuou a financiar a guerra com emissão maciça de dinheiro. A bolsa de valores foi fechada, o que disfarçou a situação real das ações das empresas alemãs e ninguém conseguia saber quais as políticas do Banco Central da Alemanha

3 https://www.suapesquisa.com/pesquisa/tratado_de_versalhes.htm

nem saber o valor da moeda. Tudo isso foi escondido da população, especialmente a inflação. Somente após o final da guerra é que se descobriu que o fracasso financeiro tinha sido tão grande quanto o militar. Imaginem o que significava despejar cerca de 250 mil soldados no mercado de trabalho à procura de emprego.

Iniciou-se então um aumento de assassinatos que atingiram mais de quatrocentos entre 1919 e 1923, especialmente na Bavária. Enquanto isso, em virtude da falta de pagamento das indenizações da Alemanha, os aliados ocuparam os portos do Reno (Duisburg, Ruhrort e Düsseldorf). Em agosto de 1921, com o assassinato de um líder socialista, Matthias Erzberger, a moeda alemã desvalorizou de 310 marcos por libra esterlina para 400, e os financistas da Suíça, da França, da Itália e da própria Alemanha perceberam que não havia possibilidade de o país pagar as indenizações, o que certamente provocaria sua falência. Foi então que a população começou a investir seus marcos em moedas estrangeiras, na esperança de poder vendê-las quando o marco desvalorizasse ainda mais.

A Alemanha então necessitava de 500 milhões de marcos até fevereiro de 1922, pois, no caso de inadimplência, a França ocuparia o vale do Ruhr, o grande núcleo industrial germânico. Com a alta de preços, os alemães passaram a comprar desesperadamente, com medo da inflação, esvaziando as lojas e mercados.

Em junho de 1922, Walter Rathenau, ministro das Relações Exteriores da Alemanha, favorável ao pagamento da indenização aos aliados, foi assassinado. Ele era judeu, como Matthias Erzberger.

Enquanto isso, os alemães pertencentes a uma classe mais culta da população, abertamente recomendavam a morte dos judeus como uma legítima arma de defesa, argumentando que assim a Alemanha seria salva. Mesmo em Frankfurt, onde a maioria da população era composta de judeus, o movimento foi tão forte que eles eram solicitados a se demitir dos conselhos de empresas alemãs.

Com a inadimplência do pagamento das indenizações, o primeiro-ministro da França, Raymond Poincaré ameaçou a Alemanha com retaliação, o que provocou um abalo no país. A alta de preços intensificou a procura de dinheiro, tanto pelo estado como pelos empregadores, e várias empresas pararam suas operações. O pânico se espalhou pelos trabalhadores quando concluíram que não haveria dinheiro disponível para os seus salários.

Para dar uma ideia da gravidade da situação em 1922, uma cesta de alimentos custava 370 marcos. Em nove meses o preço estava em 2.650 marcos. Um litro de leite custava 7 marcos em abril de 1922, 16 marcos em agosto e 26 marcos em meados de setembro. Nesse mesmo período, um ovo subiu de 3,60 para 9 marcos.

Apesar da maciça emissão de moeda pelo Banco Central, havia uma enorme demanda por dinheiro, o que fez as grandes empresas começarem a pagar seus funcionários com notas promissórias, enquanto as prefeituras emitiam suas próprias moedas.

Em janeiro de 1923, a França cumpriu sua ameaça e invadiu o Vale do Ruhr. Sem um exército para se defender, a alternativa dos alemães foi a greve, paralisando toda a produção. Com isso, a Alemanha perdeu perto de 85% de suas reservas de carvão, 80% de aço e ferro gusa, que compunham 70% do seu comércio de mercadorias e minerais, onde trabalhavam 10% de sua população. A perda da produção do Ruhr provocou uma violenta desvalorização do marco, que caiu de 35 mil marcos em relação à libra no Natal de 1922, atingindo 227.500 em janeiro de 1923 e mais de 50 mil marcos por dólar, iniciando-se a hiperinflação. Em agosto, a situação era de emergência e total falta de alimentos, com as empresas devendo aos seus empregados.

Como consequência dos problemas no Ruhr e no Reno, acreditava-se que a França acabaria invadindo Berlim, surgindo então violentos surtos liderados por comunistas na Saxônia e na Turíngia, além do movimento reacionário sob o comando de Adolf Hitler na Bavária, que crescia aceleradamente. Ficou evidente que a Bavária não pretendia receber ordens de Berlim. Um exemplo disso foi o descumprimento de uma ordem recebida para fechar o jornal publicado por Hitler.

Em meados de 1923, o marco alemão perdia valor a cada minuto: um pedaço de pão que, de manhã custava 20 mil marcos, passou a custar 5 milhões de marcos na mesma noite; os preços da comida nos restaurantes subiam enquanto os clientes comiam. Imaginem que os trabalhadores eram pagos duas vezes por dia. Quando o colapso finalmente aconteceu, em 15 de novembro de 1923, um dólar americano valia a quantia absurda de 4,2 trilhões de marcos. Para se comprar um ovo, era necessário transportar os marcos num carrinho de mão (sem exagero)[4].

Finalmente, em novembro de 1923, o governo resolveu dar fim à crise com a criação do "rentenmark", uma moeda lastreada em propriedades agrícolas e bens industriais. Então, 1 rentenmark passou a valer 1 trilhão de marcos, ou seja, como o dólar em novembro valia 4,2 trilhões de marcos e o rentenmark valia 1 trilhão de marcos, o dólar passou a valer 4,2 rentenmarks[5].

A consequência da crise foi o amplo desemprego da classe trabalhadora, alcançando o impressionante número de 2 milhões de pessoas. Tal situação provocou a separação entre a classe média composta por médicos, advogados, escritores e semelhantes, que conseguiam trabalho e recebiam pagamento, e a classe mais pobre e de desempregados que não conseguiam voltar ao trabalho. Foram eles as verdadeiras vítimas da crise[6].

— Agora entendo por que os judeus alemães estão fugindo da Alemanha — disse Carolyn. — É difícil de imaginar como um país tão culto e adiantado como a Alemanha pôde chegar a esse ponto.

Enfim, os Vivone chegaram ao Rio e logo assumiram o controle da residência. A felicidade parecia voltar outra vez à família.

4 https://www.britannica.com/place/Germany/Years-of-crisis-1920-23

5 https://www.britannica.com/topic/mark-German-currency

6 https://www.businessinsider.com/weimar-germany-hyperinflation-explained--2013-9#but-post-war-germany-never-fully-recovered-and-mass-unemployment--eventually-allowed-hitler-to-rise-to-power-36

16

Em janeiro de 1924, a família era composta de cinco médicos (Priscila, Ferdinando, Tiina, Johnny e Audrey), um engenheiro (Emerson), duas professoras de história (Carolyn e Lúcia) e uma advogada (Tatiana). Pode-se afirmar que havia uma gama bastante variada de profissionais. Os cinco médicos imediatamente reabriram a Clínica Médica Vivone, cujas salas ainda estavam com os antigos equipamentos que foram substituídos por outros mais modernos. Priscila animou-se e decidiu participar com sua experiência e antiga clientela. Emerson e Tatiana optaram por procurar serviços nas suas especialidades. As informações históricas chegadas ao conhecimento das professoras da família, seriam detalhadas por Carolyn e Lúcia.

Em setembro de 1925, Audrey teve dois meninos gêmeos aos quais deu os nomes de Frank e Ronny. Nesse mesmo ano, em dezembro, nasceu o primeiro filho de Tiina, com o nome de Erkki. No ano seguinte, 1926, chegou sua filha Ruta. Assim viveram na Quinta da Boa Vista até chegarem ao ano de 1933. Com 78 e 73 anos de idade, Lúcia e Priscila já não conseguiam acompanhar o ritmo implementado pelos mais jovens e resolveram se retirar das atividades.

Lúcia era uma ávida leitora de jornais e acompanhava principalmente a situação do Brasil e da Europa. Resolveu escrever sobre os acontecimentos para deixar algo para a posteridade. A família, como sempre, adorou as histórias que ela contava quase todos os dias. A última referia-se ao conturbado período de 1924 a 1932:

"Eu aprendi muito a respeito do Brasil nesses últimos anos", escreveu Lúcia. "O que caracteriza o nosso país nesse período é uma organização bastante peculiar, onde há uma manipulação habilidosa por aqueles que, na realidade, mandam no Brasil. Trata-se da chamada oligarquia agrária formada pelos grandes cafeicultores do estado de São Paulo e de Minas Gerais, chamados de 'coronéis'. Eles exerciam uma influência absoluta sobre a escolha dos presidentes da república, dos governadores, deputados e senadores, o que se chamava de 'Política dos Governadores', uma troca de favores ao Estado por votos. Entre estes, constava a construção de açudes em fazendas com verbas públicas, passando pelo controle de financiamentos nos bancos estatais, chegando até a manipulação alfandegária, utilização de subsídios etc. Os favores dependiam de dinheiro público, e quem o controlasse poderia negociar politicamente com bastante tranquilidade. A presidência da república ficava alternadamente com os mineiros e os paulistas (o famoso período do 'café com leite'). A expressão se refere a São Paulo como produtor principal de café e Minas Gerais com produtor de leite. A maioria dos presidentes pertencia à oligarquia agrária. Posteriormente, essa gente recebeu o apoio dos demais estados brasileiros por meio dos coronéis que influenciavam fortemente seus municípios em eleições e em troca recebiam favores presidenciais como regalias, cargos públicos, financiamentos e outros[1].

"No entanto, a burguesia das grandes cidades desejava participar de maneira mais ativa nas decisões governamentais, principalmente na reforma das instituições políticas, e reivindicava mudanças no sistema eleitoral, a fim de acabar com as fraudes, a corrupção e o coronelismo. Queriam maior investimento e incentivo público ao setor industrial e o fim da política de apoio exclusivo ao café. Surgiu então o Movimento Tenentista, formado por jovens tenentes, que queriam solucionar os problemas do país. Entre 1921 e 1930, houve várias revoltas com o objetivo de derrubar o governo, mas o movimento

1 https://www.portalsaofrancisco.com.br/historia-do-brasil/republica-oligarquica

acabou derrotado. Os que conseguiram escapar juntaram-se a outro movimento revolucionário tenentista, proveniente do Rio Grande do Sul. Dessa união surgiu, em 1925, a Coluna Costa-Prestes, composta por centenas de oficiais e soldados, liderada por Miguel Costa e Luís Carlos Prestes. Essa coluna percorreu cerca de 24 mil km pelo interior do território brasileiro, tendo sido alvo de vários confrontos com as forças militares do governo. Após anos de marcha, a Coluna Prestes terminou em 1927[2].

"Em 1929, a crise que atingiu os Estados Unidos e a Europa teve reflexos importantes na economia brasileira. O Brasil, como exportador predominantemente agrário (o café sendo seu principal produto de exportação), foi duramente atingido pela crise, pois dependia dos mercados e empréstimos externos. Como sempre, os cafeicultores apelaram para o governo federal, que foi incapaz de apoiá-los. Em 1930, São Paulo e Minas Gerais discordaram sobre o nome do candidato que disputaria o pleito para a presidência da república. Enquanto o presidente Washington Luiz apoiou a candidatura do paulista Júlio Prestes, em vez de apoiar a candidatura do mineiro Antônio Carlos Ribeiro de Andrada, o estado de Minas Gerais rompeu a aliança com os paulistas e passou a apoiar as oligarquias do Rio Grande do Sul e da Paraíba. Formou-se entre eles um acordo denominado 'Aliança Liberal' que apresentou, como candidato a presidente, o gaúcho Getúlio Dorneles Vargas[3] e o paraibano João Pessoa para vice, mas foram derrotados pelo candidato do governo, Júlio Prestes. Este, porém não chegou a tomar posse porque, meses depois das eleições, eclodiu a revolução que colocou Getúlio Vargas no poder. Contando com o apoio militar dos tenentes, as oligarquias dissidentes de Minas Gerais, Paraíba e Rio Grande do Sul desencadearam um movimento de revolta em várias regiões do país. Diante de uma iminente guerra civil, as Forças Armadas (Exército e Marinha)

[2] https://educacao.uol.com.br/disciplinas/historia-brasil/revolucao-de-1930-movimento-revolucionario-derrubou-a-republica-velha.htm

[3] Getúlio Vargas (1882–1954)

deram um golpe de Estado, depondo o presidente Washington Luiz. Em 3 de novembro de 1930, uma junta militar transmitiu o governo a Getúlio Vargas, líder máximo da revolução."

— Lúcia, conte para nós o que aconteceu em 1929 nos Estados Unidos — pediu Priscila. — Parece que estamos sentindo as consequências dessa crise até agora, bem como da revolução que trouxe Getúlio Vargas ao poder.

— De fato, pela minha experiência, a crise foi o mais violento colapso econômico de que tive conhecimento. Vou contar o que aconteceu e por que ela afetou praticamente todos os países do mundo. Nos Estados Unidos, onde a crise foi mais grave, os seus índices econômicos apresentaram uma vertiginosa queda. Imagine que a produção industrial caiu 47% e o Produto Interno Bruto declinou 30%, com o desemprego beirando 20%.

"Durante a década de 1920, o mercado de ações apresentou uma expansão histórica. Os preços subiam a níveis sem precedentes, o que atraiu investidores de todos os níveis, desde os mais ricos até os mais pobres, que chegaram a hipotecar suas casas e utilizar todas as suas economias na expectativa de ganhar dinheiro fácil. As aplicações se tornaram a melhor forma de ganhar dinheiro. O que se verificou no final da década foi que milhares de ações eram financiadas por empréstimos que seriam pagos com os lucros obtidos pela elevação sempre crescente dos preços.

"No entanto, era inevitável essa alta de preços chegar a um fim. Em outubro de 1929, milhões de investidores tremendamente endividados entraram em pânico e correram para liquidar suas posições, acelerando a queda e gerando ainda mais pânico. Entre setembro e novembro de 1929, o mercado de ações caiu 33%. Desesperados, os investidores tentaram sacar dinheiro dos bancos com medo de possíveis insolvências e, na verdade, entre 1930 e 1932, os Estados Unidos tiveram quatro pânicos bancários e um quinto dos bancos americanos declarou falência, o que levou a nova administração de Franklin

Delano Roosevelt[4] a declarar um feriado bancário de três dias até que os bancos pudessem provar a sua solvência aos inspetores do governo.

"A consequência natural foi o decréscimo de consumo da população e do investimento de empresas, pois havia menos bancos para emprestar dinheiro. O problema foi exacerbado pelo Banco Central, que resolveu aumentar a taxa de juros, reduzindo ainda mais a oferta de crédito. Outra providência do Banco Central foi reduzir a oferta monetária, pois acreditava que assim conseguiria manter o padrão-ouro, no qual os Estados Unidos e outros países haviam vinculado o valor de suas moedas a uma quantidade fixa de ouro. Sem dúvida o sistema monetário do padrão-ouro teve um papel importante no contágio da Grande Depressão a outros países.

"Como os preços das mercadorias exportadas pelos Estados Unidos estavam mais baratas, o país exportava mais mercadorias para a Europa e reduzia as suas importações, provocando um superávit no seu balanço de pagamentos. Com isso, aumentaram as reservas de ouro em virtude do pagamento em ouro dos países devedores. Em contrapartida, os bancos centrais desses países tentaram desvalorizar suas moedas para tentar aumentar as exportações e reduzir as importações, assim como aumentaram as taxas de juros, o que reduziu a produção e os preços, provocando desemprego. Portanto, os efeitos da crise de 1929 foram quase tão violentos nesses países como nos Estados Unidos[5]."

— Lúcia, o que é o padrão-ouro? — perguntou Johnny. — Eu ouço falar disso há muito tempo, mas nunca soube do que se trata.

— O padrão-ouro é um sistema monetário no qual a unidade padrão de moeda de um país equivale a uma certa quantidade de ouro. Nesse sistema, o ouro ou as moedas conversíveis em ouro, servem como meio de pagamentos internacionais. No sistema de padrão-ouro, as taxas cambiais entre países são fixas. No entanto, se

[4] Franklin Delano Roosevelt (1882–1945)

[5] https://www.britannica.com/story/causes-of-the-great-depression

essas taxas cambiais oscilarem para cima ou para baixo do chamado "mint rate", poderão ocorrer grandes saídas ou entradas de ouro em um país até que a taxas voltem ao nível oficial.

— Não entendi bem o que é esse tal de "mint rate" — perguntou Johnny.

— O "mint rate" é o preço de uma onça de ouro dividida pelo preço de uma onça de prata, sendo que uma onça pesa 28,3495 gramas[6]. Digamos que uma onça de ouro tenha o valor de US$1.290,00 e uma onça de prata tenha o valor de US$15,56. Assim, o "mint rate" é igual a 1.290/15,56 = 83. O que significa esse número? É uma espécie de parâmetro do comportamento dos preços de ouro e prata. Se, por acaso o preço do ouro subir em relação à prata, o índice sobe. Caso contrário ele cai. Por exemplo, no caso acima o ouro estava a US$1.290 e a prata a US$15,56. Se o preço do ouro subir para US$1.300, o "mint rate" subirá para 83,5, mostrando uma procura maior pelo ouro, e assim por diante. Dessa forma, em termos de pagamentos internacionais, o país devedor poderá escolher o ouro se o seu preço for mais conveniente do que da prata. Em resumo, o regime baseado em ouro e prata é chamado de bimetálico, enquanto o sistema baseado só no ouro é chamado de padrão-ouro.

"O regime do padrão-ouro teve curta duração, tendo sido adotado entre 1870 até o início da Grande Guerra. Esse sistema foi o preferido até 1914 devido às grandes descobertas de ouro no oeste da América do Norte, proporcionando um aumento da sua disponibilidade. Nesse período, o ouro era comprado e vendido em quantidades ilimitadas por um preço fixo em papel moeda conversível por unidade de peso do ouro. No entanto, durante a guerra, devido ao alto custo das operações militares, os países restringiram as exportações de ouro, passando a recorrer a papel moeda inconversível.

"São duas as principais vantagens do sistema de padrão-ouro. Em primeiro lugar, ele limita o poder dos governos ou dos bancos de causar inflação de preços ao emitirem um excesso de papel moeda.

6 https://www.investopedia.com/terms/m/mint-ratio.asp

No entanto, há evidências de que, antes da Grande Guerra, algumas autoridades monetárias não reduziram o volume de moeda quando o país apresentou maior saída de ouro. Em segundo lugar, o padrão-ouro criou uma confiabilidade no comércio internacional por manter fixas as taxas cambiais.

"Por outro lado, o sistema apresentava três desvantagens. Primeira, ele não tinha flexibilidade suficiente quando havia um descompasso entre a oferta de ouro e as emissões mundiais de moeda. No regime de padrão-ouro, deveria sempre haver uma correspondência entre essas duas variáveis. Segunda desvantagem, um determinado país pode não ser capaz de isolar a sua economia da depressão ou inflação do resto do mundo. E, finalmente, o processo de ajuste de um país com déficit no seu balanço de pagamentos pode ser longo e penoso, no caso de aumento do desemprego ou em caso de declínio da sua taxa de crescimento[7].

"A década de 1930 a 1940 foi também plena de acontecimentos importantes, não só no Brasil como no mundo", contou Lúcia. "Em 1932, os paulistas estavam insatisfeitos com o governo provisório de Getúlio Vargas, argumentando que ele agia de forma discricionária. Para evitar essa forma de administrar, haveria a necessidade de mudar a constituição de 1890. Entretanto, foi em São Paulo que o sistema oligárquico dos coronéis estava em plena vigência, justamente o que a revolução de Getúlio pretendia mudar. Portanto, seria uma tarefa difícil para São Paulo estabelecer um novo equilíbrio de forças. Enquanto isso, Getúlio, pressionado pelos tenentes, nomeou um delegado militar para governar São Paulo, Manuel Rabelo, ligado aos tenentes.

"Em fevereiro de 1932, os dois partidos políticos de São Paulo, o Partido Republicano (PRP) e o Partido Democrata (PD) se uniram formando a Frente Única Paulista (FUP), que reivindicava uma nova constituição e autonomia administrativa para o estado. A FUP passou a articular um movimento armado contra o governo de Getúlio.

7 https://www.britannica.com/topic/gold-standard

Em 9 de julho de 1932 eclodiu, na capital paulista, a Revolução Constitucionalista liderada pelo general Isidoro Dias Lopes. Nos meses que se seguiram, São Paulo viveu um verdadeiro esforço de guerra. Lamentavelmente, a esperada adesão dos estados de Minas Gerais e do Rio Grande do Sul não se concretizou, pois permaneceram leais ao governo provisório. Assim, fracassou a Revolução Constitucionalista. Após a assinatura da rendição de São Paulo, os principais líderes tiveram os seus direitos políticos cassados e foram deportados para Portugal, enquanto Getúlio nomeava como interventor o general gaúcho Valdomiro Lima, tio da esposa de Getúlio, Darcy Vargas."

— Quais foram as consequências desse triste episódio? — perguntou Johnny.

— Getúlio, paradoxalmente, acabou se convencendo de que deveria fortalecer o projeto para a nova constituição. Em seguida, foram criados partidos que concorreriam às eleições para a Assembleia Nacional Constituinte. Essas eleições, vencidas pela Chapa Única por São Paulo Unido, foi composta por membros da FUP que permaneceram no país. Finalmente, em agosto de 1933, chegou um civil à chefia do governo paulista, Armando de Sales Oliveira, substituindo o general Valdomiro Lima[8].

"Em 1934, foi aprovada a nova constituição do Brasil, que continha alguns itens importantes, como a República Federativa como forma de governo; a denominação de Estados Unidos do Brasil; a incorporação do voto feminino; a determinação de que o sufrágio eleitoral fosse universal, secreto, direto e por maioria dos votos; e estabelecimento do ensino primário gratuito e obrigatório; a eleição direta para a Câmara dos Deputados, mas também representantes eleitos por organizações profissionais; o exercício do Poder Executivo pelo presidente da República com o mandato de quatro anos, sem direito à reeleição; o estabelecimento da Justiça Eleitoral e da Justiça

8 https://cpdoc.fgv.br/producao/dossies/FatosImagens/Revolucao1932

do Trabalho; a previsão do Mandado de Segurança; a instituição da Ação Popular."

O ano de 1934 foi triste para a família Vivone, com o falecimento de Lúcia e de Priscila, em outubro e dezembro, respectivamente. Por outro lado, Johnny, Emerson e Carolyn estavam ainda fortes na idade próxima aos 60 anos. Audrey, a segunda mais jovem, nascida em 1895, foi se destacando como especialista em doenças infecciosas. O mesmo acontecia com Ferdinando, Tiina e Tatiana, bem-sucedidos em suas profissões, os três ainda relativamente jovens. Assim continuou a família Vivone até alcançar o ano de 1940.

— Carolyn, você que é professora de história e geografia vai ser nomeada a nossa repórter especializada em eventos nacionais e internacionais. Lúcia foi um amor de pessoa e sabia relatar tudo com a maior paciência, mas eu sei que você tem os mesmos interesses sobre o que ocorre neste mundo — declarou Ferdinando.

— Agradeço muito a confiança e acho que está na hora de iniciar essa tarefa tão importante, principalmente agora que estamos tão familiarizados com o Brasil. No jantar de hoje pretendo falar um pouco sobre a Era Vargas — respondeu Carolyn.

"A Era Vargas foi algo inusitado no Brasil. Como eu contei, em 1934 foi elaborada uma nova constituição. Três anos depois, em 1937, Vargas dominou mais uma revolta, assumiu o poder absoluto e criou outra constituição na qual ele continuava como presidente. Foi o que se chamou de 'Estado Novo'. Essa nova administração aumentou sua força e conseguiu reprimir todas as manifestações populares. No entanto, Vargas também tomou várias medidas que tiveram reflexos no país, diversificou o setor agrícola, promulgou a legislação social que beneficiou a classe trabalhadora e incentivou maior industrialização, usando tarifas protecionistas e outras medidas para limitar as importações e encorajar a indústria brasileira[9]."

9 https://www.britannica.com/place/Brazil/The-Vargas-era

17

Os Vivone continuaram no Rio de Janeiro durante o governo de Getúlio e acompanharam com grande preocupação o desenvolvimento da Segunda Guerra Mundial. No final da guerra, em 2 de setembro de 1945, Carolyn, como sempre, foi a relatora do conflito que envolveu praticamente o mundo todo. Todos comemoravam o término do sofrimento de milhares de homens e mulheres que participaram desse triste episódio provocado por um lunático de nome Adolf Hitler (1889–1945), chanceler do "reich" (reino) e "führer" (líder) da Alemanha nazista e seus comparsas, Benito Mussolini (1883–1945) primeiro-ministro da Itália chamado "Il duce" (comandante) e o imperador Hirohito (1901–1989) do Japão.

— Em 1939, Adolf Hitler decidiu invadir a Polônia — começou Carolyn. — A Polônia, por sua vez, tinha o apoio militar da França e da Inglaterra caso ela fosse invadida. Antes de iniciar a invasão, porém, Hitler necessitava assegurar um acordo com a Rússia para evitar que ela defendesse os seus vizinhos poloneses. Negociações secretas levaram os dois países, em 23 e 24 de agosto de 1939, a assinar um pacto de não agressão em Moscou e, num protocolo também secreto, concordaram que a Polônia seria dividida entre eles, ficando um terço para a Alemanha e dois terços para a Rússia[1]. Após esse cínico acordo, Hitler ordenou a invasão em 31 de agosto, o que fez com

1 https://www.britannica.com/event/World-War-II

que a França e a Inglaterra declarassem guerra à Alemanha em 3 de setembro, dando início ao conflito.

"A superioridade alemã era evidente, tanto em recursos industriais quanto em poderio militar, possuindo uma força aérea mais moderna (a 'Luftwaffe'), com uma doutrina férrea de treinamento, disciplina e espírito de combate sem igual, o que tornou o exército alemão (a chamada 'Wehrmacht') a força militar mais eficiente e eficaz do mundo. Os aviões da Luftwaffe eram velozes, muito superiores a todos os aviões dos aliados, e foram aperfeiçoados pelos alemães entre 1935 e 1939. Ao mesmo tempo, a 'Wehrmacht' possuía seis divisões de blindados ('panzer divisionen'), com cerca de 2.400 tanques que operavam em formações maciças, com apoio da artilharia motorizada, para abrir as linhas inimigas, as quais eram depois cercadas e capturadas pela infantaria mecanizada. Essa estratégia bem-sucedida era apoiada por bombardeiros de mergulho que atacavam e destruíam as linhas de suprimentos e comunicações, espalhando o pânico e a confusão na retaguarda, paralisando a capacidade defensiva.

"A mecanização era a chave-mestra da 'guerra-relâmpago' ('blitzkrieg'), assim chamada por causa da sua velocidade e mobilidade sem precedentes. Com o emprego de aviões e tanques, as linhas de defesa construídas para bloquear os ataques, antes consideradas inexpugnáveis, tornaram-se inúteis. Por exemplo, a linha Maginot francesa foi um fracasso por uma simples razão: os franceses, aliados aos belgas, construíram a linha nas suas fronteiras com a Alemanha e a Itália, mas não na fronteira com a Bélgica, achando que seus aliados belgas jamais invadiriam a França. Pois, após invadirem a Bélgica em 10 de maio de 1940, os alemães contornaram a linha Maginot, atravessaram o rio Somme e atingiram a França bem atrás dessa imensa fortificação. Com isso, a Alemanha, isolou a França da sua principal linha de defesa. Os alemães avançaram através de Luxemburgo à Bélgica, diretamente até as Ardenas, uma região de colinas montanhosas partilhada principalmente pela Bélgica e por Luxemburgo, mas que se estende também à França. Mais de um milhão de soldados e 1.500 tanques atravessaram tranquilamente as florestas consideradas impenetráveis da região, sem muita oposição dos franceses, que não conseguiam se defender dos bombardeiros alemães. Com a ocupação da região atrás da linha Maginot, os franceses se renderam[2].

"Imaginem vocês que a linha Maginot não era feita apenas de aço e concreto. Com 200 km de extensão, compunha-se de 108 grandes fortes subterrâneos construídos de 15 em 15 km, havendo ainda 410 casamatas para infantaria, 152 torres móveis e 1.536 cúpulas fixas, além de 339 peças de artilharia, formando um complexo interligado por 100 km de galerias subterrâneas. O custo total alcançou um pouco mais de 6 bilhões de francos da época[3]. Ela foi desenhada com as mais modernas tecnologias e com o mais avançado 'know-how' de engenharia. As maiores edificações tinham seis andares de profundidade, enormes complexos subterrâneos, com hospitais, trens internos, instalações moderníssimas com ar-condicionado nas galerias, áreas de recreação, lojas de suprimentos e acomodações onde os soldados podiam viver e dormir enquanto os postos de metralhadoras e armadilhas repeliam os inimigos. A linha Maginot, na opinião de alguns, poderia resistir até a possíveis ataques atômicos. Ela se tornou uma verdadeira maravilha de engenharia da época, sendo admirada por reis, presidentes e dignitários de outros países. Ela foi construída em 1930, recebendo o nome do seu criador, André Maginot[4], ministro da Guerra da França no período 1929–1931. A França, após a Primeira Grande Guerra, temia novas invasões e achava que deveria se precaver com uma forte linha de defesa contra qualquer tipo de ataque externo. O apoio do marechal Philippe Pétain[5] foi fundamental para o início da construção dessa famosa linha Maginot[6].

[2] https://www.thoughtco.com/the-maginot-line-3861426

[3] http://educaterra.terra.com.br/voltaire/seculo/2010/04/27/000.htm

[4] André Maginot (1877–1932)

[5] Philippe Pétain (1856–1951)

[6] https://www.britannica.com/event/World-War-II/Forces-and-resources-of-the-European-combatants-1939

"Mas ela não foi a única. Os alemães, em 1930, em sua fronteira oeste, construíram uma linha chamada Siegfried, feita de obstáculos de cimento que foram bastante aumentados em 1944. Nesse ano, durante a Segunda Grande Guerra, a linha Siegfried deu às tropas alemãs um pouco de trégua contra a perseguição dos soldados americanos. Devido a essa trégua, os alemães ganharam o tempo necessário para organizar uma contraofensiva na floresta das Ardenas. Os americanos só conseguiram ultrapassar a linha no início de 1945[7].

"Voltando para o início da guerra, devo recordar a decisão tomada pela União Soviética, em 10 de outubro de 1939, de ocupar a Estônia, a Lituânia e a Letônia, tendo conseguido penetrar nesses países. Ao tentar fazer o mesmo com a Finlândia, se depararam com uma resistência não imaginada, apesar de empregarem um milhão de soldados e 1.500 tanques. Foram barrados pela forte linha Mannerheim, além da vontade férrea dos finlandeses de defender o seu país e os obstáculos naturais constituídos pelos inúmeros lagos e densas florestas. Em 1º de fevereiro de 1940, a União Soviética lançou um ataque maciço com 14 divisões, fortes bombardeios pela Força Aérea Soviética, tanques e infantaria, aniquilando completamente a linha Mannerheim. Em 6 de março, os finlandeses se renderam e concordaram em entregar o istmo Karelian, a Viipuri e sua parte da península de Rybachy. Nessa luta morreram 70 mil finlandeses e 200 mil soldados soviéticos.

"A ambição de Hitler de dominar o mundo não tinha paralelo na história. Apesar de, inicialmente, respeitar a neutralidade da Noruega, ele decidiu invadir o país. Ciente dos rumores, Winston Churchill[8], primeiro Lorde do Almirantado Britânico, ordenou a colocação de minas marítimas em águas norueguesas para paralisar a exportação de minério de ferro de Gällivare para a Alemanha pelo porto de Narvik. O gabinete inglês, em resposta a Churchill, autorizou a colocação das minas e a elaboração de um plano para ocupar

7 https://www.britannica.com/topic/Siegfried-Line

8 Winston Churchill (1874–1965)

os portos de Narvik, Trondheim, Bergen e Stavanger na Noruega. Enquanto isso, Hitler iniciou um projeto para invadir o país. Devido a uma desavença entre ingleses e franceses, a colocação das minas foi adiada de 5 a 8 de abril de 1940. Em 9 de abril, as tropas alemãs conquistaram a capital da Noruega, Oslo, empregando, pela primeira vez na história das guerras, um ataque com paraquedistas. Ao mesmo tempo, os alemães, com tropas e aviões invadiram a Dinamarca. Hitler destinou um efetivo de 300 mil soldados que ocuparam a Noruega até o fim da guerra.

"Mais uma proeza dos alemães: em 10 de maio de 1940 eles invadiram a Holanda, forçando a rainha Guilhermina a fugir para a Inglaterra, em 13 de maio. No dia seguinte, o comandante em chefe do exército holandês, general Henri Gerard Winkelman, oficializou sua rendição. Por um erro de comunicação dos alemães, apesar da rendição, trinta bombardeiros atacaram Rotterdam. Enquanto isso, em Londres, o primeiro-ministro britânico, Arthur Neville Chamberlain[9], criticado pela Câmara dos Comuns, pediu demissão e foi substituído por Winston Churchill, que formou um governo de coalisão.

"Penso que seria interessante vocês saberem um pouco mais sobre o grande líder britânico Winston Churchill. Seu nome todo era Winston Leonard Spencer Churchill. Em qualquer época da história, um homem com força e talento como Churchill deixaria sua marca na sociedade mundial. Era um excelente jornalista, biógrafo e historiador, um talentoso pintor, orador de raro poder de persuasão e um soldado de coragem e bom senso. Churchill possuía uma versatilidade extraordinária, sendo sua maior qualidade a personalidade como homem público. Como líder no parlamento em tempos de guerra, figura entre os grandes heróis da história da Grã-Bretanha e do mundo. Sua devoção, seu patriotismo e a resistência a todo tipo de tirania, tanto da esquerda como da direita, fez com que suas qualidades fossem reconhecidas além das fronteiras da Grã-Bretanha. Enfim, ao

[9] Arthur Neville Chamberlain (1869–1940)

lado da sua coragem como líder militar, ele era generoso na vitória, revelando possuir, na sua avançada idade, a qualidade de aprender e se ajustar como poucos aos seus companheiros mais jovens[10].

"Um dos mais importantes militares alemães era Heinz Guderian, um general e especialista em tanques de guerra[11]. Ele se tornou um dos principais arquitetos da guerra com veículos blindados e da famosa 'blitzkrieg' entre a Primeira e Segunda Guerras Mundiais, e que contribuiu decisivamente para as vitórias alemãs na Polônia, França e União Soviética, no início da Segunda Guerra.

"Em 21 de maio de 1940, cercados pelos alemães, a Força Expedicionária Britânica (BEF) tentou mais uma reação avançando para o sul. No entanto, o general Guderian, com os seus tanques, tornou a reação inútil, levando a BEF a optar pela retirada por mar. Enquanto Guderian avançava sobre Boulogne e Calais em direção a Dunquerque, Hitler deu uma ordem considerada inesperada e sem sentido, mandando Guderian retroceder até a linha de defesa do canal costeiro localizado no estreito de Dover, no ponto mais estreito do Canal da Mancha. Essa ordem de Hitler deu aos ingleses tempo suficiente para evacuar quase 350 mil soldados ingleses, franceses e belgas pelo mar. Foi o que se chamou de Operação Dínamo também conhecida como 'Evacuação de Dunquerque' ou 'Milagre de Dunquerque'. O sucesso dessa retirada milagrosa foi possível devido à ação da Força Aérea Real Britânica (RAF — Royal Air Force) a partir da costa inglesa e do erro cometido por Hitler, paralisando o ataque do general Guderian. Na época, Hitler acreditou na informação de Hermann Göring[12], chefe da Força Aérea Alemã (Luftwaffe) de que os seus aviões seriam capazes de aniquilar todas as tropas aliadas encurraladas em Dunquerque[13].

10 https://www.britannica.com/event/Potsdam-Conference

11 Heinz Guderian (1888–1954). https://www.britannica.com/biography/Heinz-Guderian

12 Hermann Göring (1893–1946)

13 https://www.britannica.com/event/World-War-II/The-invasion-of-the-Low-Countries-and-France

"Em três semanas, os alemães fizeram mais de 1 milhão de prisioneiros a um custo de 60 mil mortes de soldados nazistas. Além da retirada de 350 mil aliados por Dunquerque, foram evacuados mais cerca de 200 mil pelos portos do nordeste da França, Cherbourg, Saint-Malo, Brest e Saint-Nazaire, completando perto de 560 mil.

"Em 10 de junho de 1940, Benito Mussolini, líder da Itália, declarou guerra aos aliados, celebrando com Hitler o 'Pacto de Aço'. Quatro dias depois, os alemães penetraram em Paris. Com a derrota da França, o primeiro-ministro, Paul Reynaud[14] optou por continuar a luta contra a Alemanha e manter a aliança com o Império Britânico. No entanto, o marechal Pétain[15] que Reynaud nomeara como seu vice-primeiro-ministro, preferiu celebrar um armistício com a Alemanha. Em consequência, Reynaud renunciou em 16 de junho de 1940 e foi preso pelos alemães. Com 84 anos, Pétain, herói da Batalha de Verdun na Primeira Guerra Mundial, assinou o armistício com a Alemanha e com a Itália em 22 de junho. Após a assinatura, a Câmara dos Deputados e o Senado, reunidos em Vichy, outorgaram a ele poderes absolutos como chefe de estado."

— Eu sempre ouço falar em Vichy e até agora não entendi do que se trata — disse Emerson.

— Quando os alemães venceram a França, o país foi dividido em duas partes. Dois terços pertenceriam à Alemanha e um terço seria do chamado governo de Vichy, uma cidade no centro da França, sob a chefia de Pétain. Este acreditava que poderia obter a soltura dos numerosos prisioneiros franceses se cooperasse com os alemães. Para provar o caráter dúbio e traidor do marechal Pétain, uma de suas ações foi promulgar uma lei excluindo os judeus de algumas profissões e das escolas. Na verdade, o marechal era favorável à eliminação dos judeus. Em 1940, entrou no governo de Pétain, como ministro de estado, o político francês Pierre Laval[16], que colaborou com Pétain

[14] Paul Reynaud (1878–1966). https://www.britannica.com/biography/Paul-Reynaud

[15] Henri Philippe Benoni Omer Joseph Pétain (1856-1951)

[16] Pierre Laval (1883–1945)

para persuadir o governo a aceitar um armistício com a Alemanha. Laval estava certo da vitória final dos alemães e achava que, para o bem da França, o melhor caminho seria a colaboração com os inimigos, pois isso garantiria um papel importante para o país no futuro. Autossuficiente, Laval iniciou negociações por conta própria e despertou a desconfiança dos seus colegas do ministério, sendo então demitido por Pétain, em dezembro de 1940, e substituído pelo almirante François Darlan. No entanto, em 1942, Laval voltou como chefe do governo de Vichy. Ele era tão pró-Alemanha que chegou a oferecer operários franceses para trabalharem nas indústrias alemãs. Num famoso discurso convocando voluntários, em junho de 1942, ele declarou que desejava a vitória dos alemães. No final da guerra, com a derrota da Alemanha, Laval fugiu para a Espanha, onde preparou sua defesa. Ao voltar para a França, em 1945, foi julgado e condenado à morte por traição. Foi executado em 15 de outubro de 1945, após tentar suicídio tomando veneno[17].

"Ao mesmo tempo que contemporizava com os alemães, Pétain enviou um emissário em segredo para Londres, encontrou-se também com o ditador espanhol Francisco Franco, ao qual solicitou que proibisse a passagem de tropas de Adolf Hitler pelo seu território com destino ao norte da África, e ainda manteve boas relações com o almirante William Leahy, embaixador americano em Vichy até 1942. Enfim, Pétain foi considerado traidor da pátria. Ele manteve aproximações com Hitler, mostrando-se partidário do Holocausto judeu e chegando, inclusive, a incentivar os soldados franceses a lutar com uniformes alemães na Rússia[18].

"O colapso da França trouxe um problema, pois sua poderosa marinha ainda existia e, se caísse nas mãos dos alemães ou dos italianos, mudaria substancialmente o equilíbrio da guerra em favor dos países do Eixo. A explicação dos franceses de que só usariam seus navios para supervisão e colocação de minas marítimas não

[17] https://www.britannica.com/biography/Pierre-Laval

[18] https://seuhistory.com/biografias/henri-philippe-petain

foi convincente. Em consequência, os ingleses confiscaram todos os navios franceses fundeados em seus portos. Ao chegarem em Mers el-Kébir, perto de Oran, na costa da Argélia, os ingleses encontraram vários navios franceses de grande porte aos quais solicitaram que se juntassem à sua esquadra ou que partissem para o mar. Com a recusa dos franceses, a marinha britânica abriu fogo, danificando o navio Dunkirk e destruindo o Bretagne. A seguir, a França cortou relações diplomáticas com a Inglaterra. É difícil de entender algo assim acontecendo entre aliados!

"Com a conquista da França, Hitler poderia se dedicar à conquista definitiva da Grã-Bretanha. Apesar dos bombardeios incessantes pelos alemães, uma invasão da ilha era dificultada pela força naval da marinha britânica no Canal da Mancha, pela superioridade dos seus aviões de combate, especialmente o 'Spitfire' e o 'Hurricane', com seu avançadíssimo sistema de radares que antecipavam a chegada dos ataques aéreos, eliminando o fator surpresa. Até março de 1941, foram milhares de bombardeios aéreos alemães, mas a partir dessa data acabaram diminuindo.

"O grande plano de Hitler era invadir a União Soviética em 1943. Antes, porém, era necessário conquistar outros países na região dos Balcãs devido aos seus poços de petróleo. Os italianos, por sua vez, resolveram iniciar uma guerra por conta própria contra a Grécia, mas seu ataque foi prontamente repelido pelos gregos. Apesar de 50 mil soldados britânicos chegarem para auxiliar os gregos, foram obrigados a bater em retirada. Ao final, 340 mil soldados iugoslavos, 200 mil gregos e 20 mil britânicos foram feitos prisioneiros. Uma parte da Grécia foi ocupada pelos alemães e outra pelos italianos. A ilha de Creta também foi conquistada, o que causou a retirada da Força Expedicionária da Nova Zelândia em 20 de maio de 1941.

"No início desse ano, Churchill havia solicitado ao presidente dos Estados Unidos, Franklin Delano Roosevelt, o fornecimento de material militar à Inglaterra no sistema de arrendamento. O Congresso dos Estados Unidos concedeu ao presidente um poder enorme, dando-lhe carta branca, e disponibilizou cerca de US$13 bilhões em novembro de 1941 para esse projeto. Outros países também receberam esse tipo de auxílio, inclusive a China e a União Soviética. Pouco tempo depois, os americanos enviaram aviões e tanques à União Soviética, apesar de as suspeitas do público americano sobre o comunismo ter atrasado um pouco esse fornecimento.

"Cientes do poderio da marinha britânica, a Alemanha iniciou um novo tipo de ataque utilizando submarinos, os chamados 'U-boats'. Esses submarinos usavam táticas de surpresa, agiam à noite e conseguiram afundar cerca de 350 mil toneladas de navios, até que os técnicos britânicos armaram suas embarcações com radares detectores de submarinos. Mesmo assim, entre julho e dezembro de 1941, os alemães aumentaram sua frota de submarinos de 65 para 230.

"No Mediterrâneo, o ano de 1941 terminou com alguns sucessos navais dos países do chamado 'Eixo', Alemanha, Itália e Japão. Os 'U-boats' alemães torpedearam o navio *Ark Royal*, em 13 de novembro, e o *Barham* doze dias depois, enquanto mergulhadores italianos, entrando no porto de Alexandria, em 9 de dezembro, danificaram os navios de combate *Queen Elizabeth* e *Valiant*, além de afundar dois cruzadores e um 'destroyer' britânicos."

— Mas o que é que o Hitler queria? Conquistar o mundo? — perguntou Tiina.

— Hitler queria conquistar primeiramente a Europa e dominar a União Soviética, tornando-se um império comparável ao Império Britânico, ao Japão e aos Estados Unidos, com a eliminação total da França. Em seguida, adquiriria as colônias da África e construiria uma frota poderosa com bases no Atlântico. No futuro, ele visualizava um conflito decisivo com os Estados Unidos, durante o qual tinha esperança de que a Grã-Bretanha passaria a ser sua aliada, imagine só que absurdo! Ao mesmo tempo, desde 1920, uma das ambições de Hitler era a completa exterminação dos judeus.

"Como não confiava no líder soviético Joseph Stalin, o führer achava necessário iniciar logo a invasão da Rússia. Entretanto, a campanha da Iugoslávia e da Grécia atrasaram um pouco os seus planos. Walther von Brauchitsch, do alto comando do exército alemão e Franz Halder, chefe da equipe geral do exército, estavam convencidos de que no fim de outubro, os alemães teriam conquistado toda a Europa, incluindo a Ucrânia e a parte europeia da Rússia. Essa operação foi chamada de Barbarossa.

"Em 22 de junho de 1941, Hitler iniciou o ataque aos russos e abriu uma frente de 1.800 milhas no território da União Soviética. Ele tinha um poderio militar extraordinário, composto de 150 divisões com 3 milhões de soldados, 19 divisões 'panzer' compostas de 3 mil tanques, 7 mil peças de artilharia e 2.500 aviões. As suas forças eram ainda acrescidas por mais de trinta divisões de tropas romenas e finlandesas. Enquanto isso, a pressão sobre o Império Britânico se tornava quase insuportável, porém, com a invasão da União Soviética, os ingleses tiveram um pouco mais de tempo para se reorganizar. No início da invasão, os russos ficaram surpresos, pois o exército vermelho estava totalmente desmobilizado.

"Mas as forças de defesa lutavam com uma teimosia incrível. Mesmo assim, foram aprisionados cerca de 500 mil soldados soviéticos. Para prejudicar o avanço dos alemães, os russos em retirada destruíam tudo que deixavam para trás, no sistema de 'terra arrasada'. Eles queimavam colheitas, destruíam pontes e evacuaram fábricas de aço e de munições, enviando os produtos por trem para o leste. Destruíram vagões e, ainda por cima, as tropas alemãs não podiam utilizar as estradas de ferro russas porque as bitolas dos trilhos eram diferentes daquelas dos trens alemães, tornando as ferrovias totalmente inúteis. Ao mesmo tempo, as chuvas inclementes transformaram as estradas de terra em pura lama, dificultando o avanço dos veículos de ataque. Apesar disso, os alemães conseguiram avançar 400 milhas e estavam a 200 milhas de Moscou. Hitler concordou com os comandantes de continuar avançando. Esse movimento começou em outubro de 1941 e o comandante Bock conseguiu cercar a cidade de Vyazma, fazendo 600 mil prisioneiros. Lamentavelmente para os alemães, a batalha de Vyazma terminou apenas no fim de outubro. As tropas alemãs estavam esgotadas, o clima piorando e a oposição dos soviéticos aumentando. Alguns generais queriam parar a ofensiva devido ao frio, mas o comandante Bock resolveu continuar pressionando, achando que os russos estavam à beira do colapso, o que foi endossado por Brauchitsch, Halder e pelo próprio Hitler. De fato, alguns pelotões alemães chegaram até os subúrbios de Moscou, mas o avanço foi dificultado pelas florestas que cobriam a capital. O que realmente consistiu no maior problema para o exército invasor foi o intenso frio para o qual as tropas alemãs não estavam preparadas, sem roupas adequadas, ao contrário dos russos, acostumados com essas baixas temperaturas. O frio desse inverno foi o pior em décadas, chegando a paralisar o transporte mecanizado, os tanques e os aviões. Em novembro, os alemães tiveram cerca de 730 mil baixas.

"Apesar do progresso da defesa dos russos, os alemães persistiram na luta. Ao mesmo tempo que demitiu o general Brauchitsch, Hitler se autonomeou comandante em chefe em novembro de 1941, desautorizando a oposição dos seus generais."

— Carolyn, por que os japoneses entraram na guerra ao lado dos alemães? — perguntou Emerson.

— Como vocês sabem, em 1932, os japoneses invadiram a Manchúria e se estabeleceram no nordeste da China. Enquanto isso, o governo nacionalista de Chiang Kai-shek estava em guerra contra os comunistas chineses liderados por Mao Zedong, estabelecidos em Shensi, uma província situada no centro norte da China. Em 1937, os japoneses aumentaram sua base militar ao norte, o que incentivou nacionalistas e comunistas chineses a formarem uma resistência unificada contra os japoneses por meio de guerrilhas. Devido ao fato de ocuparem Shanghai e a capital chinesa de Nanking, Chiang Kai-shek teve que retirar as suas tropas para Han-k'ou a uma distância de 435 milhas de Shanghai, ao longo do rio Yangtze. Em 1938, os japoneses continuaram suas invasões ao centro da China, o que forçou os nacionalistas a se deslocarem para mais de 500 milhas de distância.

"Em 1939, os japoneses ainda não haviam terminado sua conquista da China. No entanto, com a guerra entre os aliados e a Alemanha, o primeiro-ministro do Japão, príncipe Kanoe, entendeu que poderia estender suas conquistas aos países do sudeste da Ásia e do Pacífico e resolveu reduzir sua campanha na China. Os japoneses concluíram que a tomada desses outros países lhes daria acesso ao petróleo, à borracha e ao estanho, necessários para sua indústria. Assim, eles penetraram no sul da Indochina o que provocou um veemente protesto dos Estados Unidos. Os americanos, então, congelaram os ativos japoneses e pararam os embarques de petróleo ao Japão. Em contrapartida, em setembro de 1940, a Alemanha incluiu o Japão no Eixo, um pacto tripartite, e celebrou um pacto de não agressão com o ministro das Relações Exteriores do Japão, Matsuoka Yosuke. Este ainda concluiu um pacto de neutralidade com a União Soviética em abril de 1941.

"Em outubro de 1941, o general Tōjō Hideki, que sucedeu o príncipe Kanoe, continuava ainda a conversar com os Estados Unidos. No entanto, os americanos impuseram algumas condições ao Japão. Entre elas constava a exigência de renunciar ao pacto tripartite, o Eixo, a retirada nipônica da China e do sul da Indonésia e a liberação do comércio mundial com a China. Além disso, em novembro de 1941, o secretário de Estado dos Estados Unidos, Cordell Hull, determinou que o Japão reconhecesse como líder do regime chinês o chefe do governo nacionalista da China, Chiang Kai-shek. Como protesto por essas exigências, o Japão cortou definitivamente o diálogo com os Estados Unidos.

"Como a conversa de paz com os americanos se tornou impossível, o Japão passou a se preparar para a guerra contra os Estados Unidos e contra a Grã-Bretanha. Assim, o comandante em chefe da frota japonesa, Yamamoto Isoroku, elaborou um plano para conquistar um largo perímetro no Pacífico, desde Burma[19], passando pelas Índias Orientais, Nova Guiné e Ilhas Marshall, acreditando que as defesas americanas e britânicas não teriam força para reagir e se renderiam rapidamente.

[19] Atual Myanmar.

"Um dos seus objetivos era efetuar um ataque surpresa a Pearl Harbor, uma enorme base naval americana perto de Honolulu, situada na ilha de Oahu, Havaí. Pearl Harbor abrigava 70 navios de guerra, 24 navios auxiliares e 300 aviões. Conforme o plano de Yamamoto, um porta-aviões comandado pelo almirante Nagumo Chuichi partiu para o leste sem ser detectado, até umas 275 milhas ao norte do Havaí. De lá, no domingo 7 de dezembro de 1941, com cerca de 360 aviões compostos de bombardeiros de mergulho, bombardeiros com torpedos e alguns caças, os japoneses lançaram um ataque em duas fases contra a base naval. Na investida, oito navios foram atingidos, 2.330 soldados foram mortos e mais de 1.140 feridos, com quase nenhuma baixa japonesa. No dia seguinte, 8 de dezembro, o Congresso Americano declarou guerra ao Japão.

"Entre dezembro de 1941 e fevereiro de 1942, a luta entre o Japão e os aliados se intensificou dramaticamente, com numerosas vitórias dos japoneses. Em dezembro, foi destruída a força aérea britânica em Hong Kong e os britânicos e canadenses se renderam no ataque terrestre da península de Kowloon. No mesmo mês, os japoneses ocuparam Bangkok, capital da Tailândia, e Victoria Point, no sul de Burma, afundando ainda o navio britânico Prince of Wales. Em janeiro e fevereiro, os japoneses tomaram Sumatra, Java, a baía de Brunei e Jesselton, na costa norte de Borneo, a ilha Tarakan e Kendari, e alguns pontos ao sul de Celebes, Balikpapan, na costa leste de Borneo, Amboina, Makasar também ao sul de Celebes e Bandjarmasin, sul de Borneo, Bali e Timor. Em Burma, o Japão tomou as cidades de Molmein e se aproximava de Rangoon e Mandalay, bombardeando a ilha de Wake, conseguindo tomar Guam, Makin e Tarawa nas Ilhas Gilbert, além de Rabaul na Papua-Nova Guiné. Algumas reações dos americanos serviram para animar um pouco mais os aliados, especialmente na Batalha do Mar de Coral, onde os japoneses perderam tantos aviões que tiveram que desistir de conquistar Port Moresby, a maior cidade da Papua-Nova Guiné. Em 18 de abril, os americanos bombardearam Tóquio, o que não era de forma alguma esperado pelos japoneses.

"Em 5 e 6 de maio de 1942, os japoneses ainda conquistaram Manila, capital das Filipinas, a península de Bataan e a ilha de Corregidor. O sul das Filipinas rendeu-se três dias depois. No entanto, eles tiveram que retroceder em 4 de junho, depois de fracassarem na tentativa de conquistar a ilha de Midway, um sinal de que a guerra no Pacífico havia chegado a um ponto de virada. Tendo perdido a iniciativa estratégica, o Japão cancelou os planos para invadir Fiji, Nova Caledônia e Samoa.

"Enquanto isso, os aliados procuraram intensificar suas operações no norte da África e tiveram à frente o famoso militar alemão, marechal de campo Erwin Rommel[20], comandante do famoso Afrika Korps. As batalhas entre tanques dos Aliados e do Eixo foi dramática, com vitórias e derrotas de ambos os lados. A Batalha de El-Alamein, em julho de 1942, mostrou que a vitória prevista por Rommel não seria tão fácil, em vista do cansaço das suas tropas e da resistência do general inglês Sir Claude Auchinleck[21]. A pequena trégua, concedida por Rommel aos seus homens, deu tempo para Auchinleck receber reforços. Em agosto, quando Churchill visitou o Cairo, insistiu para que Auchinleck reiniciasse a ofensiva. Entretanto, o general achou que a campanha deveria esperar até setembro, a fim de aclimatar e treinar as tropas para o combate no deserto. Impaciente, Churchill demitiu Auchinleck e nomeou o general Sir Harold Alexander[22], enquanto o comando do 8º Exército foi transferido para o general Bernard Law Montgomery[23] que, paradoxalmente, prorrogou a ofensiva — o que havia sido recomendado pelo seu antecessor.

"Devido à escassez de combustível e o aumento dos bombardeios dos ingleses, a resistência de Rommel se esgotou. Em novembro de 1942, o marechal de campo alemão bateu em retirada.

20 Erwin Rommel (1891–1944)

21 Sir Claude Auchinleck (1884–1981)

22 Sir Harold Alexander (1891–1969)

23 Bernard Law Montgomery (1887–1976)

"Hitler havia decidido empreender novo ataque à União Soviética, desta vez no verão, achando que os russos, durante o combate de inverno, haviam sido extremamente negligentes com suas tropas, pois cerca de 4 milhões de soldados foram mortos, feridos ou capturados, enquanto os alemães perderam 'só' 1,15 milhão. O alvo principal do ataque era Stalingrado, uma cidade da União Soviética situada às margens do rio Volga, onde os soviéticos produziam armamentos e tratores.

"As tropas alemãs, comandadas por três militares alemães, marechal de campo Maximilian Maria Joseph Karl Gabriel Lamoral Reichsfreiherr von Weichs zu Glon, general Friedrich Paulus e general Paul Ludwig Ewald von Kleist atacaram em três frentes. No entanto, os soviéticos se prepararam em segredo. Nada foi detectado pela inteligência alemã. Os russos dispunham de três vezes mais soldados, aviões e tanques. A luta durou de julho de 1942 a fevereiro de 1943.

"A batalha de Stalingrado representou a mais violenta e cruel confrontação entre os exércitos russo e alemão, com vitórias e derrotas de ambos os lados. A resistência dos soviéticos foi algo indescritível, especialmente porque lutavam contra as mais modernas tropas germânicas. Em agosto de 1942, a Força Aérea Alemã (Luftwaffe) despejou milhares de bombas incendiárias que destruíram as casas de madeira da cidade. Em outubro, Stalingrado havia sido transformada em ruínas. Entretanto, o esforço de guerra dos alemães drenou seus recursos em matéria de equipamentos, combustíveis e, principalmente afetou o moral das tropas em virtude da estafa. Além disso, os russos estavam cada vez mais agressivos. Em novembro, o exército, comandado pelos generais G. K. Zhukov[24], A. M. Vasilevsky e Nikolay Nikolayevich Voronov, lançou uma contraofensiva e conseguiu cercar as tropas de Friedrich Paulus.

"Hitler ordenou que Paulus continuasse resistindo ao longo do rio Volga, apesar de cercado. E pediu a um dos maiores especialistas

[24] G. K. Zhukov (1896–1974)

militares, o marechal de campo Erich von Manstein, que formasse uma equipe especial para salvar as forças do general Paulus. No entanto, devido a um erro estratégico de Hitler, Paulus não conseguiu se unir às tropas de Manstein. Esse erro foi fatal, pois Paulus não conseguiu furar o cerco dos soviéticos. Apesar da ordem de Hitler para que as suas tropas lutassem até a morte, Paulus se rendeu em 31 de janeiro de 1943, entregando aos russos 91 mil homens, esgotados, esfomeados e congelados — o que restava do 6º e do 4º exército alemão. Com Paulus, renderam-se outros 24 generais. A Batalha de Stalingrado representou uma nova fase da guerra germano-soviética e humilhou a prestigiosa máquina militar alemã, mostrando a crescente competência dos jovens generais soviéticos, especialmente o general Zhukov.

"Em novembro de 1942, americanos e britânicos iniciaram a Operação Tocha, que consistia na invasão do norte da África para reduzir a pressão do general alemão Erwin Rommel sobre as forças dos aliados no Egito. A operação ficou sob o comando do general Dwight D. Eisenhower[25] que foi escolhido pelo general George C. Marshall[26] como comandante das forças americanas na Europa. Essa operação também facilitaria a invasão do sul europeu a partir do Marrocos. O desembarque na África seria feito em três localidades próximas a Casablanca, nas praias de Oran e Algiers, na Argélia, com um efetivo de 110 mil homens, a maioria composta de americanos.

"Tenho que interromper um pouco a narrativa neste ponto", falou Carolyn, "pois gostaria de explicar que os franceses resistiram à invasão dos aliados no norte da África porque a maioria das tropas ainda era fiel ao regime de Vichy. Os comandantes franceses na Argélia, o general Alphonse Juin e o general Charles-Auguste Noguès eram subordinados ao comandante supremo de todas as forças francesas de Vichy, o almirante Jean-François Darlan. Os diplomatas e generais americanos tentaram obter a colaboração desses oficiais no

25 Dwight D. Eisenhower (1890–1969)

26 George C. Marshall (1880–1959)

desembarque, pois era vital para evitar uma situação em que as tropas francesas de Vichy decidissem opor resistência aos aliados nas praias. Após o desembarque em novembro de 1942, Pétain secretamente ordenou ao almirante Darlan, na Argélia, que juntasse suas tropas às dos aliados. Ao mesmo tempo, publicou mensagens oficiais protestando pelo desembarque. O jogo duplo de Pétain foi mais uma prova de sua desonestidade. Em agosto de 1944, depois da liberação de Paris pelo general Charles de Gaulle[27], Pétain despachou um emissário para conseguir uma transferência pacífica do poder, mas de Gaulle se recusou a recebê-lo.

"Em agosto de 1945, os alemães transferiram Pétain de Vichy para a Alemanha. A seguir, enviado de volta à França, foi condenado à morte por traição, mas teve sua sentença reduzida para prisão perpétua, em consideração ao seu heroísmo na Primeira Guerra Mundial, especificamente na Batalha de Verdun. Preso na fortaleza da ilha d'Yeu, situada na costa do Atlântico, Pétain faleceu com a idade de 95 anos[28].

"Bem, continuando após essa interrupção, os desembarques das forças americanas e britânicas em Algiers, em 8 de novembro de 1942, tiveram algumas reações dos franceses fiéis a Vichy, porém, em 10 de novembro, as autoridades francesas no Marrocos chegaram a um armistício com os americanos. Por sua vez, em represália ao desembarque das forças anglo-americanas no Marrocos e na Argélia, em junho de 1943, as tropas alemãs e italianas invadiram o sul da França, sob o comando de Pétain. Essa invasão ajudou a induzir o general Charles-Auguste Noguès e outros comandantes na Argélia, em 13 de novembro, a concordar com as propostas de François Darlan para um trabalho conjunto com os aliados, inclusive ao reconhecimento do general Henri Giraud[29] como comandante em chefe das forças francesas — tudo isso endossado por Eisenhower. Em 24 de

27 Charles de Gaulle (1890–1970)

28 https://www.britannica.com/biography/Philippe-Petain

29 Henri Giraud (1879–1949)

dezembro, Darlan foi assassinado, sendo substituído por Giraud como alto comissário francês no norte da África.

"Incapaz de se defender contra os ataques do 1º e 8º exércitos americanos na Tunísia, que utilizaram 400 tanques e 500 armas antitanques, Rommel, doente e desapontado, renunciou ao comando. Com o recuo das tropas alemãs e a conquista das cidades de Tunis pelos britânicos e de Bizerta pelos franceses e americanos, o norte da África ficou totalmente nas mãos dos aliados. Estes fizeram 250 mil prisioneiros, sendo 125 mil alemães, incluindo o próprio comandante das tropas. Assim, o norte da África ficou sendo a base de operações pelo Mediterrâneo e contra a Itália[30].

"Os anos de 1942 a 1944 foram importantes para os alemães, pois intensificaram o uso de submarinos, infestando a costa dos Estados Unidos no Atlântico Norte. O emprego dos submarinos foi um sucesso em matéria de torpedeamento de navios aliados. Por exemplo, em 1942, o número de submarinos aumentou de 91 para 212 unidades e depois para 240, afundando mais de 6 milhões de toneladas de navios. Além disso, utilizaram submarinos-tanques, que abasteciam aqueles que operavam em regiões mais remotas. Basta imaginar o poder dos ataques alemães quando 20 submarinos afundaram 21 navios de um comboio, perdendo apenas um submarino. Com o emprego de modernos radares e maior ofensiva aérea, os aliados conseguiram reduzir substancialmente as perdas até março de 1944.

"Nessa batalha marítima, acontecia um fato curioso: os submarinos tinham a necessidade de recarregar as baterias dos seus motores quando estavam totalmente submersos. A energia necessária para o gerador carregar as baterias provinha do próprio motor, mas para isso ser possível, o motor necessitava de ar, o que forçava o submarino a emergir, podendo então ser detectado pelos inimigos. O que fizeram os inventores alemães? Criaram o '**snorkel', um tubo que era levantado quando o submarino se encontrava** a poucos metros da

30 https://www.britannica.com/event/World-War-II/The-invasion-of-the-Low-Countries-and-France

superfície, permitindo a entrada do ar necessário e a saída dos gases, não precisando mais se expor acima da água[31]. Com essa invenção, utilizada no final de 1944, os submarinos ficaram indetectáveis pelo radar dos inimigos. Apesar da produção de novos submarinos pela indústria alemã, dotados de maior velocidade e resistência, essa inovação chegou tarde demais, pois os recursos marítimos e aéreos dos aliados se tornaram simplesmente fulminantes.

"Paralelamente, os ataques aéreos contra a Alemanha se tornaram mais frequentes e violentos em 1944, com bombardeios de fábricas, pontes, depósitos ferroviários, estaleiros, represas e, principalmente, zonas centrais das cidades, aterrorizando a população e gerando um compreensível desânimo para continuar lutando. Bombardeios foram realizados em Lübeck e na cidade de Essen, onde se localizava a fábrica de munições da Krupp. Ataques atingiram Colônia, a zona industrial do Ruhr, Hamburgo e Berlim. A cidade de Danzig foi transformada num inferno em chamas. Mais de 40 mil pessoas morreram e 1 milhão perderam suas casas. Por outro lado, os bombardeiros ingleses e americanos sofreram numerosas perdas, especialmente as famosas 'Fortalezas Voadoras' (B-17s) e os 'Liberators' (B-24s), muito vulneráveis aos ataques dos caças alemães, altamente eficientes e continuamente aperfeiçoados. Entre novembro de 1943 e março de 1944, nas 20 mil incursões aéreas contra Berlim, foram abatidos 1.047 bombardeiros e outros 1.682 retornaram danificados, números dramáticos. Entretanto, a chegada do novo 'Musgtang III' (P-51) americano, em dezembro de 1943, modificou o equilíbrio entre o poder aéreo dos Aliados e do Eixo."

— Carolyn, eu tenho a impressão de que os alemães estavam mais vulneráveis, principalmente devido à enorme extensão de suas conquistas, compreendendo desde a França até a Grécia — falou Emerson. — Hitler não conseguiria saber onde exatamente os aliados atacariam, pois eles tinham várias alternativas ao alcance. Além disso, o poder marítimo aliado era muito superior ao dos alemães.

31 https://www.britannica.com/technology/snorkel-ventilation-device

Por essas razões, o führer esteve permanentemente preocupado com uma invasão da França pelos ingleses através do Canal da Mancha. Ele também temia um ataque a partir do norte da África, em algum ponto entre a Espanha e a Grécia. Será que estou certo?

— Exatamente — respondeu Carolyn. — Os aliados, em 10 de julho de 1943, desembarcaram na Sicília, sob o comando do general britânico Harold Rupert Leofric George Alexander[32], além de Bernard Law Montgomery, comandante do 8º Exército Britânico e de George Smith Patton Jr[33]. Na noite de 24 de julho, Mussolini revelou ao Grande Conselho Fascista que os alemães estavam prestes a evacuar o sul da Itália. O conselho votou contra Mussolini, que foi obrigado a renunciar ao cargo. No dia seguinte, o rei Victor Emmanuel III ordenou a prisão de Mussolini e nomeou o marechal Pietro Badoglio como responsável pela formação de um novo governo. Badoglio efetuou negociações secretas com os aliados, apesar da forte presença dos alemães na Itália. Em 13 de outubro, conforme acordo celebrado entre Badoglio e o general Eisenhower, a Itália declarou guerra à Alemanha, enquanto o marechal de campo alemão Albert Kesselring[34] reforçava e consolidava sua posição no centro e ao norte da Itália. Kesselring imediatamente tomou o controle de Roma, estabelecendo um regime fascista fantoche sob o controle de Mussolini, que foi libertado da prisão por soldados de elite alemães em 12 de setembro de 1943.

"É bom lembrar um pouco como o Brasil participou na guerra. Em primeiro lugar, Getúlio Vargas, que presidiu o Brasil entre 1930 e 1945, era simpatizante de Hitler, bem como o general Eurico Gaspar Dutra[35] e o chefe do Estado-Maior do Exército, general de exército Pedro Aurélio de Góis Monteiro[36], que também eram admiradores

32 Harold Rupert Leofric George Alexander (1891–1969)

33 George Smith Patton Jr (1885–1945)

34 Albert Kesselring (1885–1960)

35 Eurico Gaspar Dutra (1883–1974)

36 Pedro Aurélio de Góis Monteiro (1889–1956)

do exército alemão e do führer. No entanto, ao mesmo tempo em que simpatizava com Hitler, Getúlio pendeu para o lado dos Estados Unidos, apoiando a política de solidariedade interamericana. O Brasil fornecia matérias-primas aos aliados, o que era altamente prejudicial para os alemães. Por isso, a Alemanha passou a utilizar seus submarinos para torpedear navios mercantes brasileiros, o que fez com que Getúlio, finalmente, declarasse guerra à Alemanha e à Itália. Na verdade, ele só tomou essa atitude depois de onze navios terem sido torpedeados. Ao todo, durante a guerra, foram afundados 34 navios brasileiros. A Força Aérea Brasileira participou da defesa do Atlântico Sul contra os submarinos alemães e permitiu aos americanos usarem algumas bases, inclusive em Natal, a cidade brasileira mais próxima do continente africano.

"Em julho de 1944, o Brasil enviou à Europa a sua Força Expedicionária Brasileira, a FEB. Ao se aproximarem, os soldados brasileiros avistaram o monte Vesúvio e a baía de Nápoles, desembarcando na Itália no dia 16. Naquele momento, descobriram que a coisa era séria, pois iriam participar de uma guerra. A chegada dos brasileiros à Itália foi uma boa notícia para o general Mark Clark[37], responsável pelo 5º Exército Americano. Clark precisava de reforços pois, naquele momento, o 7º Exército Americano partia do território italiano para dar continuidade à invasão da Europa pelo sul da França. Uma das missões mais bem-sucedidas e, ao mesmo tempo, extremamente perigosas da FEB foi a conquista de Monte Castelo pelos brasileiros, que lutaram bravamente e se notabilizaram pela coragem em várias batalhas[38]. Nessa luta, a FEB teve cerca de 400 baixas, entre mortos, feridos e desaparecidos. O confronto foi um drama, pois os alemães, sob o comando do marechal Kesselring, estavam instalados na parte alta, numa posição de defesa vantajosa, enquanto os brasileiros se viram obrigados a ficar entrincheirados nos 'fox holes' ou tocas de raposa, buracos cavados no solo pedregoso. Além

[37] Mark Clark (1896–1984)

[38] https://www.britannica.com/place/Brazil/The-Vargas-era

dos atiradores alemães, eles tiveram que enfrentar o frio e o risco de terem os pés congelados, o que poderia causar gangrena e tornar necessária a amputação. Em fevereiro de 1945, com o final do inverno, uma nova operação foi lançada. Num esforço conjunto com a 10ª Divisão de Montanha do Exército Americano, os brasileiros atacaram e, em 21 de fevereiro, após doze horas de combate, finalmente conquistaram o Monte Castelo, pondo-se então a perseguir os alemães derrotados, na ânsia de vingar os brasileiros mortos. Em 21 de abril, os Aliados entraram em Bologna e, no dia 29, véspera do suicídio de Hitler, a FEB capturou, na cidade de Fornovo di Taro, a 148ª Divisão Alemã, o que significou o aprisionamento de mais de quinze mil alemães, dentre os quais, dois generais[39].

"Voltando à frente oriental, os russos iniciaram ataques importantes, conquistando cidades como Kiev, capital da Ucrânia, e Leningrado. Em março de 1944, o general Georgy Konstantinovich Zhukov obteve várias vitórias avançando pela Ucrânia, conquistando, em 1º de abril, a cidade de Odessa. Suas tropas atravessaram a Bielorússia, o que resultou no colapso do grupo central do exército alemão e das suas forças de ocupação da Polônia e Checoslováquia. Em maio de 1945, Zhukov comandou pessoalmente o assalto a Berlim, permanecendo como comandante da força soviética de ocupação e representando a União Soviética na rendição oficial da Alemanha[40].

"Um capítulo importante da guerra foi o relacionamento entre os aliados e Joseph Stalin[41], secretário geral do Partido Comunista da União Soviética e primeiro-ministro do Estado Soviético de 1941 a 1953, que reinou ditatorialmente na União Soviética e a transformou numa das maiores potências mundiais.

39 https://educacao.uol.com.br/disciplinas/historia-brasil/brasil-na-segunda-guerra---feb-na-italia-brasileiros-receberam-treinamento-intensivo.htm

40 https://www.britannica.com/biography/Georgy-Zhukov

41 Joseph Stalin (1878–1953)

"No entanto, vale a pena falar que os atos de Stalin indicam que ele era um líder de crueldade indescritível[42]. Só para dar um exemplo, durante o desenrolar da Segunda Guerra Mundial, Stalin ficou preocupado que seus oficiais militares pudessem, eventualmente, desafiar seu poder absoluto. Então mandou executar 30 mil oficiais russos, a metade do efetivo do exército e da marinha da Rússia. À medida que a guerra prosseguia, ele divulgou a 'Ordem 270', que decretou que todos os soldados e oficiais aprisionados pelos alemães eram traidores e deveriam ser enviados aos 'campos penais'. Mais tarde emitiu a selvagem 'Ordem 227" que determinava 'Ninguém pode recuar'. Para as tropas russas que tentassem fugir dos terríveis campos de batalha, Stalin colocou em seu encalço batalhões dos piores criminosos, encarregados de fuzilá-los[43].

"Stalin tinha ideias diferentes dos aliados, almejando levar vantagens após a guerra, como por exemplo ficar com todos os territórios da Polônia conquistados pelos alemães, de acordo com o Tratado Russo-Alemão de 1939. Além disso, ele queria discutir a questão da posse dos territórios alemães após o término da guerra. Para não ofender o líder russo, os americanos e britânicos preferiram não entrar nesses detalhes, uma vez que ele estava ainda combatendo os alemães, o que constituía uma grande vantagem.

"Após uma reunião em que participaram Roosevelt, Churchill e Chiang Kai-shek, no Cairo, de 22 a 27 de novembro de 1943, Roosevelt e Churchill foram a Teerã para encontrar Stalin na Conferência de Eureka, de 28 de novembro a 1 de dezembro. Nesse encontro, Stalin renovou sua promessa de intervir militarmente contra o Japão, mas exigia que os aliados prometessem que a invasão da França seria efetuada em 1944. Com a promessa de Roosevelt, Stalin declarou que o exército vermelho atacaria simultaneamente no front oriental. No campo político, Stalin reivindicou para a União Soviética

[42] https://super.abril.com.br/mundo-estranho/retrato-falado-as-maiores-atrocidades-de-josef-stalin/

[43] https://www.chicagotribune.com/news/ct-xpm-1997-07-25-9707250034-story.html

a costa báltica do leste da Prússia, e também os territórios anexados em 1939-40. Um comunicado conjunto garantiu a restauração do Irã após a guerra. No entanto, o mais importante foi a nomeação de Eisenhower como comandante da Operação Overlord, nome adotado para a invasão da Normandia[44].

"Vamos passar mais uma vez à região do Pacífico", falou Carolyn. "Considerando que os Estados Unidos tinham como objetivo maior invadir o Japão, em meados de 1943, traçaram um plano que demandava a expulsão dos japoneses de diversas áreas da região. Essa ofensiva deveria ser empreendida a partir do sul e do sudoeste, através das Filipinas e da Micronésia. Para compreender a localização desses países e poder acompanhar a estratégia dos americanos, é necessário antes apelar para a geografia. A República das Filipinas, cuja capital é Manila, é um país independente localizado a sudeste da Ásia. É um arquipélago de mais de 7 mil ilhas, localizado entre Malásia, Indonésia, Taiwan e China. Quanto à Micronésia, tenho quase certeza de que muita gente nunca ouviu falar. É um estado independente no Pacífico Sul, localizado a leste das Filipinas e ao norte de Papua-Nova Guiné, e é formada por cerca de 607 pequenas ilhas, das quais 100 são habitadas. O nome é empregado como referência a uma das três grandes regiões da Oceania, localizada a oeste do Pacífico.

"Quero falar um pouco mais sobre a Micronésia para explicar mais detalhes da guerra do Pacífico. Ela é dividida em sete territórios, que são os seguintes:

- Estados Federados da Micronésia
- Ilhas Marshall
- Kiribati
- Ilhas Marianas do Norte
- Nauru
- Palau
- Guam (dependência dos EUA)

44 https://www.britannica.com/event/World-War-II/The-Allied-landings-in-Europe-and-the-defeat-of-the-Axis-powers

- Partes de Palau e Micronésia formam um grupo conhecido como ilhas Carolinas
- Guam e ilhas Marianas do Norte formam juntas as chamadas ilhas Marianas[45].

"Como a conquista das Filipinas iria interromper as comunicações japonesas com a Papua-Nova Guiné, a ocupação da Micronésia daria a chance aos americanos de enfrentar os navios japoneses da região, bem como utilizar as bases para pesados ataques aéreos ao território japonês antes da pretendida invasão[46].

"Uma das localidades importantes para desestabilizar os japoneses era a cidade de Rabaul, na Nova Guiné. Ela foi cercada pelos americanos, enquanto tropas neozelandesas conquistavam as ilhas Verdes, um pequeno arquipélago no mar de Salomão, na região autônoma de Bougainville, ao nordeste da Papua-Nova Guiné. Ao mesmo tempo, os americanos, em 29 de fevereiro de 1944, invadiram Los Negros, a terceira maior das ilhas do Almirantado e, em 9 de março, dominaram Manus, a maior ilha desse arquipélago, localizada no mar de Bismark, ao norte da Papua-Nova Guiné. Apenas para orientar vocês, a Papua-Nova Guiné fica ao norte da Austrália. Nessa região, localiza-se Jayapura ou Hollandia, capital de Papua, leste da Indonésia, na costa norte da ilha de Nova Guiné. Jayapura[47] é um porto que havia sido ocupado pelos japoneses e libertado pelas forças aliadas em 1944, sendo que a cidade foi transformada no quartel-general do general Douglas MacArthur[48].

"MacArthur foi promovido a general de exército em dezembro de 1944 e nomeado comandante de todo o poderio americano no Pacífico. Foi responsável pelas conquistas na região da Papua-Nova Guiné, e sua operação mais difícil foi a campanha de Luzon, com duração de sete

45 https://www.infoescola.com/oceania/regiao-da-micronesia/

46 https://www.britannica.com/event/World-War-II/German-strategy-from-1943

47 https://www.britannica.com/place/Jayapura

48 Douglas MacArthur (1880–1964). https://www.britannica.com/biography/Douglas-MacArthur

meses, em 1945. Na primavera desse ano ele reconquistou as Filipinas e Borneo e neutralizou os japoneses em Rabaul. Ele foi responsável pela cerimônia de rendição na baía de Tóquio em 2 de setembro de 1945.

"Quatro famosas batalhas no Pacífico foram a prova do heroísmo com que os aliados enfrentaram os japoneses em 1945", contou Carolyn. "A primeira batalha merece ser mencionada pela sua importância como ponto de inflexão do equilíbrio da guerra do Pacífico. Ela durou de agosto de 1942 a fevereiro de 1943 em Guadalcanal, situada ao sul do arquipélago das ilhas Salomão, no Pacífico Sul. Em 6 de julho de 1942, os japoneses iniciaram a construção de um aeroporto na ilha. Em 7 de agosto, os aliados empreenderam uma ofensiva no Pacífico, desembarcaram em Guadalcanal e tomaram o aeroporto. Em novembro, após seis batalhas navais na região, os americanos conseguiram expulsar os japoneses, o que alterou a luta em favor dos aliados. Como resultado dos violentos confrontos na selva da ilha, os japoneses perderam 24 mil homens, enquanto os americanos tiveram 1.600 mortes, 4.200 feridos e milhares de soldados mortos pela malária e outras doenças tropicais. As várias batalhas no mar custaram, a cada um dos adversários, 24 navios de guerra[49].

"A segunda batalha ocorreu na ilha de Corregidor, situada na entrada da baía de Manila, capital das Filipinas. Os aliados, que se renderam em maio de 1942, voltaram em 7 de fevereiro de 1945 para tomar a fortaleza construída pelos japoneses em Corregidor. Nessa batalha, vencida pelos americanos, centenas de japoneses morreram em noites chamadas de 'ataques banzai', em que eles se lançavam em ondas sucessivas, gritando 'Tennoheika Banzai', significando 'Vida longa ao Imperador', enquanto os americanos disparavam morteiros de grande potência, os famosos Howitzer 75. Em 2 de março, a resistência japonesa terminou[50].

"A terceira batalha aconteceu entre 16 de fevereiro e 2 de março de 1945 em Iwo-Jima, situada a cerca de 1.050 km a sudeste do

[49] https://www.britannica.com/event/Battle-of-Guadalcanal

[50] https://www.britannica.com/event/Battle-of-Corregidor

Japão. Foi uma luta feroz contra os japoneses, que guerreavam até o último homem e estavam fortemente posicionados, defendidos por uma guarnição de 18 mil soldados sob o comando do general Tadamichi Kuribayashi. O general alertou os japoneses que não disparassem antes do desembarque dos americanos, para não revelarem suas posições. Duas divisões americanas dos fuzileiros navais foram recebidas com cargas de artilharia e metralhadoras nas praias lotadas, causando pesadas baixas. Os japoneses se defendiam heroicamente, utilizando trincheiras, túneis e outras fortificações. Em 20 de fevereiro, uma faixa de terra foi conquistada pelos americanos e, finalmente, em 23 de fevereiro, os fuzileiros conseguiram alcançar o cume do morro Suribachi onde fincaram a famosa bandeira americana que se tornou o símbolo da bravura dos militares americanos em toda a guerra. Em 1º de março, foram eliminados todos os defensores das famosas colinas 382 e 362. O major-general Harry Schmidt[51] anunciou que a ilha estava segura em 16 de março, mas ainda teve que expulsar alguns remanescentes por mais dez dias. O comprometimento e o heroísmo dos soldados podem ser julgados pelas 27 medalhas de honra concedidas[52].

"A quarta batalha foi em Okinawa, a maior ilha do arquipélago de Ryukyu, situada a cerca de 563 km ao sul de Kyushu, a nordeste de Taiwan, e ocorreu entre 1º de abril e 21 de junho de 1945. A sua ocupação era encarada como fundamental para uma invasão do Japão. Apelidada Tufão de Aço devido à ferocidade, a batalha foi uma das mais sangrentas da guerra no Pacífico, matando 12 mil americanos e 100 mil japoneses, incluídos generais comandantes de ambos os lados.

"Um efetivo de 100 mil homens, sob o comando do tenente-general Ushijima Mitsuru, ocupava a guarnição extremamente fortificada dos japoneses. Em março de 1945, os ataques aéreos lançados a partir de um porta-aviões sob o comando do contra-almirante Marc

51 Harry Schmidt (1886–1968)

52 https://www.britannica.com/topic/Battle-of-Iwo-Jima

Mitscher[53] destruíram centenas de aviões inimigos. Além dessa ofensiva, a ocupação de pequenas ilhas ao longo de Okinawa possibilitaram o bombardeio ao sul por canhões de 155mm. Nos últimos dias de março, as equipes de mergulhadores de demolição e os caça-minas limparam os obstáculos das praias onde seria feito o desembarque. Sob o comando geral do almirante Chester Nimitz[54], o almirante Raymond Spruance[55] ficou encarregado dos desembarques e o tenente-general Simon Bolivar Buckner Jr.[56] comandaria as forças de terra. Ele foi morto durante uma visita a um posto avançado de observação. Buckner foi o oficial de maior ranking dentre os comandantes mortos durante a Segunda Guerra Mundial. Em 1º de abril, um contingente de 50 mil soldados americanos desembarcou na praia de Hagushi, na costa oeste de Okinawa. O primeiro contra-ataque dos japoneses foi por meio de incursões suicidas, por cerca de 350 aviões 'kamikaze' e pelo encouraçado Yamato, que foi afundado pelos aviões de Mitscher. Mas os ataques suicidas pelos novos aviões japoneses Baka afundaram o destroyer americano USS Abele, em 12 de abril. Apesar do uso de túneis e de mais de quinhentas posições subterrâneas, os americanos venceram em Okinawa no dia 21 de junho de 1945. Em 22 de junho, o comandante Ushijima e o seu imediato tenente-general Cho Isamu cometeram suicídio de acordo com o ritual japonês, 'seppuku', pois não quiseram se render aos americanos. Ao todo, 110 mil japoneses foram mortos e apenas 8 mil se renderam. A população civil de Okinawa foi reduzida a um quarto, sendo que 100 mil homens, mulheres e crianças morreram durante os conflitos ou cometeram suicídio sob as ordens dos militares japoneses. Em alguns casos, eram fornecidas granadas às famílias que deveriam ser detonadas quando a aproximação dos americanos parecia iminente[57]."

[53] Marc Mitscher (1887–1947)

[54] Chester Nimitz (1885–1966)

[55] Raymond Spruance (1886–1969)

[56] Simon Bolivar Buckner Jr. (1886–1945)

[57] https://www.britannica.com/topic/Battle-of-Okinawa

18

Vocês já devem estar cansados de ouvir meu relato de tantas batalhas e de tantas mortes nessa terrível guerra — falou Carolyn. — Infelizmente, tive que apresentar os principais eventos entre 1939 e 1945, pois sem eles seria difícil imaginar o que os aliados sofreram para derrotar um inimigo fanático como Adolf Hitler. Com o seu incrível carisma e, também com a sua equipe competente de malfeitores, que incluía italianos e japoneses, ele cometeu o maior assassinato de que se tem notícia em toda a história. Então, vocês ainda terão que exercitar a paciência para ouvir a fase final desse intenso drama. Aqui vai:

"Na reunião em Teerã realizada em novembro e dezembro de 1943, Roosevelt e Stalin combinaram, contra a vontade de Churchill, fixar para maio de 1944 a data da invasão da Alemanha a partir da Inglaterra. Stalin, por sua vez, prometeu que montaria uma ofensiva simultânea no leste da Europa e que participaria da guerra contra o Japão, assim que a Alemanha estivesse derrotada. Concluíram eles que, se os aliados não decidissem pela invasão, Hitler teria ainda muitos anos para continuar dominando militarmente a Europa.

"Coordenado pelo tenente-general Frederick Edgeworth Morgan[1], chefe de gabinete do supremo comandante dos aliados, foi elaborado o plano estrutural da famosa 'Operação Overlord', nome escolhido para a invasão. O desembarque seria efetuado na Normandia entre

1 Frederick Edgeworth Morgan (1894–1967)

a cidade de Caen e a península de Cotentin. Em janeiro de 1944, Eisenhower foi nomeado comandante supremo dos aliados.

"Em novembro de 1943, Hitler finalmente se convenceu do perigo de uma invasão e ordenou que o exército reforçasse suas forças na França. Para isso, nomeou o marechal de campo Erwin Rommel, ex-comandante dos alemães no norte da África, como inspetor das defesas costeiras, respondendo ao comandante em chefe Kurt Rudolf Gerd von Rundstedt[2], ainda que diversas ordens viessem do próprio führer.

"Em fevereiro de 1944, os comandantes da Força Expedicionária Aliada reuniram-se em Londres. Conforme o plano de Bernard Law Montgomery, a força de invasão constaria de cinco divisões de infantaria, sendo duas americanas, duas britânicas e uma canadense, denominadas pelos nomes de Utah, Omaha, Gold, Juno e Sword. Intensa preparação logística foi iniciada em maio de 1944, compreendendo 6.500 navios e forças de desembarque, encarregadas de colocar no solo 200 mil veículos e 600 mil toneladas de suprimentos para as três primeiras semanas.

"Para iludir os alemães, os aliados criaram um 'exército fantasma' que teria a sua 'base' no sudeste da Inglaterra, oposto ao Pas-de-Calais, informando que o ataque seria 'comandado' pelo general Omar Nelson Bradley[3]. Além disso, na própria noite da invasão, emitiram um radar fictício aos alemães marcando o local da invasão para a parte mais próxima da Inglaterra, enquanto os aliados, na realidade, desembarcariam na Normandia.

"A engenhosidade dos britânicos foi extraordinária. Imaginem vocês que, após um fracassado ataque anfíbio ao porto francês de Dieppe, em agosto de 1942, eles concluíram que deveriam inventar outros meios de transportar as enormes quantidades de equipamentos e provisões até as praias, nos estágios iniciais da invasão. O que fizeram? Resolveram levar o seu próprio porto junto com eles, o famoso 'Porto Artificial Mulberry'. Tratavam-se de píers, ou cais,

2 Kurt Rudolf Gerd von Rundstedt (1875–1953)

3 Omar Nelson Bradley (1893–1981)

flutuantes que subiam e desciam conforme a maré, transformados em uma verdadeira estrada sobre o Canal da Mancha. Um deles ficou com os americanos e outro com os britânicos. Lamentavelmente, o píer americano foi destruído por uma violenta tempestade, mas o britânico acabou transportando, durante 10 meses, 2,5 milhões de soldados, 500 mil veículos e 4 milhões de toneladas de equipamentos, chegando até a frente da cidade de Arromanches, na Normandia[4].

"Em 6 de junho de 1944, finalmente o desembarque foi realizado. Também chamado de Dia D, a Operação Overlord foi um ataque simultâneo de tropas americanas, britânicas e canadenses em cinco diferentes cabeças de praia sob o comando supremo do general Dwight David 'Ike' Eisenhower[5]. No final de agosto de 1944, toda a região norte da França havia sido liberada, iniciando-se a reorganização das forças para o ataque final à Alemanha, visando colocar um fim ao império nazista[6].

"Em questão de horas, 3 mil embarcações de desembarque, 2.500 outros barcos e 500 navios de guerra saíram dos portos ingleses. Apoiados por paraquedistas em 822 aviões, uma fração dos 13 mil aviões que apoiariam o Dia D. Logicamente, a resistência dos alemães foi feroz, comandada por Rommel e Rundstedt, mas o desembarque aliado foi um sucesso.

"Na administração alemã, entretanto, a coisa não andava muito bem, pois Rommel foi ferido por um caça britânico em 17 de julho. O pior de tudo aconteceu quando von Rundstedt confessou a Hitler que estava pessimista quanto ao desenlace da guerra e propôs que ele propusesse a paz aos aliados. Rundstedt foi sumariamente demitido, assim como seu subordinado, responsável pela divisão de tanques, o barão general Leo Geyr von Schweppenburg[7]. Uma completa troca de comando foi feita por Hitler logo em seguida. Geyr foi substituído

4 https://www.britannica.com/topic/Mulberry-artificial-harbours-World-War-II

5 Dwight David Eisenhower (1890–1969)

6 https://www.britannica.com/event/Normandy-Invasion

7 Leo Geyr von Schweppenburg (1886–1974)

pelo veterano general Heinrich Eberbach[8], comandante do regimento de blindados, enquanto Rundstedt foi substituído pelo marechal de campo Günther Adolf Ferdinand 'Hans' von Kluge[9].

"Kluge, no entanto, teve as mesmas dúvidas de Rundstedt, e iniciou-se uma conspiração de oficiais da qual participou o chefe de gabinete, o general Ludwig August Theodor Beck[10], oficial do Estado-Maior das Forças Armadas da Alemanha e o tenente-coronel conde Claus Philipp Maria Schenk Graf von Stauffenberg[11], uma das personalidades do exército alemão (Wehrmacht), contrárias ao regime nacional-socialista do governo germânico. Stauffenberg acreditava que, somente com a remoção de Adolf Hitler haveria paz com os aliados e, em 20 de julho de 1944, executou pessoalmente o atentado contra o führer enquanto este se encontrava no quartel-general do leste da Prússia, em Rastenburg. Nesse atentado, chamado de Operação Walkíria, apesar de a bomba ter explodido conforme planejado, Hitler escapou com leves escoriações. Convencido da morte de Hitler, Stauffenberg voou para Berlim para se reunir com os outros conspiradores.

"Ciente dos rumores sobre o fracasso da operação, o general Friedrich Fromm tentou provar sua discordância sobre o atentado e fuzilou imediatamente alguns dos principais conspiradores, entre os quais Stauffenberg e outros, forçando Beck a cometer suicídio. Nos dias seguintes, Hitler reuniu os outros participantes do atentado e encarregou a Gestapo (Geheime Staatspolizei, 'Polícia Secreta do Estado') de torturá-los, colocando-os frente à Corte do Povo (Volksgericht) sob o comando do juiz Roland Freisler. Como resultado, foram enforcados com fios de piano ou fuzilados entre 150 e 200 homens, o que incluiu o próprio Fromm. O ódio fez com que Hitler tomasse medidas draconianas. Por exemplo, Erwin Rommel

8 Heinrich Eberbach (1895–1992)

9 Günther Adolf Ferdinand von Kluge (1882–1944)

10 Ludwig August Theodor Beck (1880–1944)

11 Schenk von Stauffenberg (1907–1944)

foi forçado a se suicidar e, em 18 de agosto, o mesmo aconteceu com Günther Kluge[12].

"Finalmente, após batalhas vencidas e perdidas por ambos os lados, os aliados receberam o apoio da 2ª Divisão Blindada do Exército Livre da França, encarregada de liberar Paris. Sua vanguarda chegou em 24 de Agosto de 1944 e, na manhã seguinte, o comandante alemão da cidade, Dietrich von Choltitz[13] rendeu-se à resistência francesa e ao comandante da 2ª Divisão Blindada Jacques-Philippe Leclerc[14]. Em 26 de agosto, o general Charles de Gaulle, chefe dos Franceses Livres, realizou um desfile triunfal, marchando dos Campos Elíseos à Catedral de Notre Dame, onde a impressionante vitória foi comemorada.

"A guerra deixou mais de 200 mil mortos, feridos e desaparecidos entre os aliados e mais de 300 mil entre os alemães. As perdas de civis franceses chegaram a 12 mil. No início de setembro de 1944, só uma pequena parte da França não havia sido conquistada. Os americanos, britânicos e canadenses ocuparam a Bélgica e parte dos Países Baixos e chegaram à fronteira da Alemanha. Apesar disso, os alemães ainda tentaram uma última contraofensiva na região das Ardenas belgas, que recebeu o nome de Batalha do Bulge, antes do exército alemão ser finalmente derrotado."

— Carolyn, acho que falta ainda você falar sobre umas coisas que li no jornal — falou Johnny.

— Eu soube que os alemães produziram foguetes durante a guerra, que foram jogados contra a Inglaterra — disse Emerson. — Além disso, falta contar o episódio do fim da guerra na Europa e o que aconteceu com Adolf Hitler e Benito Mussolini. Estou curioso para saber como foi a rendição dos alemães e quando ela foi celebrada.

— Foi bom você me lembrar — agradeceu Carolyn —, eu esqueci mesmo. Mas é muito assunto e tenho que obedecer a uma certa ordem cronológica, senão o relato fica confuso.

12 https://www.britannica.com/event/July-Plot

13 Dietrich von Choltitz (1894–1966)

14 Jacques-Philippe Leclerc (1902–1947)

"Vou começar com os foguetes", prosseguiu Carolyn. "Os alemães realizaram um avanço extraordinário em matéria de novos armamentos. Este foi o caso do trabalho de Wernher von Braun[15], um cientista alemão que teve um papel fundamental em todos os aspectos ligados à produção de foguetes e de exploração espacial. Hitler achou, erroneamente, que o emprego de mísseis balísticos seria motivo para a Inglaterra capitular. Tanto é assim que ele manteve suas posições ao norte da França, de onde lançaria os foguetes inicialmente contra Londres. Os primeiros mísseis de longo alcance, chamados V-1, foram lançados em 13 de junho de 1944 da região de Pas-de-Calais. Já os mísseis denominados V-2 foram disparados a partir da Holanda em 8 de setembro de 1944 até março de 1945. Imaginem a destruição que essas armas provocaram na Inglaterra!

"Considerando que a área perto de Berlim era insuficiente para os testes, foi construída uma enorme instalação militar de desenvolvimento na vila de Peenemünde, na região norte da Alemanha, próxima ao mar Báltico, sob o comando do tenente-general Walter Robert Dornberger[16], sendo von Braun o diretor técnico. Em 1944, o nível dos mísseis e foguetes estava anos à frente dos outros países, em matéria de avanços tecnológicos[17].

"Quanto ao fim da guerra e ao destino de Adolf Hitler", continuou Carolyn, "a coisa foi assim: após importantes conquistas, os aliados realizaram intensos bombardeios, especialmente na cidade de Dresden, utilizando 800 aviões britânicos da RAF (Royal Air Force), mais 1.570 aviões americanos durante os meses de fevereiro a abril de 1945. O propósito desses ataques aéreos visava preparar a região para o avanço dos soviéticos por meio da destruição das comunicações dos alemães na frente leste. Lamentavelmente, além de não ajudarem em nada o exército soviético, resultaram na destruição

[15] Wernher von Braun (1912–1977)

[16] Walter Robert Dornberger (1895–1980). https://www.britannica.com/biography/Walter-Robert-Dornberger.

[17] https://www.britannica.com/biography/Wernher-von-Braun

de uma das mais belas cidades da Europa e na morte de 25 mil dos seus habitantes.

"Ao sentir que o fim estava próximo, com os aliados de um lado e os soviéticos do outro, Hitler deu mais uma das suas ordens absurdas, declarando que a batalha deveria ser conduzida sem qualquer consideração pela população alemã, e instruiu seus comissários regionais a destruírem todas as indústrias, as principais obras elétricas e hidráulicas e de gás, e todas as lojas de roupas e de alimentos, para criar um 'deserto' para quando as tropas aliadas chegassem.

"Apavorado com a ordem totalmente absurda, o ministro da guerra Berthold Konrad Hermann Albert Speer[18] protestou contra essa medida drástica, ao que Hitler replicou 'Se a guerra está perdida, a nação germânica também perecerá. Portanto, não há necessidade de se considerar o que o povo necessitará para continuar existindo'. Speer, sem Hitler saber, persuadiu os líderes industriais e militares a boicotar o decreto do führer. Enquanto isso, as tropas aliadas chegaram a uma distância de 60 milhas de Berlim. Hitler preferiu permanecer na capital, contando com um milagre, iludindo-se ao achar que a morte de Roosevelt, em 12 de abril de 1945, poderia fazer alguma diferença. Em 25 de abril, os exércitos soviéticos de Zhukov e Kenev cercaram totalmente Berlim e encontraram os americanos no rio Elba."

— E como Hitler se comportou quando viu que tudo estava perdido? — perguntou Emerson.

— Num estado de extrema exaustão, ele só pensava em suicídio. Assim, à meia-noite de 28 de abril, Hitler decidiu se casar com Eva Braun, sua amante durante quase 23 anos. Nesse momento, ditou seu testamento político, justificando seus atos e nomeando o almirante Karl Dönitz[19] como chefe de Estado e Joseph Göbbels[20] como chanceler. Nesse documento dirigido à nação alemã, Hitler culpou os outros

[18] Berthold Konrad Hermann Albert Speer (1905–1981)

[19] Karl Dönitz (1891–1980)

[20] Joseph Göbbels (1897–1945)

pela guerra desastrada, principalmente os judeus, e não expressou nenhum remorso ou arrependimento pelo que aconteceu. Após se despedir de Göbbels, ministro da Propaganda, e de outros alemães presentes, retirou-se para sua suíte e se matou com um tiro na cabeça, enquanto Eva Braun tomava uma cápsula de cianureto. Conforme suas instruções, seus corpos foram cremados em seguida[21]. Göbbels cometeu suicídio no dia seguinte e Heinrich Luitpold Himmler[22], chefe da SS ("Schutzstaffel" – Equipe de Proteção) e líder do Partido Nazista da Alemanha, suicidou-se pouco tempo depois. Himmler era o encarregado da captura e extermínio de judeus e de outras pessoas consideradas indesejáveis, sendo também comandante da Gestapo.

"Os principais líderes alemães foram capturados pelos aliados e julgados como criminosos de guerra em Nürenberg, Alemanha. Entre eles estavam: Hermann Wilhelm Göring[23], comandante da Força Aérea Alemã; Berthold Konrad Hermann Albert Speer, arquiteto e ministro de armamentos e produção de guerra; Ulrich Friedrich Wilhelm Joachim von Ribbentrop[24], diplomata e ministro das Relações Exteriores, negociador-chefe dos tratados com os quais a Alemanha entrou na Segunda Guerra Mundial; além de outros líderes nazistas.

"A rendição das forças nazistas no nordeste da Alemanha foi assinada no quartel-general de Montgomery em 4 de maio de 1945, e em outro documento assinado com grande cerimônia no quartel-general de Eisenhower em Reims, França, oficializando a rendição de todas as forças germânicas. Estiveram presentes as delegações americana, britânica, soviética e francesa e, em 8 de maio de 1945, a guerra na Europa foi oficialmente encerrada.

"A última conferência da Segunda Grande Guerra, denominada 'Terminal', foi realizada em Potsdam, subúrbio de Berlim, de 17 de

21 https://www.britannica.com/biography/Adolf-Hitler/World-War-II

22 Heinrich Luitpold Himmler (1900–1945)

23 Hermann Wilhelm Göring (1893–1946)

24 Ulrich Friedrich Wilhelm Joachim von Ribbentrop (1893–1946)

julho a 2 de agosto de 1945[25], na qual compareceram Joseph Stalin e Vyacheslav Molotov[26] da União Soviética; Winston Churchill e Robert Anthony Eden[27], secretário britânico das Relações Exteriores; James F. Byrnes[28], assistente do presidente Truman, além do próprio presidente dos Estados Unidos Harry S. Truman[29], sucessor de Roosevelt.

"Aliás, quero aproveitar para descrever um pouco a vida de Roosevelt[30]. Ele foi o único presidente dos Estados Unidos eleito quatro vezes. Liderou o país nas duas grandes crises do século XX: a Grande Depressão e a Segunda Guerra Mundial. Com seu trabalho, Roosevelt expandiu os poderes do governo federal por meio de vários programas e reformas conhecidas como 'New Deal', ou Novo Acordo. Um dos seus grandes méritos foi contribuir para eliminar o nacional-socialismo alemão e o militarismo japonês. Roosevelt estudou direito em Harvard e na Universidade de Columbia e, em 1905, casou-se com Eleanor Roosevelt, sobrinha do ex-presidente dos Estados Unidos Theodore Roosevelt[31]. Franklin Delano Roosevelt foi um grande estadista e mostrou ser dos mais corretos. No entanto, manteve um episódio extraconjugal em 1918, com sua secretária Lucy Mercer Rutherfurd, descoberto pela sua esposa, que lhe propôs o divórcio. Ele não aceitou e prometeu não mais continuar com o romance. Logicamente, o relacionamento entre o casal nunca mais foi o mesmo. Anos depois do ocorrido, Roosevelt, em 1940, reiniciou o caso com a secretária, já divorciada. É interessante examinarmos um quadro que mostra o cronograma dos principais momentos da vida de Roosevelt. Por ser simples, vejamos em inglês.

25 https://www.britannica.com/event/World-War-II/Yalta#ref53600

26 Vyacheslav Molotov (1890–1986)

27 Robert Anthony Eden (1897–1977)

28 James F. Byrnes (1882–1972)

29 Harry S. Truman (1884–1972)

30 https://www.britannica.com/biography/Franklin-D-Roosevelt

31 Theodore Roosevelt (1858–1919)

Franklin D. Roosevelt Timeline

	Roosevelt is elected to the New York state senate		The Great Depression begins while Roosevelt is governor of New York		Roosevelt launches the New Deal		Roosevelt meets with Britsh and Soviet leaders at Yalta to plan the end of the war	
1982	**1910**	**1921**	**1929**	**1932**	**1933**	**1941**	**February 1945**	**April 1945**
Roosevelt is born in Hyde Park, NY		Roosevelt is stricken with polio		Roosevelt is elected to the first of his four presidential terms		The United States enters World War II		Roosevelt dies in office

2012 Encyclopædia Britannica, Inc.

"Vale a pena relatar como morreu Benito Mussolini", continuou Carolyn. "Quando as defesas alemãs na Itália entraram em colapso, com os aliados avançando rapidamente para o norte, os líderes partidários italianos comunistas, decidiram executar Mussolini. Inicialmente ele se recusou a abandonar a Itália, mas depois tentou atravessar a fronteira disfarçando-se de soldado alemão e entrou num comboio de caminhões que iam para Innsbruck, na Áustria. No entanto, foi reconhecido com sua amante Clara Petacci, que havia decidido ficar com ele até o fim. Mussolini acabou sendo morto a tiros em 28 de abril de 1945. Seu corpo e o de Clara foram pendurados de cabeça para baixo na praça Loreto, em Milão. As multidões comemoraram euforicamente a queda do 'duce' e o fim da guerra[32]."

— Gostaria que você terminasse o relato da parte europeia da guerra com o que ficou chamado de Holocausto — pediu Emerson. — Depois ainda falta voltar ao Pacífico, pois lá a guerra continuou contra os japoneses.

— Pela minha experiência como professora de história, pude assimilar os fatos mais importantes sobre a perseguição implacável de Adolf Hitler e seus sequazes contra os judeus na Segunda Guerra Mundial. O seu ódio surgiu bem antes de os nazistas tomarem o poder em 1933. Em 1919, por exemplo, Hitler escreveu que "o objetivo final do antissemitismo é a remoção de todos os judeus". No seu famoso livro *Mein Kampf*, ou *Minha Luta*, de 1925-26, ele classificou os judeus como uma raça má que desejava o domínio do mundo. A ideologia racial nazista definiu os judeus como sub-humanos, definindo-os como uma raça e não como uma religião. Para Hitler, os alemães pertenciam a certa estirpe, a dos arianos, uma raça pura. Assim que tomou o poder, Hitler iniciou a perseguição em 1º de abril de 1933, promovendo o boicote de empresas judias, a demissão de servidores públicos e, nas escolas, tornando a participação de alunos judeus reduzida a cotas. Em 10 de maio, milhares de estudantes e

[32] https://www.britannica.com/biography/Benito-Mussolini

professores alemães invadiram as bibliotecas das universidades para retirar todos os livros escritos por "não arianos" e os queimaram.

"Leis foram promulgadas definindo o que seria um judeu ou um ariano. Havia dois tipos de judeus: aqueles com pelo menos três avós judeus e os 'mischlinge', de raças mistas, com um ou dois avós judeus. Portanto, a definição de alguém como judeu se baseava na ancestralidade e não na sua identidade ou religião. Aqueles judeus alemães que patrioticamente lutaram na Primeira Guerra Mundial ao lado da Alemanha, acharam essas medidas absurdas. Como resultado, entre os judeus, aumentou o sionismo, um movimento político que defendia o direito à autodeterminação do povo judeu e à existência de um Estado nacional judaico independente e soberano no território onde historicamente existiu o antigo reino de Israel. Mesmo antes disso, já em 1922, muitos alemães que previram a situação que seria criada por Hitler, decidiram abandonar o país, emigrando para os Estados Unidos, para a Palestina, Argentina, Brasil e outros países.

"Em novembro de 1938, a violência irrompeu em todo o 'reich', ou reino, que, desde março já incluía a Áustria. Foram incendiadas mais de mil sinagogas, 7.500 empresas tiveram as suas vidraças quebradas e 30 mil homens, com idades entre 16 e 60 anos foram presos e enviados a campos de concentração. Foi a chamada 'Kristallnacht', que significa 'Noite dos Cristais', em referência à quebra das vitrines. Com isso, os judeus perderam a esperança de terem um futuro na Alemanha. Ainda por cima foram multados em um milhão de reichmarks, ou marcos reais, devido à destruição causada pelos incêndios, e forçados a limpar os danos. Em seguida, foram proibidos de receber os reembolsos dos seguros e de entrar em teatros, não podiam mais receber diplomas das universidades, possuir empresas de negócios ou exercer as profissões de advogado ou de médico. Suas propriedades eram confiscadas numa ação denominada 'arianização'. Nessa ocasião, o marechal de campo Hermann Göring fez um 'gracejo', dizendo: 'Eu não gostaria de ser um judeu na Alemanha'.

"Depois de iniciada a guerra, os alemães começaram a matança sistemática de judeus. Acompanhando o exército alemão, iam 3 mil homens das famigeradas 'Einsatzgruppen', Grupos de Implantação, que eram unidades de segurança nazistas, compostas por membros da SS, 'Sicherheitspolizei'. Além deles, havia a Polícia da Ordem, 'Ordnungspolizei', composta de unidades móveis de matança que agiu durante as invasões da Polônia, em 1939, e da União Soviética, em 1941. Eles tinham ordens de confiscar materiais políticos e governamentais, identificar e prender inimigos políticos, inclusive judeus, membros do Partido Comunista, líderes religiosos, maçons e aqueles suspeitos de se oporem ao regime nazista. Só para ter uma ideia das barbaridades cometidas pela Polícia da Ordem, em setembro de 1941 foram mortos a tiros 33.771 judeus nas cercanias de Kiev, na Ucrânia. Dois meses depois, em Riga, na Letônia, fuzilaram 28 mil judeus. No início do verão de 1941, 70 mil judeus foram assassinados em Ponary, subúrbio de Vilna, Lituânia e, em 28 de outubro, mais 9 mil em Kovno, também na Lituânia."

— E como eram os campos de extermínio dos judeus? — perguntou Emerson.

— Eu acho que nunca, em toda a história da civilização houve um episódio tão triste e violento como o executado pelos alemães na matança desenfreada dos judeus de 21 países. Vou falar um pouco do alemão chamado Reinhard Tristan Eugen Heydrich, codinome "O Enforcador"[33], oficial nazista lugar-tenente de Heinrich Himmler, chefe do corpo paramilitar conhecido como SS. Em 1934, Heydrich foi nomeado chefe da SS de Berlim e, em 1936, assumiu o comando da Gestapo e da polícia criminal. Em 1939, foi promovido a chefe do Escritório Central de Segurança, o que incluía toda a polícia secreta do chamado "Terceiro Reich", ou Terceiro Reino da Alemanha.

"Em janeiro de 1942, Heydrich convocou a Conferência Wannsee, num lago perto de Berlim, para organizar a 'solução final' para a questão dos judeus. Combinou-se a chamada 'evacuação para o leste', significando, na verdade, a deportação para centros de matança. No início de 1942, foram construídos os centros de Treblinka, Sobibor

[33] Reinhard Tristan Eugen Heydrich (1904–1942)

e Belzec, na Polônia ocupada. Os alemães resolveram alterar a ação dos 'Einsatzgruppen' (SS) que viajavam para matar. Com os centros de matança, o processo foi invertido, ou seja, as vítimas eram transportadas aos seus matadores por trem, muitas vezes em vagões de gado, o que reduziu os custos para o pessoal alemão encarregado. Assim, poucos matadores conseguiam exterminar dezenas de milhares de vítimas, transformando os centros em fábricas de cadáveres. Inicialmente usavam monóxido de carbono, mas depois optaram por Zyklon B, um agente letal fortíssimo, empregado especialmente no campo de Auschwitz e mais tarde em Majdanek.

"Em Auschwitz havia três tipos de campo: um campo de prisioneiros, o Auschwitz I; um campo de extermínio, o Auschwitz II, também chamado de Birkenau; e um campo de trabalhos forçados, o Auschwitz III, conhecido por Buna-Monowitz. Ao chegarem, os prisioneiros judeus eram selecionados por um médico alemão que separava as mulheres grávidas, crianças, velhos, deficientes físicos e doentes que eram enviados imediatamente às câmaras de gás. Outros, mais capazes, eram levados aos trabalhos forçados. Imaginem a maldade de certas empresas, como a famosa I.G. Farben[34], um cartel formado em 1942 pelas empresas BASF, Bayer, Hoechst e pelo Grupo Agfa-Gevaert, que investiu 700 milhões de reichmarks em trabalhos forçados, como um investimento. Sem alimentação, sem abrigos, vestuário e cuidados médicos adequados, os judeus literalmente trabalhavam até a morte. Aqueles impossibilitados de trabalhar eram enviados ao campo de exterminação de Birkenau. A matança se estendeu a vários países como a Ucrânia e, principalmente, a Hungria onde, a partir de 15 de maio de 1944, durante 55 dias, 437 mil judeus foram deportados para Auschwitz em 147 trens."

— Mas não havia gente que procurava proteger os judeus dessas matanças? — perguntou Johnny.

— Muitas almas caridosas em diversos países protegeram e esconderam judeus, mesmo com risco das suas próprias vidas. Alguns

[34] https://www.britannica.com/topic/IG-Farben

alemães nazistas eram contra os assassinatos e procuraram ajudar as vítimas. O mais famoso foi um empresário nazista de nome Oskar Schindler, que usava o trabalho involuntário na Polônia ocupada para ter lucro. Ele acabou mudando seu enfoque, passando a proteger os judeus em vias de serem deportados. Era uma questão de humanidade. O incrível é que em vários países ocupados, os próprios habitantes antissemitas delatavam seus concidadãos e colaboravam com os alemães. No entanto, para se ter uma ideia, os campos de extermínio de Belzec, Treblinka e Sobibor tinham apenas uma função: matar. Em Treblinka, 120 funcionários, dos quais apenas 30 eram da SS, mataram entre 750 mil e 925 mil judeus em 17 meses de atividade; em Belzek, com 20 funcionários, foram mortos 500 mil em 10 meses, e em Sobibor 200 mil a 250 mil.

"Apenas para concluir esse triste relato, informo que o total de judeus vítimas da barbárie nazista atingiu o absurdo número de 6 milhões de vidas. É difícil de entender como um homem como Adolf Hitler conseguiu, com seu incrível poder de convencimento e carisma, hipnotizar a quase totalidade da população alemã, que participou convencida da excelência das suas ideias, seguindo-o cegamente e não se importando, ou até negando que pudesse haver algo tão medonho como o Holocausto na guerra de 1939-45[35]."

Vocês ainda têm paciência para ouvir o restante sobre o que aconteceu no Pacífico? Falta pouco — propôs Carolyn.

— Claro que sim — falaram todos.

— Antes, porém, eu preciso falar do poderoso líder japonês, o imperador Hirohito, cujo nome completo era Michinomiya Hirohito[36] Há muita controvérsia sobre suas atitudes com relação ao militarismo do Japão. Aparentemente, ele apoiou contra a vontade a ocupação da Manchúria, em 1937, que levou à segunda guerra sino-japonesa. Esta guerra foi de uma violência sem par, pois os japoneses simplesmente

35 https://www.britannica.com/event/Holocaust

36 Michinomiya Hirohito (1901–1989). https://www.biography.com/political-figure/hirohito

trucidavam os chineses. Apenas um exemplo: quando os japoneses invadiram Nanking, capital da província de Jiangsu, no centro-leste da China, mataram cerca de 300 mil civis chineses e soldados aprisionados, ao mesmo tempo em que estupravam dezenas de milhares de mulheres por ordem do comandante Matsui Iwane. Ao mesmo tempo, o Japão utilizou armas químicas na China, conforme relatório posterior[37]. Hirohito era imperador quando ocorreu o ataque a Pearl Harbor e por várias vezes foi fotografado em uniforme militar, o que demonstrava seu apoio à operação. Além disso, é inegável que um líder de um país que atacou outras nações, matando milhões de seres humanos entre soldados e civis, seja considerado culpado pelas atrocidades cometidas pelos seus comandados. Sem contar as vítimas dos países aliados, os japoneses, na Segunda Guerra Mundial, tiveram cerca de 2 milhões de baixas, entre as quais 700 mil foram de civis[38].

"Pelo que vocês souberam, a destruição feita pelos aliados no Pacífico, foi indescritível. Muitas cidades japonesas, devido ao bombardeio estratégico, foram reduzidas a escombros. Mesmo assim, os militares japoneses se recusavam a capitular e considerar a alternativa da rendição. Em reunião de cúpula dos aliados, e baseados na experiência adquirida nas batalhas de Okinawa, Iwo Jima e outras semelhantes, os planejadores americanos analisaram a alternativa de invadir o Japão. Concluíram que as baixas do seu exército poderiam alcançar, na melhor das hipóteses 250 mil, e no pior dos cenários 1 milhão de militares, desaconselhando a operação. Após o falecimento de Franklin Delano Roosevelt em 12 de abril de 1945, assumiu o governo o 33º presidente dos Estados Unidos, Harry S. Truman. Truman estava a par do Projeto Manhattan, o ultrassecreto programa da bomba atômica, construída em Los Alamos, Novo México, e testada em 16 de julho de 1945 em Alamogordo, também no Novo México.

37 https://www.japantimes.co.jp/news/2019/07/08/national/history/detailed-report-documents-japans-use-nerve-agents-second-sino-japanese-war/#.XWWaUm5Fy3A

38 https://www.britannica.com/topic/Pacific-War/The-Japanese-surrender

"Em 6 de agosto de 1945, os Estados Unidos jogaram a primeira bomba atômica na cidade de Nagasaki, causando a morte de 140 mil japoneses. A segunda bomba foi lançada em 9 de agosto em Hiroshima, com 70 mil vítimas. Para se avaliar o poder destruidor dessas bombas, basta imaginar a explosão de 15 mil toneladas de dinamite na primeira, e 21 mil toneladas na segunda. Como resultado, o Japão se rendeu incondicionalmente aos aliados em 14 de agosto de 1945, dando fim à Segunda Guerra Mundial[39]. Em 2 de setembro, a expressão '*Victory over Japan Day*', ou simplesmente '*V-J Day*' foi usada quando a rendição formal do Japão ocorreu a bordo do navio USS Missouri. Pouco antes, em 8 de maio de 1945, quando os aliados aceitaram a rendição dos nazistas, a expressão foi parecida: '*Victory in Europe Day*' ou '*V-E Day*' [40]."

39 https://www.britannica.com/event/World-War-II/Developments-from-summer-1944-to-autumn-1945

40 https://www.history.com/topics/world-war-ii/v-j-day

19

Bem, pessoal, cansei. Terminamos o episódio da Segunda Guerra Mundial, ainda mais violenta do que a Primeira. Acho que podemos descansar um pouco e desligar do assunto "violência" — propôs Carolyn. — Enquanto isso, divulgo mais uma árvore genealógica de família Vivone em 1945, com todas as recentes inserções.

ÁRVORE GENEALÓGICA DA **FAMÍLIA VIVONE** NO ANO DE 1945

- Ryan (1716–1792) e Sayen (1723–1803)
  - Raini (1745–1813) e Mabel Harris (1750–1813)
    - John (1776–) e Liselotte König (1778–1847)
      - Arthur (1809–) e Beatrice Arlington-Jones (1812–1890)
        - Peter (1843–) e Lúcia de Almeida (1855–1934)
          - Ferdinando (1889–) e Tiina Nieminem (1900–)
            - Erkki (1925–)
            - Ruta (1926–)
        - Bill (1843–1923) e Priscila Douglas (1860–1934)
          - Tatiana (1889–)
  - Talli (1746–1823)
- Brian (1717–1792) e Omatah (1721–1792)

Tuxaua (1745–1822) e Andrea Watt (1751–1822)
 Paul (1776–1850) e Alessandra Carpelli (1780–1850)
  Enrico (1808–1891)
  Luca (1808–1893)
Temanem (1746–1813) e Christiane Hopkins (1751–1813)
 Robert (1776–1850) e Kelly Gordon (1779–1853)
  Jennifer (1808–1885) e David Lodge (1808–?)
   Jimmy (1833–1914) e Suzi Atkins (1840–1908)
    Johnny (1872–) e Audrey Lancaster (1895–)
     Frank (1925–)
     Ronny (1925–)
    Emerson (1873–)
    Carolyn (1874–)

■

Às vésperas do ano novo de 1946, Ferdinando convidou os filhos Erkki e Ruta e os sobrinhos Frank e Ronny para assistirem a um jogo de futebol no estádio de São Januário. O jogo começaria às 15h. Lá foram os cinco.

Enquanto isso, Johnny, Emerson, Carolyn, Audrey, Tatiana e Tiina ficaram conversando no imenso jardim e não repararam que Ferdinando havia esquecido de trancar o portão de entrada. Cinco minutos depois, surgem três rapazes muito bem-vestidos com terno e gravata, aparentando cerca de 25 anos. Entraram tranquilamente na propriedade e se dirigiram ao local onde conversavam os Vivone. Portavam três espingardas tipo escopeta, com cano serrado, especial para assaltos a residências. A surpresa da família foi colossal, ficando paralisada pelo susto e sem qualquer possibilidade de reação. Um dos invasores, que devia medir dois metros de altura, anunciou o assalto e preveniu a todos que continuassem sentados com a cabeça baixa sem olhar para eles, certamente para evitar futuro reconhecimento pela polícia. Os cinco Vivone foram amarrados com os braços por trás das costas.

Johnny e Emerson, em conversa passada com Jimmy, que era general do exército americano, receberam instruções para jamais reagirem a assaltos na presença de familiares. Logicamente, os dois pensaram em todas as opções, mas concluíram que seria melhor cumprir as ordens dos bandidos.

— Agora que estamos reunidos com vocês, vamos conversar um pouco sobre as nossas intenções aqui nesta bela casa. Não estamos procurando encrenca, mas também não aceitaremos qualquer reação repentina. Antes de mais nada, gostaria de indagar quais os nomes das prezadas senhoras aqui presentes e dos simpáticos cavalheiros.

Depois de ouvirem os nomes, os três ladrões resolveram sentar-se nas cadeiras que estavam disponíveis e tranquilamente acenderam seus cigarros. Pareciam velhos conhecidos conversando com os proprietários da casa.

— Então vamos perguntar algumas coisas de nosso interesse. Eu gostaria de saber onde vocês guardam as joias e as moedas estrangeiras — indagou o mais alto. — Como sabemos que os bancos estão fechados por ser domingo, não poderemos visitá-los para retirar alguma quantidade de dinheiro. Então ficaremos limitados ao que deve existir por aqui. Quanto mais rapidamente vocês atenderem nossas solicitações, mais depressa sairemos e guardaremos boas lembranças da sua hospitalidade. Na hipótese de uma recusa direta ou indireta teremos que traçar novos planos para a nossa convivência, está claro? Só para saber se vocês têm alguma dúvida, peço a gentileza de levantarem a mão. O meu nome é Eduardo e os meus sócios são Sérgio e Norberto.

Ficou evidente que eles não estavam brincando, apesar do tipo sarcástico da conversa. Johnny foi o primeiro que resolveu se comunicar com eles, também de forma muito tranquila. Como bom médico, examinou os três com olhos profissionais.

— Como a minha esposa e eu somos médicos, temos uma certa experiência com ferimentos causados por assaltos e agradecemos a vocês por não nos causarem danos físicos — disse Johnny. — Dessa forma, proponho que tenhamos um bom relacionamento enquanto vocês nos dão o prazer da sua companhia. No entanto, gostaria de avisar que não mantemos um estoque de dinheiro ou de joias nesta casa. Todas as joias de família encontram-se nos Estados Unidos de onde viemos com o nosso pai que era general do exército americano. Quanto a moedas estrangeiras ou nacionais, temos alguma disponibilidade em cruzeiros nas nossas respectivas carteiras que desde já coloco à disposição de vocês. É uma pena que não possamos atender aos seus outros desejos, mas, realmente, como hoje é domingo, vocês não tiveram sorte.

— Mas nós não temos a menor pressa — respondeu Eduardo. — Teremos prazer em permanecer com vocês até amanhã quando os bancos estarão novamente abertos, e aí vocês poderão atender o nosso pedido. Podem ficar com as suas carteiras, pois amanhã teremos a chance de receber bem mais no banco. Vejo que há bastante espaço para permanecer na sua casa, participar do seu jantar e descansar. Portanto, o problema do banco está solucionado. Aliás, noto que na sua garagem existe um carro verde-escuro muito elegante, parece que se trata do mais recente modelo Lincoln Zephir V12. Ele servirá para nos conduzir ao banco amanhã. Inclusive, tenho a certeza de que vocês concordarão em nos presentear com esse veículo.

— Perfeitamente — respondeu Johnny —, tudo isso será conversado amanhã. Por hoje peço para vocês nos soltarem, pois não pretendemos esboçar qualquer reação e, como vocês estão vendo, somos velhos e não teríamos força para nos metermos a heróis.

— Então estamos de acordo — falou Eduardo sorrindo. — Norberto, por favor, liberte os nossos amigos para ficarem mais à vontade.

Sem as amarras, os cinco se entreolharam silenciosamente e suas expressões mostravam total desânimo. Realmente, as chances de se livrarem da enrascada eram remotíssimas, tendo em vista a superioridade dos três assaltantes, fortemente armados.

Já passavam das 18h e Ferdinando deveria estar chegando com os jovens, o que constituía mais um motivo de preocupação, pois Erkki, Frank e Ronny eram fortes e poderiam tentar reagir contra os bandidos. Além disso, Ferdinando era mestre em artes marciais, acostumado a treinar defesa pessoal com professores japoneses. Mesmo assim, as armas eram mais poderosas do que todas as habilidades da família. Porém algo tinha que ser feito para distrair os invasores.

Os cinco familiares retornaram às 18h30. Erkki perguntou a Ferdinando se ele teria fechado o portão, pois estava totalmente aberto.

— Eu me lembro de ter encostado o portão — respondeu Ferdinando —, mas não tenho certeza se o tranquei. Mas, de qualquer forma, não estaria tão aberto como está agora. Será que a família resolveu sair e alguém esqueceu de fechar?

— Pai, acho que vou dar uma olhada por trás da casa e ver se está tudo em ordem — propôs Erkki.

Frank, Ronny, Ferdinando e Ruta se afastaram da casa para não serem vistos, enquanto Erkki deu a volta para espiar. Em pouco tempo, voltou, pedindo para eles se afastarem imediatamente, pois estava havendo um assalto.

— Como vamos agir? — perguntou Ruta. — Vamos até a delegacia chamar a polícia?

— Acho que um de nós deve ir à delegacia na rua São Cristóvão, 309 — disse Erkki. — É aqui perto. Temos que nos assegurar que eles venham em total silêncio para não alertar os assaltantes. Só espero que não reajam violentamente. Acho que devemos ficar por aqui e Ruta deveria chamar a polícia. Concordam?

— Já vou indo — assegurou Ruta, e saiu correndo.

Como a delegacia ficava perto, a moça chegou logo e, por sorte, foi atendida por um delegado. Informado sobre o assalto, este convocou imediatamente os guardas da delegacia e embarcou com eles no carro da polícia. Ruta foi convidada a acompanhá-los. Conforme instruções, o carro não ligou as sirenes. Estacionaram a um quarteirão da residência, encontraram Ferdinando e os três rapazes e se dirigiram ao portão.

Com um megafone, o delegado avisou que os assaltantes estavam cercados e que deveriam se render. Eduardo, com a costumeira tranquilidade, exigiu que a polícia fornecesse um automóvel no prazo de uma hora, caso contrário mataria um refém a cada quinze minutos. Achando que a ameaça poderia ser um blefe, os cinco policiais iniciaram o avanço pelo jardim. Ao perceber a aproximação, Eduardo atira na cabeça de Johnny. Audrey se debruça sobre o marido, tentando estancar o sangramento, mas o ferimento foi demasiadamente profundo e ele não resiste. Com um ataque de ódio, Emerson e Carolyn avançam resolutamente sobre Eduardo, tentando segurar a escopeta, mas são atingidos pelos disparos dos outros dois bandidos.

Emerson recebe um tiro diretamente no coração e morre poucos segundos depois, enquanto Carolyn é ferida no estômago, sendo socorrida por Audrey. Os outros cinco Vivone, que avançaram correndo por trás dos policiais, presenciaram as cenas dramáticas da chacina, e também a morte dos assaltantes, finalmente atingidos pelos policiais.

Frank e Ronny, filhos de Johnny caíram no chão em prantos junto ao corpo do pai, acompanhados de perto por Ferdinando, Tiina, Ruta e Erkki. Carolyn foi levada para dentro da casa enquanto os policiais pediam uma ambulância para socorrê-la. No hospital, foi imediatamente levada à sala de cirurgia.

Desolada, Audrey não se conformava com a maldade dos assaltantes. Ela teve a impressão de que eles só se interessavam em roubar, mas não em matar os membros da família. A comoção foi geral quando a polícia levou os falecidos ao necrotério. A tristeza envolveu toda a família durante o enterro que ocorreu alguns dias após a liberação dos corpos.

20

Apesar dos seus 71 anos, Carolyn vinha se recuperando no hospital, e depois em casa, sob os cuidados de Audrey. O tiro não atingiu nenhum órgão vital, aumentando as chances de um bom restabelecimento.

No mês de janeiro de 1946, Frank e Ronny perguntaram a Ruta e Erkki como iriam prosseguir sem os seus pais e sem o tio Emerson. A ideia vigente entre eles era de irem para a Inglaterra, onde poderiam frequentar a Royal School e, posteriormente, entrar em uma universidade, cada um escolhendo sua profissão. Os três rapazes estavam com 20 anos e Ruta com 19, época certa para tratarem da vida.

Ferdinando e Tiina viram com bons olhos a ideia apresentada, que também teve o apoio de Audrey e Carolyn. Os quatro jovens sugeriram que a viagem, caso fosse aprovada, se realizasse em maio de 1946, pois as aulas na Royal School iniciavam em setembro, o que daria tempo para eles se hospedarem na região e conhecerem um pouco mais da Inglaterra. Enquanto isso, ficariam estudando a história do Brasil, cujas noções poderiam ser transmitidas aos futuros colegas.

Vários fatos relevantes ocorreram após a viagem dos quatro jovens para a Inglaterra: a formatura na Royal School, a seleção das respectivas profissões, a matrícula no University College of London e as formaturas em 1955. Esse foi um ano importante para os Vivone em matéria de vida amorosa. Erkki foi colega de uma estudante alemã na universidade, nascida em Dresden em 1930, chamada Else Danemann. Ela fez o mesmo curso que ele, de comércio internacional e, desde o início, tornou-se sua namorada. Casaram-se em 1954, ainda durante o curso, com a presença de todos os colegas. Ruta, por sua vez, formou-se em medicina e planejava retornar ao Rio de Janeiro, mas continuava solteira. Frank se formou em engenharia e permaneceu em Londres, onde se alistou no exército britânico, seguindo a profissão do pai. Ronny, em 1950, casou-se com uma inglesa de nome Mary Mitchell, nascida em Southampton em 1935, formada em veterinária. Em 1955, Else deu à luz um menino de nome Hendrik e, em 1956 teve mais um, chamado Ernst. Os dois meninos, portanto, eram de nacionalidade britânica.

Enquanto isso, Ferdinando, Tiina, Tatiana, Carolyn e Audrey permaneceram no Brasil. Carolyn faleceu em 1950, com a idade de 76 anos, após uma feroz luta contra um câncer de estômago, surgido algum tempo após o tiro que levou de um dos assaltantes.

Tatiana, a advogada da família, substituiu Carolyn como relatora dos acontecimentos históricos ocorridos entre 1945 e 1955. Um dos fatos mais importantes foi a era de Getúlio Vargas no governo brasileiro, desde 1930.

— Anteriormente, Carolyn havia abordado o governo de Getúlio Vargas, mostrando como ele chegara ao poder e as revoltas que teve de enfrentar para permanecer no governo — contou Tatiana. — Em 1930, ele assumiu poderes ditatoriais até 1934, quando foi eleito pela Assembleia Constituinte. Durante essa década, seu governo sobreviveu à revolta de São Paulo em 1932 e a uma tentativa de revolução comunista em 1935. Em novembro de 1937, Vargas comandou um golpe de estado que afastou o governo constitucional e instituiu o chamado "Estado Novo", de características autoritárias e populistas.

"Vou detalhar um pouco mais o relato desse período de 1932 a 1937, devido à grande importância que teve o governo de Getúlio Vargas. Então vamos lá.

"Desde a década de 1930, grupos brasileiros surgiram como reflexo das tendências políticas em evidência no mundo. Notava-se um aumento dos regimes totalitários que não davam valor à democracia, nem ao liberalismo econômico — as tendências políticas vigentes. Esse movimento se refletiu em grupos à direita e à esquerda, radicalizando e polarizando a nossa política.

"Do lado da extrema direita, agia a 'Ação Integralista Brasileira', sob a liderança de Plínio Salgado[1]. Ela surgiu durante o movimento constitucionalista ocorrido em São Paulo, em 1932. Eram os fascistas europeus que influenciavam essa corrente, especialmente os italianos. Os integralistas eram todos fanáticos militaristas, usavam uniformes verdes e organizavam milícias para combater políticos de esquerda.

"Do lado desta, destacava-se a chamada ANL, 'Aliança Nacional Libertadora', apoiada pelo Partido Comunista, inspirada no comunismo soviético de Joseph Stalin. No Brasil foi liderada por Luís Carlos Prestes[2], que havia liderado a chamada 'Coluna Prestes', um movimento político-militar brasileiro ocorrido entre 1925 e 1927 e ligado ao tenentismo, que já discutimos. Prestes chegou a morar em Moscou, onde assimilou a doutrina comunista. Foi, inclusive, enviado de volta ao Brasil como líder da ANL e como grande articulador de um movimento revolucionário para tomar o poder no Brasil. Além disso, a ANL tinha como objetivos realizar a reforma agrária no país e garantir liberdades individuais e direitos sociais.

"A ANL tentou derrubar o governo de Getúlio Vargas entre 23 e 27 de novembro de 1935, no que se chamou de 'Intentona Comunista', realizada principalmente em Recife, Natal e Rio de Janeiro, mas foi um total fracasso. Logo após a intentona, Getúlio ampliou a centralização do seu poder. Em seguida, criou a Lei de Segurança Nacional, com o fechamento da ANL e a aprovação do estado de sítio. Iniciou-se a perseguição aos comunistas, que eram presos e torturados. Getúlio, então, iniciou seu período ditatorial com a criação do 'Estado Novo'.

1 Plínio Salgado (1895–1975). https://cpdoc.fgv.br/producao/dossies/AEraVargas1/biografias/plinio_salgado

2 Luís Carlos Prestes (1898–1990). https://cpdoc.fgv.br/producao/dossies/AEraVargas1/biografias/luis_carlos_prestes

"Apoiado pelo exército, explorou o temor da classe média pelo comunismo. Surgiu então um documento forjado pelos integralistas, denominado 'Plano Cohen', que alertava para um suposto golpe comunista no Brasil. Em setembro de 1937, esse documento falso foi apresentado à nação como verdadeiro e espalhou o pânico entre a população. Meses depois, Vargas autorizou o cercamento do Congresso, dispensou os parlamentares e apresentou uma nova constituição para o país. Esta foi redigida por Francisco Campos, ministro da Justiça e defensor da implantação de uma ditadura no país. O novo regime do Estado Novo foi implantado em 10 de novembro e ficou marcado pelo autoritarismo e pela censura[3].

"Em 1938, auxiliado por seus familiares e sua equipe, Vargas resistiu a mais uma tentativa de golpe para derrubar seu governo, realizada por brasileiros fascistas. Em outubro de 1945, no entanto, foi forçado a renunciar por meio de uma ação militar combinada entre a UDN, União Democrática Nacional, e o exército brasileiro, acrescido de um forte sentimento democrático, vigente após a Segunda Guerra Mundial.

"Apesar de eleito senador em dezembro de 1945, Getúlio se isolou numa espécie de retiro até 1950, quando então emergiu como candidato presidencial pelo Partido Trabalhista, sendo empossado em janeiro de 1951. Dessa vez, porém, devido à oposição do Congresso e de uma profusão de partidos políticos, além de uma opinião pública desfavorável, foi incapaz de satisfazer as aspirações dos trabalhadores e da classe média. Manifestações de protestos e greves agitaram o país. Por isso, Getúlio recorreu ao apelo ultranacionalista para manter o apoio popular. Enquanto isso, os Estados Unidos encorajaram a oposição ao governo.

"Na área política, os principais grupos oposicionistas ao governo de Getúlio Vargas faziam parte da União Democrática Nacional, UDN, que o acusavam constantemente de planejar um golpe em

3 https://mundoeducacao.bol.uol.com.br/historiadobrasil/era-vargas-governo-constitucional.htm

conluio com líderes sindicais, objetivando criar um regime socialista no país. Na imprensa, o famoso jornalista Carlos Lacerda[4] denunciava casos de corrupção e desmandos administrativos do governo federal. Para piorar a situação, em maio de 1954, o seu ministro do Trabalho, João Goulart, concedeu um aumento de 100% sobre o salário mínimo, o que provocou violenta reação dos grupos contrários ao governo, forçando o ministro a renunciar. A oposição a Getúlio foi aumentando, depois que ele foi acusado de ser o mandante do atentado sofrido pelo jornalista Carlos Lacerda, um dos seus principais opositores. Getúlio não resistiu às pressões dos seus adversários e acabou cometendo suicídio em 24 de agosto de 1954[5]. Antes, porém, escreveu seu testamento dirigido ao país, o que causou um renascimento do apoio das massas, permitindo uma rápida volta dos seus seguidores ao poder[6].

"Apesar de ter governado com poderes ditatoriais, produziu uma série de medidas que tiveram reflexos sobre vários setores do país. Entre elas destacam-se: a revisão da estrutura tributária, tornando as administrações dos estados e municípios dependentes da autoridade do governo federal; o eleitorado foi quadruplicado e aprovou-se o voto secreto, permitindo o voto das mulheres; reformas educacionais foram introduzidas; criaram-se leis de seguro social; o trabalho foi organizado e fiscalizado pelo governo, sendo assegurada uma série de benefícios aos trabalhadores, inclusive o salário mínimo; ao mesmo tempo Getúlio estimulou um programa de incentivo à rápida industrialização; no entanto, não foi modificado o sistema de empresas privadas e as reformas sociais não foram concedidas aos mais pobres do setor rural. Além disso, em janeiro de 1951, Getúlio enviou ao Congresso um projeto de lei propondo a criação da Petróleo Brasileiro S.A., a Petrobras, empresa de economia mista com controle majoritário da União."

4 Carlos Lacerda (1914–1977). https://cpdoc.fgv.br/producao/dossies/Jango/biografias/carlos_lacerda

5 https://www.fflch.usp.br/861

6 https://www.britannica.com/biography/Getulio-Vargas

— Tatiana, você fez uma brilhante exposição do que representou o governo de Getúlio Vargas para o Brasil — falou Audrey. — Agora, o que me interessa muito saber é como a Europa e todos aqueles países envolvidos na guerra puderam sobreviver após o término do terrível conflito mundial. Você teria paciência para nos ilustrar sobre isso?

— Acho que vocês ouviram falar do tal "Plano Marshall", que representou uma ajuda fundamental para a recuperação econômica dos países da Europa. Ele foi formalmente chamado de "Programa de Recuperação Europeia", implementado entre abril de 1948 e dezembro de 1951. Os Estados Unidos patrocinaram um programa para reabilitar as economias de dezoito países da zona oeste e sul da Europa, visando criar condições estáveis nas quais instituições democráticas poderiam sobreviver. Os americanos temiam que a pobreza e o desemprego causados pela Segunda Guerra Mundial poderiam aumentar a pressão de partidos comunistas sobre os eleitores da parte ocidental da Europa. A ideia, foi apresentada em 5 de junho de 1947, durante uma conferência na Universidade de Harvard, proferida por George Cattlet Marshall[7], general do exército dos Estados Unidos, secretário de Estado e secretário da Defesa. Pela sua ideia, Marshall recebeu o Prêmio Nobel da Paz, em 1953.

"Apesar da negativa soviética em participar desse plano, ele foi aprovado pelo presidente Truman em abril de 1948. Foram beneficiados pelo financiamento os países: Áustria, Bélgica, Dinamarca, França, Grécia, Islândia, Irlanda, Itália, Luxemburgo, Holanda, Noruega, Portugal, Suécia, Suíça, Turquia, Grã-Bretanha e Alemanha Ocidental. Em quatro anos, esses países receberam cerca de US$13 bilhões. O Plano Marshall foi muito bem-sucedido, pois os países envolvidos tiveram um crescimento do Produto Nacional Bruto de 15% a 25%, o que contribuiu significativamente para o desenvolvimento da indústria química, de aço e da engenharia da Europa ocidental[8]."

[7] George Cattlet Marshall (1880–1959), secretário de Estado (1947–1949) e secretário da Defesa (1950–1951)

[8] https://www.britannica.com/event/Marshall-Plan

Em 1958, os três Vivone que permaneceram no Rio de Janeiro já trabalhavam há três anos no bairro da Quinta da Boa Vista. Ruta começou a atender pacientes na Clínica Vivone, fundada por Ferdinando e Tiina, ambos médicos. Ela teve a oportunidade de aprender com os pais e, ao mesmo tempo, transmitir vários dos conhecimentos adquiridos durante o curso de medicina na Inglaterra. Erkki e Ronny criaram uma exportadora de pedras semipreciosas para os Estados Unidos e Europa. Frank ingressou no exército britânico, sempre animado com a perspectiva de alcançar o posto de general, como seu falecido avô, Jimmy Vivone.

O ano de 1958 foi muito importante para o Brasil. Um dos eventos mais felizes para o país foi a Copa do Mundo de Futebol, realizada no estádio Rasunda, em Estocolmo, capital da Suécia. Em 29 de junho de 1958, a seleção brasileira foi campeã mundial pela primeira vez, derrotando os donos da casa na final, por 5 a 2. Os times entraram em campo com os seguintes jogadores:

- BRASIL: Gilmar; Djalma Santos, Bellini, Orlando e Nílton Santos; Zito e Didi; Garrincha, Vavá, Pelé e Zagallo. Treinador: Vicente Ítalo Feola.
- SUÉCIA: Karl Svensson; Bergmark, Axbom, Börjesson e Gustavsson; Parling e Liedholm; Hamrin, Gren, Simonsson, Skoglund.

Os suecos saíram na frente com Liedholm marcando aos quatro minutos. Mas Vavá marcou logo dois gols e pôs a seleção em vantagem. No segundo tempo, Pelé marcou aos 10 minutos e Zagalo aos 23. Simonsson diminuiu a diferença para os donos da casa. Mas o camisa 10 do Brasil, Pelé, fechou o placar: 5 a 2 na final do mundial.

Para chegar à decisão, foram quatro vitórias e um empate. O Brasil derrotou a Áustria por 3 a 0 na estreia; no segundo jogo, empate sem gols com a Inglaterra; na terceira rodada da fase inicial, vitória de 2 a 0 sobre a União Soviética. Nas quartas de final, a seleção derrotou o País de Gales por 1 a 0. Na semifinal, a derrotada foi a França: 5 a 2 no placar.

Pelé, com apenas 17 anos, tornou-se a maior promessa do futebol brasileiro na época, ao lado de Mané Garrincha, considerado infernal com os seus dribles magistrais. A equipe atuou com tanta eficiência que o futebol do Brasil passou a ser respeitado por todos aqueles que tiveram a chance de assistir ao jogo[9].

Surgiu então uma frase famosa que encheu de orgulho os brasileiros no ano de 1958: "Com o Brasil não há quem possa". Com todos os bons acontecimentos, o povo achava que o ano de 1958 não devia terminar, pois ele fazia parte dos anos dourados do país. Exemplos dessa boa fase foram alguns fatos históricos, como o movimento Bossa Nova, que nos seduzia com a música *Chega de Saudade*, de Antonio Carlos Jobim e Vinícius de Moraes; a construção de Brasília confirmava o sonho do presidente Juscelino Kubitschek e, evidentemente, a primeira conquista da Copa do Mundo pela seleção brasileira, na Suécia[10].

Os Vivone, amantes do futebol brasileiro, assistiram ao jogo numa das primeiras televisões adquiridas no ano da copa. A primeira TV havia sido importada ao Brasil por Francisco de Assis Chateaubriand Bandeira de Melo[11], nascido em Umbuzeiro, Paraíba, dono dos Diários Associados, cadeia de jornais e emissoras de rádio. No dia 18 de setembro de 1950, realizou seu grande sonho: inaugurou a TV Tupi de São Paulo, PRF-3 TV, canal 3, cuja razão social era Rádio e Televisão Difusora. As imagens foram geradas do estúdio localizado na rua Sete de Abril, no centro de São Paulo. O transmissor da RCA foi colocado no topo do edifício do Banco do Estado de São Paulo, no início da Avenida São João.

No dia 20 de janeiro de 1951, iniciaram-se as operações da TV Tupi do Rio de Janeiro, localizada na praça Mauá, e os programas eram transmitidos dos estúdios da Rádio Tamoio. O então presidente,

9 https://www.cbf.com.br/selecao-brasileira/noticias/selecao-masculina/brasil-e-campeao-mundial-em-29-de-junho-de-1958-na-copa-do-mundo-da-suecia

10 http://tvbrasil.ebc.com.br/delapraca/episodio/1958

11 Assis Chateaubriand (1892–1968)

Eurico Gaspar Dutra, acionou o transmissor situado no alto do Pão de Açúcar.

No fim do ano, estreou o *Grande Teatro das Segundas-Feiras*, fixando os teleteatros na programação. Destacaram-se grandes artistas: Bibi Ferreira, Cacilda Becker, Maria Della Costa e Procópio Ferreira, e os diretores Armando Bógus, Geraldo Vietri e Wanda Kosmos.

O valor para a compra de um televisor, na época, era três vezes maior do que o da mais sofisticada vitrola de discos de vinil, e um pouco mais barato que um carro. Em 1952, havia somente 11 mil aparelhos de TV no país, e o possuidor de um deles era considerado um privilegiado[12].

12 http://www.tudosobretv.com.br/histortv/tv50.htm

21

No fim do ano de 1961, Tatiana rememorou os fatos que ocorreram de 1955 até aquele momento. Iniciou com uma das personagens que tiveram imenso destaque nesse período, que foi o médico Juscelino Kubitschek de Oliveira, ou JK, (1902–1976).

— Como vocês sabem, no começo de 1961, o partido de Getúlio Vargas, o PSD, lançou a candidatura de JK à presidência do Brasil. Na ocasião, ele foi considerado comunista e trabalhista pelo exército e pela UDN, União Democrática Nacional. De fato, ele tinha o apoio do PCB, Partido Comunista Brasileiro, que defendia a sua candidatura para presidente e a de João Goulart, o Jango, para vice. Com a dupla eleita, os udenistas tentaram anular as eleições, alegando serem ilícitos os votos dados por comunistas, enquanto alguns militares incitavam suas lideranças contra a posse dos políticos eleitos. Entre os adversários de JK, destacava-se o jornalista Carlos Lacerda, que havia sido vítima do atentado atribuído ao presidente Getúlio Vargas.

"Entre 1954 e 1955, foi presidente do Brasil o advogado João Café Filho[1], vice que assumiu a presidência após o suicídio de Getúlio Vargas. Em 3 de novembro de 1955, Café Filho foi internado no Hospital dos Servidores do Rio de Janeiro com um distúrbio cardiovascular que forçou seu afastamento da presidência. A saída de Café Filho por motivos de saúde, trouxe à presidência o advogado

1 João Café Filho (1899–1970)

Carlos Coimbra da Luz[2]. Na época, ele era presidente da Câmara dos Deputados, para onde foi eleito em fevereiro de 1955. Carlos Luz foi empossado como presidente da república em 8 de novembro de 1955, apoiado por militares e políticos da UDN, que questionavam a eleição de JK. No entanto, o general Henrique Batista Duffles Teixeira Lott[3], temendo um golpe, ocupou a capital federal dia 11 de novembro de 1955 e tomou várias medidas para assegurar a posse de Juscelino, ocorrida no dia 31 de janeiro de 1956.

"Juscelino casou-se, em 30 de dezembro de 1931, com Sarah Luísa Lemos Kubitschek de Oliveira, com quem teve duas filhas, Márcia e Maria Estela. Sarah foi a criadora do Centro de Reabilitação Sarah Kubitschek[4]. Juscelino foi um desenvolvimentista, responsável pela criação de Brasília, projetada pelo arquiteto Oscar Niemeyer[5] e construída em parte pelo engenheiro pernambucano Joaquim Cardozo, com a urbanização a cargo do urbanista Lúcio Costa[6]. JK presidiu o Brasil entre 1956 e 1961.

"Em fins de 1958, Carlos Lacerda, da UDN, contrário à construção da nova capital, requereu uma Comissão Parlamentar de Inquérito (CPI) que intimava os diretores da Novacap, encarregada de gerenciar e coordenar a construção de Brasília, bem como todos os empreiteiros das obras, a prestarem depoimento devido a alegações de irregularidades na construção. Entretanto, as forças que apoiavam o governo comprometeram-se a adiar a CPI até a inauguração da nova capital.

"Em junho de 1959, contrário às exigências do FMI, Fundo Monetário Internacional, que impunha determinadas condições para conceder financiamento destinado a alavancar a construção de

2 Carlos Coimbra da Luz (1894–1961)

3 Henrique Batista Duffles Teixeira Lott (1894–1984)

4 Atualmente Rede Sarah, referência mundial no tratamento de politraumatizados, com unidades em oito capitais brasileiras.

5 Oscar Niemeyer (1907–2012)

6 https://acervo.estadao.com.br/noticias/personalidades,juscelino-kubitschek,559,0.htm

Brasília, JK rompeu com o fundo. Em consequência, grande massa popular e entidades de classe se reuniram em frente ao Palácio de Catete, no Rio de Janeiro, em atitude de solidariedade ao presidente, portando faixas e cartazes em favor do estabelecimento de relações diplomáticas do Brasil com a União Soviética e a China Popular.

"Em 21 de abril de 1960, Kubitschek declarou inaugurada a nova capital, Brasília. Na primeira reunião ministerial realizada no Palácio do Planalto, assinou mensagem dirigida ao Congresso, propondo a criação da Universidade de Brasília (UnB) e expôs o seu famoso plano de metas. As medidas contidas no plano resultaram em um significativo crescimento econômico. Ao mesmo tempo, JK proporcionou reformas sociais e abriu o país ao capital estrangeiro, mas em compensação aumentou sua dívida externa. Procurou aumentar a produção de alimentos, como também incentivou o setor energético, construindo as usinas hidrelétricas de Paulo Afonso, no rio São Francisco, e as barragens de Furnas e Três Marias. Criou também a Superintendência do Desenvolvimento do Nordeste (Sudene). Instituiu o Conselho de Desenvolvimento, que seria administrado por ministros de Estado, pelos chefes dos gabinetes civil e militar e os presidentes do Banco do Brasil e do Banco Nacional de Desenvolvimento Econômico. A grande entrada de capital estrangeiro foi, no entanto, a principal fonte de oposição à política econômica de Juscelino, notadamente por parte da esquerda. De um lado, o mecanismo de proteção às manufaturas de origem nacional obrigava as empresas norte-americanas a investir diretamente no Brasil, a fim de não perderem o mercado. Do outro, o governo concedia isenções e privilégios, permitindo que aquelas empresas importassem bens de produção, sem cobertura cambial, enquanto negava o mesmo direito às companhias brasileiras[7].

"Ficou famosa a declaração de JK, de que seu plano de metas proporcionaria um desenvolvimento do Brasil 'de 50 anos em 5'. Ele argumentava que seu sonho de levar a capital do Brasil para o interior

7 https://cpdoc.fgv.br/producao/dossies/JK/biografias/juscelino_kubitschk

do país traria um grande desenvolvimento econômico e social. Além dos estímulos permitidos pela legislação que favorecia a entrada de capital estrangeiro, o governo dispunha de outra importante fonte para angariar recursos, o BNDE, que assegurava o acesso a créditos do exterior aos empresários, que assumiam a corresponsabilidade pela liquidação do débito.

"Juscelino, após o seu mandato, foi acusado de ser proprietário de um prédio na Avenida Vieira Souto, no Rio de Janeiro, onde pagava aluguel ao seu ex-ministro Sebastião Paes de Almeida, suposto 'laranja'. Segundo denúncia, Juscelino seria o real proprietário do prédio, obtido com recursos doados por empreiteiros de obras durante o seu governo. Em maio de 1964, baseado na conclusão da CGI, Comissão Geral de Inquérito, o Conselho de Segurança Nacional recomentou a cassação do ex-presidente por um período de dez anos, por corrupção e por aliança com os comunistas, punição essa confirmada pelo general Castelo Branco, presidente."

— Tatiana, por que acusam o Juscelino de ter sido responsável pelo crescimento da inflação no Brasil? — perguntou Ruta.

— Essa é uma pergunta muito importante — respondeu Tatiana. — A prioridade de Juscelino sempre foi baseada no compromisso de desenvolvimento, conforme o seu plano de metas. Tal política despertava interesses empresariais, militares e trabalhistas que apoiavam esse enfoque progressista. No entanto, o sistema enfrentava a oposição de alguns setores internos e de organismos internacionais, que advogavam uma rígida política de estabilidade nas contas públicas. Essas duas tendências marcaram as gestões dos ministros da Fazenda que assumiram os seus cargos nesse período. Vale a pena detalhar um pouco mais o assunto. Foram três os ministros da Fazenda no período: José Maria Alkmin[8], Lucas Lopes[9] e Sebastião Pais de Almeida[10].

8 José Maria Alkmin (1901–1974)

9 Lucas Lopes (1911–1994)

10 Sebastião Pais de Almeida (1912–1975)

"Alkmin adotou uma política econômica contraditória. Encontrou o governo com um progressivo déficit orçamentário e da balança comercial, além da crescente desvalorização internacional do café afetando a receita das exportações. Apesar disso, continuou subsidiando a indústria automotiva e naval, o que drenava ainda mais os recursos. Por outro lado, tentou conter o processo inflacionário, limitando a expansão da moeda e restringindo o crédito à iniciativa privada. Atendendo às prioridades do governo Kubitschek, deu prioridade a medidas que viabilizassem maior disponibilidade de recursos para os investimentos do setor público e para o subsídio de atividades industriais consideradas de interesse estratégico.

"Os cafeicultores, descontentes com a política econômica de Alkmin, realizaram greves, pedindo maior austeridade na execução do orçamento como forma de exercer efetivo controle inflacionário. Eram apoiados por Eugênio Gudin Filho que era defensor da política de estabilização[11]. Enquanto isso, a inflação continuava ascendente. Então, Juscelino anunciou um programa de estabilização que, segundo ele, seria compatível com o processo industrializante. Em março de 1958, o FMI, Fundo Monetário Internacional, enviou ao Brasil uma missão com o propósito de avaliar a capacidade do país de honrar um empréstimo externo de US$300 milhões, solicitado para cobrir os investimentos previstos no plano de desenvolvimento. O relatório elaborado pelo FMI sugeria uma série de alterações nos rumos da política econômica brasileira, entre elas a contenção dos salários, o respeito a tetos inflacionários, a revisão da política cambial e a suspensão de subsídios. Procurando adequar-se às exigências do principal avalista dos empréstimos internacionais, Juscelino deu sinais de que promoveria uma radical alteração nos rumos da política econômica ao substituir Alkmin por Lucas Lopes. Essas exigências do órgão internacional causaram forte oposição ao governo.

11 Eugênio Gudin Filho (1886–1986). http://www.fgv.br/cpdoc/acervo/dicionarios/verbete-biografico/eugenio-gudin-filho

Aparentemente, Juscelino se prontificava a atender as sugestões apresentadas, principalmente pelo setor industrial."

— E por que, em junho de 1959, o presidente rompeu com o FMI, que estava disposto a emprestar US$300 milhões ao Brasil? — perguntou Erkki.

— Quando Lucas Lopes assumiu o ministério da Fazenda em junho de 1958, ele elaborou as bases de um Plano de Estabilização Monetária (PEM), que defendia um rígido controle do orçamento e o combate à expansão da base monetária por meio de medidas radicais, como o aumento de impostos, o controle das linhas de crédito do Banco do Brasil e a eliminação dos subsídios cambiais. Com seu rigor monetarista, o PEM impunha limites à implementação das metas de desenvolvimento, além de provocar sérios abalos nos eixos de sustentação política e social do governo.

"Juscelino, por outro lado, contrário às metas contracionistas, autorizou um aumento de 30% no salário mínimo e, logo em seguida, concedeu novos subsídios à cafeicultura e à importação de maquinaria para a indústria de base, medidas opostas às recomendadas por Gudin. Essa posição foi também adotada por Sebastião Paes de Almeida, presidente do Bando do Brasil que resolveu abrir novas linhas de crédito para o setor industrial, deixando claro que o governo Kubitschek assumia a opção de implementar a matriz desenvolvimentista, ainda que os indicadores econômicos apontassem para um progressivo desequilíbrio dos pilares da economia. Vencia a concepção de matriz estruturalista, segundo a qual os sinais de desequilíbrio identificados na economia eram inerentes ao processo de desenvolvimento e seriam corrigidos progressivamente, à medida que a economia brasileira se modernizasse, dinamizasse e diversificasse.

"Notou-se logo que, ao privilegiar a matriz desenvolvimentista em oposição à estabilização monetária, o seu ideário nacionalista mobilizou diferentes setores da sociedade. Conforme expliquei há pouco, foi por isso que JK resolveu romper com o FMI em junho de 1959, um gesto que queria mostrar a soberania nacional, demonstrado pela demissão de Lucas Lopes do ministério da Fazenda e de

Roberto Campos do BNDE, o Banco Nacional de Desenvolvimento Econômico. Com isso, conquistou uma imagem de grande responsável pela modernização da economia brasileira. Essa estratégia desenvolvimentista teve consequências, pois legou ao seu sucessor uma economia que crescia 8,2% ao ano, mas com taxas de inflação anuais da ordem de 23% e descontrole das contas externas[12].

"A oposição ao governo Juscelino vinha principalmente da UDN, União Democrática Nacional, fundada em 7 de abril de 1945, organização que antes combatia Getúlio Vargas e passou a criticar a inflação crescente e o aumento da dívida externa do governo Juscelino, devido aos astronômicos gastos com a construção de Brasília. A oposição contava ainda com o apoio do jornal *Tribuna da Imprensa*, de Carlos Lacerda.

"Ao fim de seu mandato, que durou de 31 de janeiro de 1956 até 31 de janeiro de 1961, JK conseguiu que o parque industrial brasileiro crescesse cerca de 80% com o aumento das usinas hidrelétricas, como Furnas, e da indústria de aço; a instalação da indústria de automóveis; a criação de novas rodovias, como a Belém-Brasília e, evidentemente, a construção da nova capital[13].

"Iniciou-se, então, o processo de sucessão presidencial. A oposição lançou o Movimento Popular Jânio Quadros. Jânio, advogado e político, possuía grande popularidade, principalmente em São Paulo, onde era governador e já havia sido vereador e prefeito[14]. Ele acusava o governo Juscelino de uso indevido de dinheiro público e prometia acabar com a corrupção e a inflação. Como adversários de Jânio, dois importantes partidos lançaram o marechal Henrique Teixeira Lott para presidente e João Belchior Marques Goulart para

12 https://cpdoc.fgv.br/producao/dossies/JK/artigos/Economia/Desenvolvimentismo

13 https://mundoeducacao.bol.uol.com.br/historiadobrasil/governo-juscelino-kubitschek.htm

14 Jânio Quadros (1917-1992). https://cpdoc.fgv.br/producao/dossies/Jango/biografias/janio_quadros

vice-presidente[15]. No entanto, como a votação para presidente e vice era desvinculada, cada um era votado em separado. Apesar de ser o vice escolhido por Teixeira Lott, as eleições foram ganhas pela dupla Jan-Jan: Jânio e Jango[16]."

Em 1964, a família Vivone estava assim constituída: Ferdinando, médico, e Tatiana, professora de História, ambos nascidos em 1889, portanto ambos com 75 anos de idade. Erkki com 39 anos, Else com 34, e os filhos Hendrik e Ernst, com 9 e 8, respectivamente. Ruta, com 38 anos, médica. Frank, com 39 anos, continuava no exército britânico em Londres. Ronny, também com 39, casado com Mary Mitchell, com 29 anos. Ronny, Mary, Else e Erkki eram sócios na empresa de comércio exterior.

— Tatiana, você pode contar um pouco mais sobre o governo do Jânio Quadros? — perguntou Erkki. — Pelo que eu sei, ele não durou muito, mas não entendi por que acabou renunciando.

— Eu também achei estranho. Ele fez de tudo para parecer um homem do povo, um cidadão simples que prometia moralizar o país. Adotou uma vassoura como símbolo da limpeza que prometia fazer, pois se dispunha a combater tudo o que havia de errado no Brasil, principalmente a corrupção. Acabou vencendo a eleição. Na verdade, Jânio era um indivíduo misterioso, autossuficiente, que tomou medidas sem grande importância e foi recebendo críticas devido à piora da situação econômica e ao crescimento da dívida externa e da inflação, heranças do governo Juscelino. Além disso, não conseguiu se relacionar adequadamente com os demais políticos, afastando-se dos partidos, o que dificultava as negociações com o Congresso Nacional. Tomou algumas medidas que mais pareciam brincadeira como, por exemplo proibir o uso de biquínis nas praias, proibir as brigas de galo, e vedar o uso de lança-perfume.

15 João Goulart (1919–1976). https://cpdoc.fgv.br/producao/dossies/JK/biografias/joao_goulart

16 https://cpdoc.fgv.br/producao/dossies/JK/artigos/Politica/EquilibrioDelicado

"O ministério nomeado por Jânio Quadros caracterizou-se pelo antigetulismo e pela orientação ortodoxa na economia, lançando-se imediatamente à execução de um programa anti-inflacionário que atendesse às indicações do Fundo Monetário Internacional (FMI). Diante dessa orientação, João Goulart constatou a impossibilidade de construir um bom relacionamento com o presidente. As relações entre os países americanos e os Estados Unidos foram debatidas em agosto na reunião extraordinária do Conselho Interamericano Econômico e Social, conhecida como Conferência de Punta del Este. Ao fim da reunião, Ernesto Che Guevara, ministro da Economia de Cuba, viajou para o Brasil, onde Jânio aproveitou o encontro para pedir, com êxito, a libertação de vinte padres espanhóis presos em Cuba. Em 18 de agosto de 1961, Jânio condecorou Che Guevara com a Ordem Nacional do Cruzeiro do Sul, o que provocou a indignação dos setores civis e militares. Em 27 de agosto, já demissionário, embarcou num navio para Londres, achando que, ao voltar, seria carregado nos ombros de volta à presidência, o que não ocorreu.

"Jânio procurou romper a dependência dos Estados Unidos e decidiu se aproximar de países nacionalistas e de esquerda, especialmente da União Soviética, e enviou o seu vice, João Goulart, à China socialista enquanto criticava a política americana relativa a Cuba. O prestígio de Jânio foi se esvaindo, desagradando os políticos da direita e as forças armadas do país.

"O seu governo entrou em colapso depois de sete meses e, em 25 de agosto de 1961, Jânio resolveu renunciar, sem dar muitas explicações sobre seus motivos. Ele dizia que forças 'terríveis' estavam contra ele, sem definir exatamente quais eram. Na verdade, quem viveu nessa época percebeu que se tratava de um blefe, pois ele esperava que, com a renúncia, seria carregado nos ombros pela população, pedindo sua volta. Enganou-se, pois o seu plano não surtiu efeito.

"Em seguida à renúncia de Jânio Quadros, deveria assumir o vice-presidente João Goulart, o Jango. No entanto, os militares eram contra a sua posse, a tal ponto que o seu partido, PTB – Partido

Trabalhista Brasileiro, liderado por Leonel Brizola[17], governador do Rio Grande do Sul, iniciou um movimento legalista defendendo a posse de Jango. Esse movimento quase provocou uma guerra civil no país, contornada por uma proposta do Congresso, instituindo o regime parlamentarista, o que reduziria o poder Executivo. Assim, Jango assumiu a presidência em 7 de setembro de 1961[18].

"O novo presidente encontrou o país em desordem, com uma dívida externa de US$1,5 bilhão a ser paga em 1962, além de uma inflação crescente. Como ele era considerado 'demais à esquerda' pelos americanos, principalmente após ter alterado a Lei de Remessa de Lucros, em 1962, que impedia multinacionais de enviarem para fora do Brasil mais do que 10% do lucro obtido. Em um plebiscito realizado em janeiro de 1963, a população optou pelo fim do parlamentarismo, ficando Jango com plenos poderes, dando início a duas medidas importantes: o Plano Trienal e as Reformas de Base.

"O Plano Trienal tinha como objetivo promover o crescimento econômico do país ao mesmo tempo que criava condições para combater a alta da inflação. No entanto, foi um fracasso, pois apesar de propor um regime de estabilidade monetária, em meados de 1963, o governo promoveu o aumento do salário dos funcionários públicos. O segundo projeto, das Reformas de Base, visava a realização de reformas estruturais no Brasil que resultariam em transformações profundas a longo prazo. Dentro das Reformas de Base, a principal foi a da reforma agrária, que defendia a desapropriação de propriedades rurais não produtivas maiores do que 500 hectares, as quais seriam distribuídas aos camponeses que não possuíam terras. Esse projeto recebeu o apoio das esquerdas e constituiu o debate político do Brasil entre março e agosto de 1963.

"Entre todas essas reformas, a que foi largamente discutida e ocupou o debate político do Brasil nesse período foi a reforma agrária. As outras reformas podem ser vistas como estabelecimento de

[17] Leonel Brizola (1922–2004)

[18] https://www.suapesquisa.com/historiadobrasil/governo_janio_quadros.htm

um projeto de intenção do governo para iniciar um debate. No caso da reforma agrária, a adesão popular foi imediata.

"O problema que surgiu em seguida foi a forma de pagamento das desapropriações que deveriam ser pagas em dinheiro e baseadas no valor de mercado. Essa forma era impossível para o governo, que se propôs a pagar as desapropriações com títulos da dívida pública com vencimento em vinte anos e corrigidos pela inflação, proposta que teve a oposição dos proprietários, do empresariado, dos principais partidos políticos e dos militares. Assim, o empresariado e o governo americano, que via o Brasil caminhando para a esquerda, iniciaram os preparativos para o golpe civil-militar de 1964[19].

"Goulart foi presidente entre os anos de 1961 e 1964. Em virtude das medidas por ele tomadas — tais como a intenção de fazer a reforma agrária, a instituição do 13º salário, bem como sua inabilidade em lidar com as forças armadas, além da suposta ameaça de transformar o Brasil num país comunista —, parte da população realizou, em 31 de março de 1964, a famosa 'Marcha da Família com Deus pela Liberdade', pedindo providências contra uma possível revolução comunista no Brasil. Comandados pelo general Olímpio Mourão, militares dirigiram-se ao Rio de Janeiro com o objetivo de depor o presidente que, conformado, se retirou para o Rio Grande do Sul, de onde seguiu para o exílio no Uruguai[20]."

Em 15 de março de 1964, chegou à residência dos Vivone uma carta da Inglaterra escrita por Frank, contando as novidades. Todos se reuniram em torno dela, ansiosos para saber o que estava acontecendo.

19 https://www.historiadomundo.com.br/idade-contemporanea/primeira-fase-governo-joao-goulart.htm

20 https://www.oultraconservador.com.br/meus-textos/joao-goulart-era-comunista-491

Londres, 6 de março de 1964

Querida Família,

Muitas saudades. Estou curioso para saber como vocês estão aguentando sem a minha maravilhosa presença, hehe. Sem brincadeira, quero notícias e não recebi nada de vocês há muito tempo. Então estou aguardando.

Antes de continuar, gostaria de dizer que a minha decisão de permanecer no exército britânico foi acertada. Estou feliz, já tive duas promoções e sou primeiro-tenente de infantaria. Mas a melhor notícia que quero dar a vocês é a do meu casamento com uma linda escocesa que conheci durante meu curso de engenharia. Ela se chama Jessie Cameron, nascida em 1928, formada em história pelo University College of London. Fiquei noivo em 1950, mas o noivado durou muito tempo porque ela queria fazer o doutorado em história e quis se dedicar integralmente à tese. O nosso casamento foi em janeiro de 1956 e temos um filhinho que já está com 8 anos, nascido em Londres em dezembro daquele mesmo ano. O nome dele é Barry Vivone. Jessie leciona história na universidade onde se formou.

Como possivelmente vocês não acompanharam de perto o que ocorreu na Inglaterra entre 1960 e 1964, vou dar uma ideia dos principais acontecimentos: Desde 1961, as relações entre a Rússia de um lado e os Estados Unidos e o Reino Unido de outro, ficaram tensas em virtude da ocupação de Berlim depois da Segunda Guerra Mundial. Esse conflito se transformou na chamada Guerra Fria ("Cold War"). A União Soviética não queria que os habitantes do lado leste de Berlim passassem para o lado oeste, o que vinha ocorrendo à razão de mil refugiados por dia, uma perda econômica e demográfica que certamente causaria um desastre do lado leste de Berlim.

Vários acordos foram tentados anteriormente entre os dois lados, mas sem resultado. Um incidente foi responsável pelo fracasso da reunião ocorrida em Paris, em maio de 1960, quando os russos derrubaram um avião U-2 de espionagem americana sobre território da União Soviética.

Assim, no dia 12 de agosto de 1961, o governo da Alemanha Oriental começou a construir um muro entre os dois lados de Berlim sem que houvesse qualquer oposição dos americanos, pois a União Soviética exercia o controle sobre esse setor. Outra fase intensa da Guerra Fria começou quando a União Soviética construiu mísseis balísticos e, em segredo, instalou alguns deles em Cuba, de onde poderiam atingir os Estados Unidos. Tal ato deflagrou a Crise dos Mísseis Cubanos, quase levando os dois países a uma guerra[21]*. Ainda bem que foi feito um acordo em 8 de novembro de 1962, entre Nikita Sergeyevich Khrushchev*[22] *e o presidente dos Estados Unidos John Kennedy*[23]*, para a retirada dos mísseis.*

Em 5 de agosto de 1963, a União Soviética, os Estados Unidos e a Grã-Bretanha assinaram um acordo de abolição de testes nucleares. Em 22 de dezembro de 1963, o presidente Kennedy foi assassinado em Dallas no Texas. Vocês souberam que a China explodiu sua primeira bomba nuclear em 16 de outubro de 1964? Foi uma bomba de hidrogênio.

Esses foram alguns dos principais acontecimentos no citado período. Eu estou muito interessado nos eventos que ocorreram no Brasil. Por favor, mantenham-me informado e recebam um grande abraço do Frank.

A resposta à carta não tardou, e foi escrita por Ronny.

21 https://www.britannica.com/event/Cold-War

22 Nikita Khrushchev (1894–1971)

23 John Kennedy (1917–1963)

Rio de Janeiro, 10 de abril de 1964

Caro Frank,

Foi excelente sabermos das novidades, do seu casamento com Jessie e do seu filho Barry. Por aqui estamos com saúde e com muitas novidades, especialmente em matéria de política. Como o acontecimento foi recente, possivelmente ainda não chegou ao seu conhecimento. Trata-se de um golpe militar deflagrado, em 1º de abril de 1964, contra o governo legalmente constituído de João Goulart (que era vice-presidente de Jânio Quadros, aquele que renunciou por motivos até hoje desconhecidos).

Apesar da insistência de seus aliados, Jango desistiu de um confronto militar com os golpistas e se exilou no Uruguai. Apesar de o presidente da Câmara dos Deputados, Paschoal Ranieri Mazzilli[24] *ter assumido interinamente a presidência, o poder real se encontrava nas mãos dos militares, que efetuaram prisões e torturas. Milhares de pessoas foram atingidas em seus direitos: parlamentares tiveram seus mandatos cassados, direitos políticos de cidadãos foram suspensos e funcionários públicos civis e militares foram demitidos ou aposentados. Entre os cassados, encontravam-se personagens que ocuparam posições de destaque na vida política nacional, como João Goulart, Jânio Quadros, Miguel Arraes, Leonel Brizola e Luís Carlos Prestes.*

Entretanto, o golpe militar foi saudado pelo empresariado, pela imprensa, pelos proprietários rurais, pela Igreja Católica, por vários governadores de estados importantes, tudo para combater a ameaça do crescimento do comunismo. Os Estados Unidos se regozijaram com o golpe, pois perceberam que o Brasil não estava seguindo o mesmo caminho de Cuba com a revolução de Fidel Castro, e prometeram

24 Paschoal Ranieri Mazzilli (1910–1975)

dar apoio logístico aos militares golpistas caso eles fossem confrontados com a resistência de parte das forças leais a Goulart. Os mais radicais aglutinaram-se em torno do general Costa e Silva. Outros preferiram prestigiar o general Humberto de Alencar Castelo Branco[25].

Articulações bem-sucedidas na área militar por um grupo de oficiais pró-Castelo Branco e o apoio dos principais líderes políticos civis favoráveis ao golpe foram decisivos para que, no dia 15 de abril de 1964, Castelo Branco assumisse a presidência da República. O novo presidente assumiu o poder prometendo a retomada do crescimento econômico e o retorno do país à "normalidade democrática". É por isso que 1964 representa um marco na história política do Brasil: diferentemente do que ocorreu em algumas outras ocasiões, desta vez militares não apenas deram um golpe de Estado, como permaneceram no poder[26].

Você poderia perguntar o que ocorreu com o presidente Juscelino Kubitschek, que havia sido presidente antes de Jânio Quadros. Com o golpe militar de 1964, Juscelino procurou aconselhar Goulart e conversou com o presidente Castelo Branco sobre o problema sucessório. No entanto, Juscelino acabou cassado pelo regime em junho de 1964 e se exilou, fixando residência em Lisboa.

Bem, esperamos que você possa nos visitar aqui no Brasil o mais breve possível.

Receba um grande abraço da família.

[25] Humberto de Alencar Castelo Branco (1897–1967)

[26] https://cpdoc.fgv.br/producao/dossies/FatosImagens/Golpe1964

22

Lamentavelmente, a idade não perdoa. Ferdinando e Tatiana não escaparam dessa realidade. Em 1965, com 76 anos, os dois estavam bastante debilitados, apesar de terem optado por uma vida sadia, com regras rígidas quanto à alimentação, exercícios físicos e mentais. Tiina, mais jovem, com 65 anos, dedicava-se a eles, cuidando para que tivessem uma boa velhice. Mas nada resiste ao tempo.

De todo modo, Tatiana não perdeu o interesse pelos acontecimentos que abalaram o Brasil desde 1964, e continuou atendendo aos pedidos da família para falar sobre a crise.

— Conforme eu contei a vocês, o Brasil vem passando por uma fase conturbada durante a vigência dessa ditadura, instituída em 1º de abril de 1964. Os comandantes militares anunciaram a restauração da economia e das finanças do país e se propuseram a eliminar a infiltração comunista, combater a corrupção e a subversão. Desejavam, também, instituir uma forma alternativa de governo. Assim, em 9 de abril de 1964, foi feita uma emenda à constituição de 1946, definida como Ato Institucional nº 1. Por essa emenda, o Executivo teria autoridade para destituir servidores eleitos, despedir funcionários públicos e revogar por dez anos os direitos daqueles considerados subversivos ou culpados de má utilização de verbas públicas. Nos seis meses seguintes, o regime prendeu dezenas de pessoas e revogou os direitos políticos de outra centena, inclusive de autoridades da União e dos estados, além dos ex-presidentes João Goulart, Jânio Quadros e Juscelino Kubitschek.

"Em 27 de outubro de 1965, o presidente Castelo Branco promulgou o Ato Institucional nº 2, que suspendeu todos os partidos políticos, restituiu os poderes emergenciais do presidente e marcou para outubro de 1966 uma nova eleição presidencial. Com a promulgação do Ato Institucional nº 3, em 5 de fevereiro de 1966, o governo criou um sistema eleitoral artificial, composto de dois partidos: um deles denominado Aliança Renovadora Nacional (ARENA), e um partido de oposição, o Movimento Democrático Brasileiro (MDB). O MDB, no entanto, se recusou a nomear um candidato a presidente.

"No dia 6 de dezembro de 1966, foi publicado o projeto de constituição redigido por Carlos Medeiros Silva, ministro da Justiça, e por Francisco Campos. Diante dos protestos suscitados pelo documento, tanto na oposição como entre setores da ARENA, no dia seguinte, Castelo Branco decidiu editar o Ato Institucional nº 4, convocando o Congresso em sessão extraordinária, de 12 de dezembro de 1966 a 24 de janeiro de 1967, para discutir, votar e promulgar a nova Carta sob o regime de trabalho acelerado. Daquela data até a entrada em vigor da nova constituição, prevista para 15 de março de 1967, o Executivo poderia legislar por decreto em tudo o que se referisse à segurança nacional, administração e finanças[1].

"Apesar de todos esses atos institucionais, Castelo Branco conteve o ritmo da inflação e reviveu a economia enfraquecida, regulou as fontes de crédito, reestruturou o sistema de impostos e impôs o controle de salários. O governo também investiu pesadamente em energia hidrelétrica e em infraestrutura de transportes. Foram bons os resultados, pois ele conseguiu restabelecer a confiança internacional de crédito, reduziu a inflação e fez crescer o PIB, Produto Interno Bruto. Ao deixar a presidência em março de 1967, todos os setores da economia estavam em expansão, mas ainda com algum desemprego.

[1] http://www.fgv.br/cpdoc/acervo/dicionarios/verbete-tematico/atos-institucionais

"Com o congresso dominado pela ARENA, foi eleito o general Artur da Costa e Silva[2], candidato do governo que tomou posse em março de 1967. Costa e Silva pertencia à 'linha dura' das forças armadas e tornou o regime ainda mais fechado, com cruéis perseguições à oposição. O período ficou conhecido como 'os anos de chumbo[3]'."

Em 1970, Ferdinando e Tatiana estavam com 80 anos e com a saúde definhando. Tiina cuidava maternalmente dos dois, mas como médica não se iludia sobre o estado físico de ambos. Enquanto isso, as exportações de produtos brasileiros da empresa fundada por Erkki, sua esposa Else e Ronny passavam por uma fase desfavorável em virtude da situação política, por isso resolveram aguardar dias melhores.

— Tatiana, acho que vou substituir você no seu relato sobre a situação do país nesses anos de ditadura — disse Ronny. — Sei que você necessita de repouso e eu prometo contar tudo. Aliás, vou aproveitar e recapitular o que ocorreu no governo de Costa e Silva. Apesar de prometer humanizar o governo militar, na verdade ele continuou impondo as mesmas diretrizes adotadas por Castelo Branco. Rejeitou petições para promover uma anistia geral, resistiu às propostas de restaurar as eleições diretas, foi contra as tentativas para a formação de um segundo partido de oposição e debelou distúrbios estudantis.

"No final de 1967, o ex-governador Carlos Lacerda, um dos líderes da Frente Ampla, um movimento nacional de oposição civil ao regime militar que vinha se articulando desde meados de 1966, iniciou uma campanha contra a política do governo Costa e Silva. Ao mesmo tempo, começaram a surgir conflitos políticos na área estudantil, apoiada por setores da classe média e da igreja. Imediatamente o ministro da Justiça Luís Antônio da Gama e Silva baixou uma portaria proibindo qualquer atividade da Frente Ampla. Nessa época, o ministro do Exército, Aurélio de Lira Tavares, insistiu na necessidade

2 Artur da Costa e Silva (1899–1969)

3 https://www.historiadomundo.com.br/idade-contemporanea/governo-castello-branco.htm

de combater 'ideias subversivas', que uniam a oposição e o comunismo. O SNI, Serviço Nacional de Informações, chefiado pelo general Emílio Garrastazu Médici[4], passou também a exigir medidas repressivas mais radicais. Sentindo o forte aumento das críticas da população e do congresso, Costa e Silva resolveu aumentar seus poderes e instituiu o Ato Institucional nº 5 (AI-5) em 13 de dezembro de 1968, o mais drástico de todos os atos institucionais até então editados.

"O AI-5 autorizou o presidente da República, independentemente de qualquer apreciação judicial, a decretar o recesso do Congresso Nacional e de outros órgãos legislativos, a intervir nos estados e municípios sem as limitações previstas na constituição, a cassar mandatos eletivos e a suspender por dez anos os direitos políticos de qualquer cidadão, a decretar o confisco de bens de todos que tenham enriquecido ilicitamente e a suspender a garantia de habeas corpus. Ainda no dia 13 de dezembro, foi decretado o recesso do Congresso Nacional por tempo indeterminado.

"Logo após a edição do AI-5, foram presos diversos jornalistas e políticos que haviam manifestado oposição ao governo, dentro ou fora do Congresso. Entre eles incluíam-se o ex-presidente Juscelino Kubitschek, o ex-governador Carlos Lacerda e vários deputados federais e estaduais da ARENA e do MDB. Carlos Lacerda teve seus direitos políticos suspensos.

"No dia 16 de janeiro de 1969, após uma reunião do Conselho de Segurança Nacional, o governo divulgou uma lista contendo quatro tipos de punições: cassação de mandato, cassação de mandato com suspensão de direitos políticos, suspensão de direitos políticos e aposentadoria compulsória.

"Em agosto de 1969, Costa e Silva sofreu um derrame, e o governo passou a ser conduzido pelos ministros do Exército, da Marinha e da Aeronáutica até outubro, quando o general Emílio Garrastazú Médici foi escolhido presidente."

[4] Emílio Garrastazu Médici (1905–1985)

No inverno de 1970, Ferdinando, Tatiana e Audrey foram atacados por uma gripe, com febre alta, que resultou em pneumonia. Internados na clínica médica onde Tiina trabalhava, foram tratados com novos antibióticos, mas os resultados foram decepcionantes. Tatiana e Audrey faleceram em julho e Ferdinando em setembro. Foram semanas de grande ansiedade e tristeza. Tiina ficou desolada com o falecimento do seu marido Ferdinando e perdeu o interessa pela vida. Faleceu em 1973.

— Em 1971 — continuou Ronny —, o presidente Médici apresentou o Primeiro Plano Nacional de Desenvolvimento (PND) que resultou em maior crescimento econômico. Ao mesmo tempo, dedicou-se ao desenvolvimento do Nordeste e da Amazônia por meio da construção de estradas e da redistribuição de terras. Os resultados satisfatórios dessas ações apaziguaram de certa forma a população, que parecia mais disposta a tolerar a opressão política e as violações dos direitos humanos. Em 1973, foi criado um colégio eleitoral e, em 1974, foi eleito presidente o general Ernesto Geisel[5] da ARENA.

"Passaram-se dez anos desde o início da ditadura em 1964. Num de seus atos, Geisel levantou a proibição das atividades políticas de 106 líderes de governos anteriores, entre os quais Kubitschek, Jânio Quadros e João Goulart.

"Interrompendo um pouco o meu relato, vocês estão cientes de que os nossos três sobrinhos estão na idade de sair um pouco do Brasil?", perguntou Ronny. "Conforme as nossas tradições, eles deveriam viajar para a Inglaterra e frequentar a Royal School como todos nós. Hoje estamos em junho de 1975, Hendrik está com 20 anos, Ernst e Barry com 19. Portanto, estão aptos a conhecer Londres e começar uma nova vida. Vocês estariam de acordo com essa proposta? Se estiverem, eles deveriam embarcar no mês que vem, julho, para conseguirem iniciar o curso em setembro."

Dirigindo-se aos três sobrinhos, Ronny perguntou se estariam dispostos a uma aventura diferente.

5 Ernesto Geisel (1907–1996)

— Mas é claro! — Ernst soltou um berro de entusiasmo, seguido por Hendrik e Barry.

— Então vocês podem pesquisar os voos que partem do aeroporto do Galeão para Londres — sugeriu Erkki.

— Enquanto eles se ocupam com a viagem, vamos dar algumas informações sobre a Royal School e contar um pouco da história dessa escola fundada pela nossa família.

Em julho de 1975, cientes do que a Royal School representava para os Vivone, lá foram os três jovens para a Inglaterra, levando as recomendações dos pais. Em setembro já estavam frequentando as aulas, com formatura prevista para dali a dois anos. Evidentemente, Frank comemorou a chegada dos rapazes, oferecendo ajuda para ambientá-los em Londres. No fim de 1977, após a formatura, os três tomaram uma decisão totalmente inusitada e imprevista. Resolveram permanecer na Europa e preferiram aguardar algum tempo antes de escolherem suas profissões. Assim, decidiram viajar, sem destino certo, por um tempo indeterminado. Ao receberem as notícias, Ronny e Mary se reuniram com Erkki, Else e Ruta para analisar a ideia e chegaram à conclusão que não seria muito fácil aconselhá-los ou proibir seus planos.

Foi unânime a decisão dos cinco de deixá-los à vontade para decidirem, desde que cuidassem do próprio sustento. Mesmo assim, para não ficarem completamente sem dinheiro, resolveram enviar alguns recursos para que pudessem dar início ao projeto. Na verdade, os mais velhos adoraram a coragem deles e ficaram com uma ponta de inveja.

— Bem, continuando a história do que ocorreu no governo militar, entre 1969 e 1973, o Brasil passou por uma fase de crescimento do PIB, Produto Interno Bruto, entre 7% e 13% ao ano, com aumento do nível de emprego, devido principalmente aos investimentos em infraestrutura, além de significativo desenvolvimento industrial, alavancado pelos investimentos em siderurgia, geração de eletricidade e na indústria petroquímica. Houve ainda um crescimento e fortalecimento das empresas estatais. Era o 'Milagre Econômico', como foi chamado. Em novembro de 1974, o MDB mostrou força nas eleições do congresso. Em 1977, Geisel impôs recesso ao Congresso por deixar de aprovar as reformas judiciais propostas por ele, invocando novamente os poderes emergenciais do AI-5.

"Finalmente, em 1978, Geisel promoveu uma emenda constitucional revogando o AI-5. Antes de deixar o governo, acabou com toda a legislação que bania as pessoas acusadas de crimes políticos e, em 1979, o Congresso promulgou um programa de anistia que restaurou os direitos políticos cassados desde 1964. Em março de 1979, o general João Baptista de Oliveira Figueiredo[6] assumiu a presidência por eleição indireta.

"O Brasil presenciou momentos de progresso econômico nos anos 1980, chegando ao 10º lugar no ranking de países com maior Produto Nacional Bruto (PNB). Grande progresso foi conseguido na infraestrutura de transportes, com estradas alcançando pontos mais isolados do país. Por outro lado, modificou-se a estrutura das propriedades agrícolas que cresceram em tamanho e em quantidade, e se deslocaram para o oeste e pela Amazônia. Em contrapartida, a pobreza continuou a afligir a maioria da população brasileira. De fato, o Brasil não escapou das crises que atingiram a América Latina na década. A dívida externa brasileira era a maior de todos os países do chamado Terceiro Mundo, com a inflação alcançando os três dígitos. O governo militar não conseguiu erradicar o analfabetismo, nem a desnutrição, nem a alta mortalidade infantil que afligia a maioria da população. Em 1982, foram realizadas as primeiras eleições diretas para governadores, com expressivas vitórias dos partidos da oposição nos estados maiores.

"O governo Figueiredo, de 1979 a 1985, se caracterizou novamente por altos índices inflacionários e estagnação econômica, mostrando o fracasso da política econômica do regime militar. Somada à crise do petróleo de 1979, a dívida externa atingiu o montante de US$61 bilhões. Com a crise, ocorreram demissões em massa nas fábricas

6 João Baptista de Oliveira Figueiredo (1918–1999)

do ABC paulista[7] e greves de diversas categorias, especialmente dos metalúrgicos. Em consequência, os líderes sindicais que atuaram nessas greves foram indiciados pela Lei de Segurança Nacional.

"A abertura política, no entanto, não contentava todas as parcelas das forças armadas e da extrema direita, e havia grupos que promoviam ataques terroristas para coibir a ação de grupos de esquerda. Bancas de jornal que vendiam impressos de esquerda eram atingidas por bombas lançadas por esses grupos. Em agosto de 1980, foram enviadas cartas-bombas para o dirigente da Ordem dos Advogados do Brasil e para a Câmara Municipal do Rio de Janeiro, provocando a morte e a mutilação de funcionários dessas instituições. Dentre esses atentados, o que mais se destacou foi o caso da explosão de uma bomba dentro do carro de militares, no Rio de Janeiro, onde se realizava a comemoração do Dia do Trabalhador, em 1981. Os militares foram inocentados, mas esse atentado causou uma crise no governo do general Figueiredo.

"Além de assinar a Lei de Anistia Política, em 1979, com a qual foram revogadas as penalidades do regime militar, como o exílio, a perda de direitos políticos, as aposentadorias compulsórias, dentre outras punições, foi aprovada a Lei Orgânica dos Partidos, que possibilitou a criação de outros partidos e, consequentemente, a extinção do bipartidarismo e dos partidos existentes durante o regime, o Movimento Democrático Brasileiro (MDB) e a Aliança Renovadora Nacional (ARENA). Dentre alguns dos partidos criados nesse período estiveram o Partido dos Trabalhadores (PT), o Partido Trabalhista Brasileiro (PTB), o Partido Democrático Trabalhista (PDT), o Partido Democrático Social (PDS), e o Partido Movimento Democrático Brasileiro (PMDB), que reunia antigos emedebistas."

— Detesto interromper sua exposição sobre o período da ditadura militar, mas estou muito preocupada com a falta de notícias dos nossos queridos aventureiros Barry, Hendrik e Ernst — alegou

[7] ABC paulista composto pelas cidades de Santo André, São Bernardo do Campo e São Caetano do Sul.

Else Danemann, mãe de Hendrik e Ernst. Já alcançamos 1979 e nada deles.

— Como dizem os americanos: "No news is good news", portanto se eles não deram notícias há muito tempo, eu acho que é um bom sinal — arriscou Erkki.

— Mas estou preocupada com o destino deles — falou Else. — Como vocês acham que podemos encontrá-los?

— Espere um pouco. Eu não chequei o correio hoje. Aposto que tem alguma notícia dos mosqueteiros. Devo ser meio bruxo, pois de vez em quando tenho umas inspirações. Vamos dar uma olhada? — propôs Erkki.

De fato, para surpresa geral, deu certo. Lá estava um enorme envelope proveniente da Austrália. Era uma carta bastante longa, escrita por Hendrik, datada de 18 de abril de 1980. Dizia o seguinte:

> *Queridos todos,*
>
> *Que vergonha! Devíamos ter escrito esta carta muito antes, mas vocês não imaginam nossas peripécias. É melhor se sentarem confortavelmente para ler o que fizemos nessa fase após a formatura na Royal School. Aliás, queria agradecer por terem nos proporcionado esse curso. Foi simplesmente fantástico.*
>
> *Bem, como sabem, saímos de Londres após a formatura em setembro de 1977 e decidimos inicialmente conhecer a África do Sul, em seguida a Austrália e, finalmente, a China e o Japão. Como as passagens aéreas da British Airways eram muito caras, resolvemos embarcar num navio de carga inglês, cujo capitão permitiu que pagássemos as passagens trabalhando a bordo. Foi uma farra. Toda a tripulação comemorou ao ver três desconhecidos limpando o convés.*
>
> *A viagem até o Marrocos correu bem, mas ao chegar em Rabat, capital do país, fomos impedidos de desembarcar porque não tínhamos visto de entrada. Permanecemos no navio até a partida, o que demorou oito dias. O que pudemos fazer*

durante esse período foi conhecer os membros da tripulação e, por acaso, acabamos por ensinar português e francês a alguns marinheiros interessados.

De Rabat fomos diretamente à Ilha de Santa Helena, situada entre a África e a América do Sul, no Atlântico Sul. O navio levou 30 toneladas de fertilizantes para a capital, Jamestown. Dessa vez, pudemos desembarcar sob a responsabilidade do capitão Bernard Lane. Imaginem vocês que essa cidade possui uma escada, chamada "Escada de Jacob" que tem 699 degraus. Ela se encontra numa inclinação de 40%, correspondendo a 21 graus aproximadamente, dá impressão de que sobe verticalmente para o céu. A escada tem 180m de altura e a subida mede 284m. Foi construída em 1829 por um tenente do Regimento de Artilharia Britânica, e depois reconstruída em 1871. Bem, só para resumir, nós três resolvemos enfrentar o desafio. Chegamos ao topo completamente esgotados, mas a vista que pudemos usufruir valeu para toda a vida.

Contornamos o Cabo da Boa Esperança (sem tempestade) e paramos em Seychelles e nas Maldivas, ambas com praias deslumbrantes. Pudemos desembarcar em ambas, pois os países exigem apenas um passaporte válido para turistas. Em seguida, fomos para Colombo, no Sri Lanka, mas novamente fomos impedidos de descer por falta de visto.

Finalmente, depois de mais um mês no mar, trabalhando exaustivamente no navio, chegamos a Perth, na Austrália. Como somos cidadãos britânicos fomos recebidos amigavelmente pelas autoridades de imigração.

E agora vem a melhor notícia: o capitão Bernard Lane possui um iate e nos convidou para acompanhá-lo na sua viagem até Cairns, que fica no nordeste da Austrália. Imaginem se nós iríamos recusar um convite desses. Assim que chegarmos, escreveremos de novo, mas não se preocupem, estamos todos bem e esperamos que vocês também. O endereço do capitão Bernard é o seguinte: Holiday Inn Cairns Harbourside Hotel 209-217 The Esplanade, Cairns City QLD 4870, Austrália. Aguardaremos notícias.

Beijos a todos dos três "mosqueteiros".

Apesar de sossegados com as notícias, os pais se preocuparam com o futuro dos rapazes, já com 25 anos. Assim, a resposta foi meio incisiva:

Rio de Janeiro, 25 de julho de 1980

Caros Mosqueteiros,

Gostamos de saber que vocês estão vivos e felizes. Vamos esperar ansiosamente as notícias de Cairns e o relato dessa viagem imensa pela Austrália.

Estamos um pouco preocupados com o futuro de vocês. Já pensaram em abraçar alguma profissão? Afinal de contas, vocês já se divertiram por toda a vida, agora só falta escolher o que farão daqui para a frente. Sugiro que façam uma reunião sobre o assunto, pois o dinheiro acaba e não é possível ficar pagando viagens lavando convés de navio. Enfim, desejamos muita sorte nas suas escolhas.

Grande abraço da família carioca.

Antes do fim de 1980, Erkki achou mais uma carta dos mosqueteiros, comunicando que decidiram realmente voltar a estudar, resolveram permanecer na Austrália e frequentar a universidade. Hendrik matriculou-se na faculdade de medicina da Western University of Sydney, em Campbelltown, no estado de New South Wales (NSW), Austrália. Aguardava uma bolsa para os cinco anos do curso.

Ernst optou por engenharia e fez a matrícula na mesma universidade em Camperdown/Darlington, também no estado de NSW. Barry, por sua vez, preferiu estudar administração de empresas na University of Wollongong, em Wollongong, NSW. Tudo isso, demandaria cinco anos de dedicação plena até junho de 1985. Obviamente dependiam da aprovação das bolsas, porque em caso negativo teriam que apelar para os "cariocas".

— Ronny, por favor, não se esqueça de terminar seu relato sobre esse período tão importante para o Brasil — lembrou Else.

— Ok. O desgaste da ditadura militar levou à criação de uma frente de oposição ao regime pela realização de eleições diretas, movimento esse que ficou conhecido como "Diretas Já". Em janeiro de 1985, realizaram-se eleições indiretas para presidente da república, sendo os candidatos governistas Paulo Maluf e Flávio Marcílio derrotados pela oposição. Para suceder o governo do general Figueiredo, foi eleito presidente o civil Tancredo de Almeida Neves[8], que não chegou a assumir o posto por ter falecido. Assim, o vice-presidente José Sarney de Araújo Costa[9] tornou-se presidente e o regime militar foi encerrado. Configurava-se assim a volta dos civis à presidência[10].

"Tancredo faleceu em Brasília, em 21 de abril de 1985. Sarney presidiu a inauguração da 'Nova República' enquanto uma assembleia constituinte elaborou a oitava constituição, promulgada em 5 de outubro de 1988[11]."

— Ronny, por que tanta gente acusa o governo, durante a ditadura, de ter recorrido à tortura contra seus adversários? — perguntou Ruta.

— Na verdade, a ditadura militar foi uma fase triste, de desrespeito aos direitos humanos — respondeu Ronny. — Só para dar uma ideia da violência adotada durante o período, houve 6.016 denúncias de torturas e 434 mortes[12].

"Apesar de os generais negarem as torturas, na realidade foram omissos com relação aos abusos. Durante a ditadura militar, além do Serviço Nacional de Informações (SNI) e dos serviços secretos das

8 Tancredo Neves (1910–1985)

9 José Sarney (1930–)

10 https://www.infoescola.com/historia-do-brasil/governo-de-joao-figueiredo

11 https://www.britannica.com/place/Brazil/Military-intervention-and-dictatorship

12 https://super.abril.com.br/especiais/21-mitos-sobre-a-ditadura-militar

Forças Armadas — Centro de Informações do Exército (CIE), Centro de Segurança de Informações da Aeronáutica (CISA), e Centro de Informações da Marinha (CENIMAR) — outros órgãos davam sustentação ao sistema repressivo, como a Polícia Federal, e no âmbito estadual, as Delegacias de Ordem Política e Social (DOPS). Em julho de 1969, em São Paulo, a Operação Bandeirantes (Oban) surgiu para concentrar as ações repressivas no comando do Exército. Essa estrutura foi extinta em 1970, para dar lugar ao Centro de Operações de Defesa Interna (CODI) e ao Destacamento de Operações de Informações (DOI) instalados nas principais capitais do país. Conhecidos à época pela sigla DOI-CODI, foram os locais por onde passaram milhares de presos e onde ocorreu a maioria dos casos de execuções e desaparecimentos forçados de opositores ao regime[13].

"As perseguições dos órgãos de repressão eram dirigidas principalmente contra a esquerda. Em agosto de 1967, o líder comunista Carlos Marighella[14] participava em Havana de uma conferência de guerrilhas latino-americanas. No final do ano, abandonou o PCB, Partido Comunista Brasileiro, que continuava contra as armas, e formou a Ação Libertadora Nacional (ALN), maior grupo guerrilheiro da época. O DOI-CODI iniciou uma série de prisões, torturas e assassinatos que desembocaram na morte do diretor de jornalismo da TV Cultura, Vladimir Herzog, em outubro de 1975. O jornalista foi torturado até morrer. Depois, seu corpo foi preso pelo pescoço com uma cinta a uma janela, para simular suicídio.

"Além de Carlos Marighella, destacou-se entre os guerrilheiros que combatiam o regime dos militares, o capitão Carlos Lamarca[15]. Vale a pena dar uma ideia de como agiu e como morreu esse homem. Desde 1957, Lamarca se interessava pelas ideias marxistas e entrou em contato com Marighella, o principal dirigente da ALN, além de outros que dirigiam a VPR, Vanguarda Popular Revolucionária, e

[13] http://www.arquivonacional.gov.br/br/difusao/arquivo-na-historia/696-doi-codi.html

[14] Carlos Marighella (1911–1969)

[15] Carlos Lamarca (1937–1971)

outras organizações semelhantes. Como Lamarca era um atirador de elite, campeão de tiro do II Exército, foi incumbido de ensinar tiro ao alvo a funcionários do Banco Brasileiro de Descontos (Bradesco) para poderem se defender de assaltos a bancos por grupos armados de inspiração política que ocorriam frequentemente na época.

“Em janeiro de 1969, Lamarca abandonou o 4º Regimento de Infantaria, levando 63 fuzis FAL, dez metralhadoras INA e munição. No dia 9 de maio, participou de sua primeira ação armada na VPR, um assalto simultâneo na rua Piratininga, em São Paulo, às agências do Banco Mercantil de São Paulo e do Banco Itaú. Na ocasião, feriu mortalmente um guarda civil e interrompeu o trânsito com rajadas de metralhadora. No dia 18 de julho, participou do roubo do cofre pertencente ao ex-governador paulista Ademar de Barros, que se encontrava no Rio de Janeiro. O cofre continha US$2,5 milhões e pesava 200kg. Sob o seu comando instalou-se também um campo de treinamento para a guerrilha no vale do Ribeira, em São Paulo, que acabou sendo descoberto e desarticulado em uma grande operação militar em maio de 1970. Na fuga, Lamarca e seus companheiros executaram o tenente Paulo Mendes Júnior, que haviam aprisionado.

“Nos primeiros dias de junho de 1970, o Conselho Permanente de Justiça da 2ª Auditoria Militar de São Paulo condenou Lamarca a 24 anos de prisão pelo roubo das armas do quartel de Quitaúna. No dia 7 de dezembro, Lamarca comandou no Rio de Janeiro o sequestro do embaixador suíço no Brasil, Giovanni Enrico Bucher. Como resultado das negociações com o governo, no dia 16 de janeiro de 1971, partiram rumo ao Chile setenta presos políticos brasileiros, trocados pelo embaixador.

“Em maio de 1971, Lamarca deixou a VPR e se filiou, com sua companheira Iara, ao Movimento Revolucionário 8 de outubro (MR-8), grupo de esquerda de origem universitária. Seu ingresso no MR-8 deveu-se à mudança de sua visão política, mais voltada para um trabalho de base junto às massas, realizado paralelamente à atuação guerrilheira. Ainda convencido da possibilidade de implantação de um foco guerrilheiro no campo, seguiu em junho para Buriti Cristalino (BA), enquanto Iara foi para Salvador.

"Na operação de busca a Lamarca, as forças policiais e militares de segurança cercaram o local onde se encontrava Iara, no bairro da Pituba, na capital baiana. Para não ser presa, no dia 20 de agosto de 1971, ela preferiu se suicidar. Posteriormente, com o avanço das investigações, foi localizada a região onde se encontrava Lamarca. Sob o comando do então major Nílton de Albuquerque Cerqueira, realizou-se a 'Operação Pajussara', cerco policial e militar de grande envergadura à região de Brotas de Macaúbas, zona agreste do médio São Francisco, na Bahia.

"No dia 17 de setembro de 1971, Lamarca, doente, e seu companheiro José Campos Barreto, de codinome Jessé, foram encontrados e mortos a tiros pela patrulha de busca, perto de Pintada, no município de Ipupiara (BA), quando descansavam à sombra de uma árvore[16]."

[16] http://www.fgv.br/CPDOC/BUSCA/dicionarios/verbete-biografico/lamarca-carlos

23

Ronny, por que o general Figueiredo se recusou a participar da cerimônia de transmissão do cargo de presidente para José Sarney, em 15 de março de 1985? — perguntou Ruta.

— Figueiredo considerava Sarney um traidor, por ter prestigiado ativamente o regime militar como aliado da ditadura, mas em seguida ter se desligado dos partidos do governo, a Arena, o PDS e a Frente Liberal, para se filiar ao PMDB e formar com Tancredo a chapa presidencial da chamada Aliança Democrática, vitoriosa no colégio eleitoral em janeiro de 1985.

— E como foi o governo Sarney? Você pode descrever resumidamente o que ele conseguiu fazer? — insistiu Ruta.

— Durante o governo Sarney foram elaborados vários planos para conter o processo inflacionário e sanar os problemas financeiros remanescentes do período de domínio militar. Quatro ministros da fazenda tentaram resolver a crise financeira e inflacionária: Francisco Oswaldo Neves Dornelles[1], Dilson Domingos Funaro[2], Luiz Carlos Bresser Pereira[3] e Maílson Ferreira da Nóbrega[4].

1 Francisco Oswaldo Neves Dornelles (1935–2023)

2 Dilson Domingos Funaro (1933–1989)

3 Luiz Carlos Bresser Pereira (1934–)

4 Maílson Ferreira da Nóbrega (1942–)

Hendrik e Ernst, dois dos mosqueteiros, após a formatura em junho de 1985, retornaram ao Brasil no final do mesmo mês, motivados em parte pelas saudades dos pais e tios, e em parte porque na Inglaterra a situação econômica não estava favorável para profissionais liberais, principalmente recém-formados. Novamente reunidos, os Vivone celebraram a chegada dos jovens, sendo um médico e o outro engenheiro. Ambos passaram a procurar trabalho em suas profissões e continuavam solteiros. A surpresa principal foi o casamento de Barry com uma colega australiana de Cairns, que também havia frequentado a Universidade de Wollongong. Seu nome era Lídia Osborne, nascida em 1960. O casal, em 1986, estava residindo em Townsville, a 350 km de Cairns, Austrália, quando tiveram um filho, um lindo menino com o nome de Jackson Vivone.

— Bem, continuando meu relato sobre o governo Sarney, ele era contrário à estratégia econômica adotada por Francisco Dornelles o que levou o ministro a pedir demissão em agosto de 1985, sendo substituído pelo presidente do BNDES, Banco Nacional de Desenvolvimento Econômico e Social, Dilson Funaro, que assumiu o cargo anunciando a intenção de conciliar o combate à inflação com a retomada do crescimento. No mês seguinte, em reunião do FMI, o novo ministro pronunciou-se contra a política de recessão do órgão, defendendo a recuperação econômica pela via do desenvolvimento. Estabeleceu, então, a meta de 6% para o crescimento do Produto Interno Bruto (PIB). Ao fim do primeiro ano de governo, porém, a inflação chegou a 255%, um novo recorde. Em consequência, em janeiro de 1986, Funaro lançou o chamado Plano Cruzado. A nova moeda, o cruzado, passou a valer mil cruzeiros. Além disso, foi determinado o congelamento de preços e salários, o que reduziu inicialmente a inflação, mas por pouco tempo. Estabeleceu-se também o chamado "gatilho salarial", segundo o qual os salários seriam reajustados sempre que a inflação passasse dos 20%. Com o congelamento, a procura por produtos subiu de tal forma que os fabricantes não puderam atender à demanda, o que contribuiu outra vez para o aumento da inflação. Num dos momentos mais graves da crise, o governo chegou a ameaçar com a "desapropriação" de bois no pasto para atender ao aumento da procura por carne. Como órgão fiscalizador agia a SUNAB, Superintendência Nacional de Abastecimento, auxiliada pelas chamadas "fiscais do Sarney", donas de casa que delatavam aumentos fora das tabelas que deveriam ser obedecidas pelos supermercados. Uma vez descobertos, os estabelecimentos eram fechados pela SUNAB. Em fevereiro de 1987, diante do iminente esgotamento das reservas cambiais, o governo Sarney optou por declarar uma moratória unilateral dos compromissos externos do país, por temer o desgaste político de um possível acordo com o FMI.

"Com o fracasso do plano, Funaro criou o Plano Cruzado II, em novembro de 1986. Por meio desse plano, os preços foram descongelados, acelerando ainda mais a inflação. Com mais esse insucesso, Funaro foi substituído por Luiz Carlos Bresser Pereira em maio de 1987, autor do Plano Bresser[5], lançado em junho de 1987.

"Dentre as medidas tomadas por Bresser Pereira, constavam a desvalorização do cruzado em 8,5%, procurando com isso incentivar as exportações, além de determinar um novo congelamento de preços por noventa dias. Ele ainda substituiu a Escala Móvel de Salários, o gatilho salarial, por um mecanismo baseado na Unidade de Referência de Preços (URP), que definia a taxa de reajuste mensal dos salários como sendo a média geométrica da inflação observada nos três meses anteriores ao mês de reajuste. O Plano Bresser não conseguiu conciliar a redução dos salários reais com a queda da inflação. Para piorar ainda mais, foram reajustadas as tarifas públicas — eletricidade: 45%, telefone: 34%, aço: 32%, combustíveis: 13% — elevando a inflação de junho à inédita taxa de 26%.

"Bresser, em 9 de julho de 1987, apresentou um novo plano a Sarney denominado Plano de Consistência Macroeconômica, que propunha cortes nos gastos do governo em projetos, no custeio da máquina governamental e a redução da meta de crescimento do PIB nos três anos seguintes, estimada em 6% ao ano. Em 18 de dezembro,

5 http://www.fgv.br/cpdoc/acervo/dicionarios/verbete-tematico/plano-bresser

porém, o ministro Bresser Pereira se demitiu, por não ter conseguido apoio de Sarney para o novo conjunto de medidas com as quais pretendia resolver os problemas do déficit público e da inflação. Foi substituído por Maílson da Nóbrega, secretário-geral do ministério da Fazenda. No fim do ano, a inflação atingiu o índice de 366% e, em 6 de janeiro de 1988, Maílson foi efetivado.

"O novo ministro apelidou sua estratégia de luta contra a inflação de 'feijão-com-arroz'. Tratava-se de conviver com a inflação sem medidas drásticas, apenas fazendo ajustes parciais com o objetivo de evitar a hiperinflação. Na gestão de Maílson, Sarney introduziu alterações na política industrial: facilidades para a importação, reduzindo o imposto de 105% para 70% e, com relação à exportação, suspendeu o controle prévio pelo governo. A nova orientação rompeu com a política de substituição de importações e de protecionismo tarifário em vigor durante quase meio século, iniciando um movimento de adequação da economia ao mercado mundial.

"Como a inflação acumulada tinha passado dos 366% em 1987 para 933% no fim de 1988, Maílson apresentou, em 14 de janeiro de 1989, um novo conjunto de medidas, contidas no Plano Verão[6]: congelamento de preços, salários e tarifas; substituição do cruzado pelo cruzado novo, com três zeros a menos e desvalorizado em 18,32% em relação ao dólar; extinção da correção monetária; política de gastos do governo subordinados à arrecadação; privatização de estatais; demissão de servidores; extinção de vários ministérios; remanejamento de atribuições e fechamento de grande número de órgãos federais e autarquias.

"O plano também não obteve êxito, principalmente por não ter dado prioridade ao problema fiscal, agravado pela atuação do próprio Sarney, empenhado em assegurar para si um mandato presidencial de cinco anos. O desajuste fiscal ficou ainda pior devido às decisões tomadas na Assembleia Nacional Constituinte, com a criação de novas despesas sem contrapartida de receitas. Ao fim do mandato

6 http://www.fgv.br/Cpdoc/Acervo/dicionarios/verbete-tematico/plano-verao

de Sarney, em 15 de março de 1990, a inflação havia atingido 2.751% ao ano.

"Alguns outros fatos ocorridos durante o governo Sarney merecem menção: foram restabelecidas as eleições diretas para presidente em dois turnos e para prefeito das capitais, estâncias hidrominerais e municípios; foi concedido o direito de voto aos analfabetos; a representação política para o Distrito Federal; fim da sublegenda e da fidelidade partidária; estabeleceu-se a liberdade de criação de partidos e formação de coligações partidárias. Assim, foram legalizados os partidos antes clandestinos: Partido Comunista Brasileiro (PCB) e Partido Comunista do Brasil (PCdoB).

"Sarney, ao articular a manutenção do presidencialismo, que era sua preferência, e a fixação de seu mandato em cinco anos, foi objeto de graves acusações de utilização de recursos públicos na conquista do voto de parlamentares. A principal moeda de troca teria sido a concessão de canais de rádio e televisão. Segundo o jornal *Folha de S. Paulo*, os registros do ministério das Comunicações revelam que, durante a sua gestão, Sarney beneficiou amigos com concessões, procedimento justificado por um de seus filhos, Fernando: 'É natural que se dê preferência aos amigos'. Na verdade, um levantamento da Federação Nacional dos Jornalistas demonstrou que até março de 1979, durante o seu governo, foram distribuídas 1.091 concessões, 257 no mês que antecedeu a promulgação da constituição. Daquele total, 165 beneficiaram 91 parlamentares, 90% dos quais votariam a favor do mandato de cinco anos. Também ganharam concessões do governo ministros, governadores, jornalistas e funcionários da administração pública.

"Ainda em janeiro de 1988, a Conferência Nacional dos Bispos do Brasil (CNBB) lançou uma nota em que denunciava a corrupção no governo, afirmando que o Brasil vivia uma 'crise moral'. No mês seguinte, a *Folha de S. Paulo* publicou material que relacionava Sarney e seu círculo pessoal com irregularidades administrativas. No centro dos fatos estava Jorge Murad, ex-genro e secretário particular do presidente, acusado de intermediar verbas federais para o Maranhão.

"As denúncias contra Murad foram apuradas pela CPI instalada no Senado em 10 de fevereiro de 1988, com o objetivo inicial de apurar denúncias de corrupção contra o ministro do Planejamento, Aníbal Teixeira, demitido em janeiro de 1988. As investigações logo atingiram vários setores do governo, inclusive o presidente, que, inquirido pela CPI em junho de 1988, se recusou a responder às quarenta perguntas que lhe foram feitas, alegando que o ofício não lhe fora entregue 'por meios adequados'. Nos primeiros seis meses de trabalho, a CPI não conseguiu provas da conivência de Sarney com as irregularidades. Nas conclusões da CPI, Sarney não chegou a ser acusado de receber propinas pela intermediação, mas aparece como um presidente que distribuía o dinheiro dos fundos especiais, controlados diretamente pela Presidência e destinados aos municípios, sem qualquer critério técnico, movido apenas por interesses políticos. Como consequência desse procedimento, os recursos nunca eram suficientes e o presidente acabava apelando para a reserva de contingência, tendo no ministro do Planejamento um prestimoso colaborador.

"Em 2 de novembro de 1989, foram anunciadas no Senado as conclusões do relator da CPI da corrupção no governo. De acordo com o relatório, que seria aprovado pela comissão em fins de novembro por nove votos a um, Sarney teria tido pleno conhecimento das irregularidades. Em seguida, o documento foi enviado ao Ministério Público, à Polícia Federal e ao Tribunal de Contas da União. Em 13 de dezembro, o presidente da CPI requereu ao presidente da Câmara, Ulysses Guimarães, o impeachment de Sarney e seu enquadramento, com cinco ministros — José Reinaldo Tavares, João Batista de Abreu, Maílson da Nóbrega, Antônio Carlos Magalhães e Saulo Ramos —, por crimes de responsabilidade, pelos quais deveriam responder criminalmente, de acordo com o estabelecido na constituição. O pedido foi arquivado pelo novo presidente da Câmara, Inocêncio Oliveira (PFL-PE), em 22 de fevereiro de 1989, por falta de 'provas conclusivas'. Quatro dias depois, os senadores que haviam integrado a CPI entraram com mandado de segurança no STF contra a decisão do presidente da Câmara de arquivar o pedido, mas perderam por cinco votos a quatro[7]. Outro episódio durante a presidência de Sarney foi o conjunto de atos secretos de nomeações e benefícios a parentes, o que é definido como nepotismo."

— Cheguei à conclusão de que as coisas no Brasil andam mal, principalmente com o famigerado compadrio dos políticos para obterem vantagens, em vez de procurarem beneficiar o povo brasileiro. Espero sinceramente que essa situação se modifique com o próximo presidente — falou Ruta desapontada.

[7] http://www.fgv.br/cpdoc/acervo/dicionarios/verbete-biografico/jose-ribamar-ferreira-de-araujo-costa

24

Agora vou mudar de presidente — brincou Ronny. — Ainda durante o governo de Sarney, notabilizou-se um político que já havia sido deputado federal em 1982, prefeito de Maceió, capital do estado de Alagoas, em 1979 e governador do mesmo estado, em 1986. O seu nome: Fernando Affonso Collor de Mello[1]. A sua principal plataforma era o combate à corrupção, acusou Sarney de "corrupto, incompetente e safado" durante o horário eleitoral gratuito em 4 de novembro de 1989, e chamou a atenção para os altos salários dos políticos que ele apelidava de "marajás".

"Collor, do Partido de Reconstrução Nacional (PRN), venceu a eleição para Presidente da República no segundo turno, contra o segundo colocado, Luiz Inácio Lula da Silva[2] (PT) e derrotou outros 24 candidatos, entre os quais se destacavam Aureliano Chaves (PFL), Guilherme Afif Domingos (PL), Leonel Brizola (PDT), Mário Covas (PSDB), Paulo Maluf (PDS), Roberto Freire (PCB), Ronaldo Caiado (PSD) e Ulysses Guimarães (MDB)."

— Mas Ronny, é uma loucura a quantidade de partidos que participaram dessa eleição — assustou-se Erkki.

1 Fernando Collor de Mello (1949–)

2 Luiz Inácio Lula da Silva (1945–)

— Pois é, no Brasil existem partidos para todos os gostos. Eu acho um absurdo essa composição de forças tão díspares — concordou Ronny. — Em todo caso, vale a pena entender o governo Collor.

"A impressão que se tem quando estudamos esse personagem não é das melhores, como atesta a informação de que, pouco antes de deixar a prefeitura de Maceió, Collor contratou mais de 3 mil funcionários em apenas uma semana. Denunciado por adversários políticos, alegou que havia sido enganado por seus assessores, que se aproveitaram de sua falta de tempo e lhe entregaram documentos para assinar, sabendo que o faria sem ler. Imaginem também que, segundo o jornal *O Estado de S. Paulo*, durante a sua gestão na prefeitura de Maceió, nove parentes seus e dezenove de sua mulher foram nomeados para cargos na Assembleia Legislativa alagoana[3]. É o caso de se perguntar como é que um prefeito sério assina, sem ler, a nomeação de 3 mil funcionários?

"Como governador de Alagoas, Collor era um opositor intransigente de Sarney, a quem também chamou de 'o maior batedor de carteiras da história'. Fernando Collor foi o único a defender um mandato presidencial de quatro anos contra o desejo de Sarney de cinco anos. Quando a Constituinte oficializou o mandato de cinco anos, Collor acusou Sarney de ter usado o poder e o dinheiro público para obter aquele resultado.

"Vejam mais um episódio que demonstra a situação de calamidade que existia no estado de Alagoas. Antes de ser empossado, Collor recebeu um relatório indicando que cerca de 9.400 servidores estaduais, 12% do total, não residiam nas cidades onde estavam lotados. Muitos deles recebiam salários por procuração, pois não apareciam nos locais de trabalho nem mesmo para isso. Empossado governador em 15 de março de 1987, a sua recusa em pagar as vantagens aos 'marajás' resultou numa ameaça de intervenção federal em Alagoas a pedido do Tribunal de Justiça do Estado o que, no entanto, não se concretizou.

3 http://www.fgv.br/cpdoc/acervo/dicionarios/verbete-biografico/collor-fernando

"Enfim, Collor foi eleito após uma campanha repleta de acusações a Sarney e a Lula. O que realmente representou a gota d'água que selou a sua vitória, foi a apresentação de um depoimento de Miriam Cordeiro, ex-namorada de Lula e mãe de sua filha Lurian, que o acusou de ter lhe oferecido dinheiro para um aborto quando ela ficou grávida. Logo em seguida à exibição desse depoimento no horário eleitoral destinado a Collor, uma jornalista que participava da elaboração de seu programa eleitoral na TV, Maria Helena Amaral, desligou-se da campanha, revelando que o irmão mais velho de Collor, Leopoldo, havia comprado o depoimento de Miriam por 200 mil cruzados novos.

"Empossado presidente em 15 de março de 1990, Collor herdou uma inflação que havia superado o índice de 80% ao mês e atingido, em 5 anos, uma taxa superior a 1.000.000%. Inicialmente assinou decretos e medidas provisórias reduzindo o número de ministérios, demitindo servidores públicos e colocando à venda imóveis do patrimônio federal. Em seguida, anunciou o seu Plano de Estabilização Econômica, também chamado Plano Collor ou Plano Brasil Novo, cujos objetivos eram o combate à inflação, a redução do déficit público, com as seguintes medidas: a extinção de 24 empresas estatais, com a demissão dos respectivos funcionários; a elevação do Imposto sobre Produtos Industrializados (IPI); o aumento da taxação sobre os lucros do setor agrícola e o fim dos subsídios à exportação; a reintrodução do cruzeiro como moeda nacional em substituição ao cruzado novo, criado no governo anterior; o congelamento de preços e salários a serem reajustados conforme índices de inflação prefixados; o fim dos títulos ao portador e dos cheques ao portador de valores acima de um determinado teto; a flutuação do câmbio segundo as tendências do mercado; a redução da presença do Estado na economia, por meio da privatização de empresas estatais; e a abertura econômica para o exterior, com a redução progressiva das alíquotas de importação.

"No entanto, a sua ministra da Economia, Fazenda e Planejamento Zélia Cardoso de Melo tomou uma das medidas mais controvertidas:

bloqueou por 18 meses os saldos em conta corrente e cadernetas de poupança que excedessem 50 mil cruzeiros, provocando agitação na opinião pública porque a medida abriu grave precedente, constituindo uma alteração unilateral de contratos, com prejuízo dos direitos de uma das partes. Foi uma surpresa geral, deixando pessoas físicas e jurídicas sem poderem sacar dinheiro de suas contas.

"Durante o seu governo, Collor procurou se aproximar de líderes políticos como Fernando Henrique Cardoso e Euclides Scalco, acertou com o presidente argentino Carlos Menem a formação de um mercado comum entre os dois países que deveria começar a funcionar em dezembro de 1994, o que teve o apoio do então presidente americano George Bush.

"Collor sofreu ainda um inquérito aberto pela Polícia Federal, que propunha apurar denúncias de que a VASP, empresa que havia sido recém-privatizada pelo governo de São Paulo, teria sido beneficiada por um financiamento de dívidas junto ao Banco do Brasil em condições especialíssimas. No mês seguinte, o presidente da Petrobras, Luís Otávio da Mota Veiga, se demitiu do cargo e denunciou pressões que estaria recebendo de Paulo César Farias, tesoureiro da campanha de Collor à presidência e do secretário-geral da Presidência da República, embaixador Marcos Coimbra, cunhado de Collor, para que concedesse um vultoso financiamento à VASP com isenção de juros, o que foi veementemente negado por Collor.

"Devido, em parte, ao enxugamento monetário com o bloqueio das contas bancárias e das poupanças, a taxa de inflação voltou a subir. Em novembro de 1990, foram liberados os últimos preços até então sob controle do governo, reajustando os preços dos combustíveis, serviços postais, energia elétrica e transporte ferroviário de cargas. Houve, em seguida, demissões e reduções das jornadas de trabalho.

"Entretanto, além de não conseguir reverter o processo inflacionário, a política econômica provocava efeitos recessivos. A falta de crédito e a queda nas vendas levaram empresas a demitir empregados e a reduzir jornadas de trabalho e salários afetando as indústrias de construção civil e de transformação. Ainda otimista, entretanto, a escalada inflacionária não deixou alternativa para o governo e, em 31 janeiro de 1991, foi baixado o Plano Collor II.

"Para obter apoio às novas medidas, em fevereiro, Collor procurou lideranças do PDT e do PSDB, inclusive convidando, sem sucesso, o senador Fernando Henrique Cardoso para assumir o ministério das Relações Exteriores. Também se dispôs a apadrinhar projetos de lei de outros partidos que reivindicavam a taxação de fortunas, a participação dos empregados nos lucros e a concessão de serviços públicos à iniciativa privada.

"No mesmo mês, surgiram novas denúncias de irregularidades, desta vez contra a primeira-dama Rosane Collor, presidente da Legião Brasileira da Assistência (LBA), acusada de fazer compras superfaturadas de cestas básicas. Outras irregularidades foram denunciadas em seguida e Rosane começou a ser pressionada para deixar o cargo na instituição. Ainda em fevereiro de 1991, surgiram denúncias de fraudes também na Previdência Social, e o ministro Antônio Magri foi acusado de omissão na apuração dos fatos."

— Pelo que estou vendo em seu relato, os presidentes vêm cometendo uma irregularidade atrás da outra. Começando pelas denúncias contra Sarney, agora tudo indica que o presidente Collor também praticou atos não muito recomendáveis — afirmou Erkki.

— Pois é — concordou Ronny. — Ainda tem mais, é só você esperar um pouco.

"Em março de 1991, às vésperas do primeiro aniversário do governo Collor, a inflação acumulada ultrapassava 400%. O governo então, no dia 7 do mesmo mês, lançou o Projeto de Reconstrução Nacional, composto por mais um conjunto de medidas para reerguer a economia. Em 26 de março do mesmo ano, Collor participou, em Assunção, da criação do Mercado Comum do Sul (Mercosul), com os presidentes Carlos Menem, da Argentina; Andrés Rodriguez, do Paraguai; e Luiz Alberto Lacalle, do Uruguai. Esses países tinham em comum a necessidade de assumir uma posição mais destacada no comércio internacional, por meio da abertura progressiva de seus mercados e da obtenção de estabilidade econômica interna. Com a criação do Mercosul, essas metas passariam a ser buscadas por um esforço conjunto e não mais por iniciativas isoladas.

"Apesar das tentativas do governo, a situação econômica continuou a se deteriorar e, em 4 de maio de 1991, Collor modificou o comando da economia, substituindo a ministra Zélia Cardoso de Melo por Marcílio Marques Moreira, então embaixador do Brasil em Washington. O novo ministro que dispunha de amplo trânsito junto à comunidade financeira internacional, afastou a hipótese de novos congelamentos e passou a eliminar gradativamente o controle dos preços, manter altas as taxas de juros, conter a emissão monetária e abrir o mercado de capitais aos investidores estrangeiros.

"Em junho de 1991, novo episódio em Alagoas entre PC Farias e o irmão de Collor, Pedro. O episódio se iniciou quando PC Farias comprou o jornal *Tribuna de Alagoas*. Em dezembro, Pedro Collor, que dirigia a *Gazeta de Alagoas*, de propriedade de sua família, levantou publicamente suspeitas acerca da origem dos recursos com que o jornal concorrente fora adquirido. Outras denúncias de irregularidades na área federal surgiram em outubro, quando o Exército foi acusado de fazer concorrência superfaturada para a compra de fardas. Fraudes em compras seriam reveladas também no ministério da Saúde, que teria, em novembro, adquirido mil bicicletas, guarda-chuvas, mochilas e material médico de maneira a beneficiar uma empresa do Paraná, base eleitoral do ministro Alceni Guerra, que seria indiciado em inquérito da Polícia Federal sob a acusação de prevaricação.

"Em fevereiro de 1992, Pedro Collor reabriu sua disputa com PC Farias. Em entrevista à revista *Veja*, acusou PC de se utilizar da amizade com o presidente para enriquecer. As denúncias de corrupção contra o governo e a polêmica levantada por seu irmão levaram Collor a um período de mais de um mês de grave depressão, quando se isolou em casa e chegou a cancelar compromissos oficiais.

"Em março de 1992, foi publicada a inflação de fevereiro, de 25% ao mês. Apesar de anunciar o fim da impunidade no país, logo em seguida a imprensa denunciou que Pedro Paulo Leoni Ramos, titular da secretaria de Assuntos Estratégicos e amigo próximo do presidente, montara na Petrobras um esquema para intermediar negócios da empresa. Na mesma época, o ministro do Trabalho, Antônio Rogério Magri, foi acusado por Volnei D'Ávila, ex-diretor do Instituto Nacional de Seguridade Social (INSS), de ter aceitado suborno no valor de US$30 mil para liberar recursos do Fundo de Garantia do Tempo de Serviço (FGTS) para a realização de obras no Acre. A acusação se baseava numa gravação em que o ministro admitia ter cometido o delito.

"Em consequência, o ministério apresentou ao presidente um pedido de renúncia coletiva, o que fez com que Collor promovesse uma reforma ministerial, convidando nomes de expressão no país. Nem por isso o desempenho da economia foi satisfatório, mormente com uma inflação da ordem de 25% ao mês, apesar de um superávit na balança comercial e o aumento das reservas cambiais para um valor três vezes maior do que o encontrado quando de sua posse.

"Em maio de 1992, acentuou-se o conflito entre Pedro Collor e a família, com a disputa pelo controle do grupo Arnon de Mello. Pedro foi acusado pela sua mãe de estar perturbado mentalmente. Este, em seguida, submeteu-se a um exame de sanidade mental que o considerou são. Em várias entrevistas, Pedro apontou operações ilegais de PC Farias que envolviam o presidente. A Polícia Federal abriu um inquérito sobre as atividades de PC e a Câmara aprovou a criação de uma comissão parlamentar de inquérito (CPI) para apurar as denúncias.

"Em junho, várias entidades e partidos políticos lançaram dois movimentos: o 'Manifesto Democrático contra a Impunidade' e a chamada 'Vigília pela Ética Política', que tentava chamar a atenção da sociedade para a importância de fiscalizar a comissão e conseguir a punição dos culpados.

"Outras acusações surgiram contra o presidente, uma das quais demonstrava que PC Farias era o seu 'testa-de-ferro', quem pagava todas as suas despesas particulares. Novo passo na defesa do presidente foi dado em 27 de julho, na CPI, com o depoimento de Cláudio

Vieira, secretário de Collor. Ele informou ter levantado, em 1989, um empréstimo de US$3,7 milhões no Uruguai para financiar a campanha da presidência. Para comprovar a afirmação, apresentou documento em que o doleiro Najum Turner assumia a responsabilidade pelos depósitos feitos por pessoas fictícias — os 'laranjas' — com supostas sobras da campanha na conta da secretária Ana Acióli, que, por sua vez, utilizava esses recursos para custear despesas pessoais do presidente e de sua esposa. A explicação foi, porém, desmontada dois dias depois por uma depoente que garantiu ter presenciado reuniões nas quais os documentos apresentados por Vieira sobre a chamada Operação Uruguai teriam sido forjados.

"Em agosto de 1992, a OAB, Ordem dos Advogados do Brasil e a ABI, Associação Brasileira de Imprensa, além de outras entidades formaram em agosto o 'Movimento Cívico contra a Impunidade e pela Ética na Política'. Ao mesmo tempo, a UNE, União Nacional dos Estudantes, e a UBES, União Brasileira dos Estudantes Secundaristas, voltaram também ao cenário contra o governo Collor, com os rostos pintados com as cores da bandeira nacional, o que lhes valeu o apelido de 'caras-pintadas'. Collor, convocou o povo a sair às ruas com roupas verde-amarelo, mas não conseguiu mais de 300 pessoas em frente à sua casa em Brasília. Em 16 de agosto, milhares de manifestantes vestidos de preto fizeram passeatas em dez capitais brasileiras, exigindo o impeachment do presidente.

"Alguns dias depois, os presidentes da OAB e da ABI assinaram o pedido de impeachment de Collor, baseado em vários atos praticados pelo presidente, tais como: despesas pessoais e familiares pagas com dinheiro oriundo de recursos obtidos por Paulo César Farias por meio de tráfico de influência no governo; um dos automóveis de Collor fora comprado com cheque de um 'laranja' de PC; a reforma da Casa da Dinda, residência de Collor, no valor de US$2,5 milhões, fora paga com cheques igualmente emitidos por 'laranjas' de PC; Collor mentira ao afirmar na televisão que suas despesas pessoais não eram pagas por PC e tampouco conseguira explicar a origem dos recursos com que mantinha um padrão de vida ostensivamente superior ao permitido por sua renda oficial.

"Conforme o relatório da CPI, o presidente foi considerado culpado por ter recebido US$6,6 milhões do 'esquema' PC. Aprovado por ampla maioria no plenário da comissão de inquérito no dia 26 de agosto de 1992, o relatório final foi encaminhado à Procuradoria Geral da República e à Câmara dos Deputados. Dois dias depois, Rosane Collor foi condenada pela Justiça Federal de Brasília a devolver aos cofres públicos o dinheiro da LBA, usado por ela para custear a festa de aniversário de uma amiga.

"Collor anunciou a intenção de não renunciar, cancelando sua viagem aos Estados Unidos para a abertura da Assembleia Geral da ONU. Ao mesmo tempo, empreendeu uma luta para impedir que o plenário da Câmara aceitasse iniciar o processo de impeachment. A Câmara, no entanto, por 441 votos contra 38, aprovou a admissibilidade do processo.

"Afastado da presidência, Collor foi substituído interinamente em 2 de outubro de 1992 pelo vice-presidente Itamar Augusto Cautiero Franco[4]. Collor tentou voltar ao governo, mas o julgamento do Senado, em 29 de dezembro, foi categórico, resultando na suspensão dos seus direitos políticos por oito anos. A sua última tentativa de renunciar foi inútil e, quatro horas depois, Itamar foi efetivado na presidência[5]."

4 Itamar Franco (1930–2011)

5 http://www.fgv.br/cpdoc/acervo/dicionarios/verbete-biografico/collor-fernando

25

Ao assumir, Itamar anunciou seu plano econômico composto de combate à miséria, restabelecendo programas de distribuição de alimentos básicos; criação de empregos, por meio de programas de saneamento básico e de construção de casas populares; a luta contra a inflação por meio do ajuste fiscal; e a retomada do crescimento, com investimentos em energia, telecomunicações, estradas e habitação. O governo fez um esforço para que o Congresso aprovasse logo três projetos: estabelecimento de regras mais rígidas para a rolagem das dívidas de estados e municípios, alterações nas regras do processo de privatização, e ajuste fiscal — esclareceu Ronny.

"O presidente renovou suas consultas a economistas como Afonso Celso Pastore e o deputado Antônio Delfim Neto (PPR-SP), Dércio Munhoz de Barros e o deputado José Serra (PSDB-SP). Em janeiro de 1993, com o propósito de ampliar sua base de apoio, nomeou a petista Luísa Erundina, ex-prefeita de São Paulo que aceitou assumir a secretaria de Administração contra a orientação do seu partido. Nomeou Yeda Crusius, do PSDB gaúcho, para o ministério do Planejamento. No fim de fevereiro, Paulo Haddad pediu demissão do ministério da Fazenda, depois de ter sido criticado publicamente por Itamar, que lhe dera o prazo de três meses para controlar a inflação. Para seu lugar foi nomeado Eliseu Resende, então presidente da Eletrobrás.

"As mudanças estabelecidas, no entanto, não evitaram a deterioração progressiva da situação financeira. No dia 10 de março, o Senado aprovou uma emenda sobre reforma fiscal, sendo então criado o Imposto Provisório sobre Movimentação Financeira (IPMF), calculado em 0,25% do valor de todos os cheques emitidos até dezembro de 1994, o que geraria para o governo US$600 milhões por mês.

"Novo plano foi apresentado, desta vez pelo ministro da Fazenda, Eliseu Resende. Em maio de 1993, Itamar, substituiu Yeda Crusius do ministério do Planejamento por Alexis Stepanenko, vice-presidente do Banco Nacional do Desenvolvimento Econômico e Social (BNDES). No dia 19 de maio, Erundina foi demitida e substituída pelo general da reserva Romildo Canhim.

"Eliseu Resende, que vinha sendo acusado de ter beneficiado irregularmente uma empreiteira em contratos para a realização de obras no exterior, pediu demissão. Foi substituído, em 21 de maio de 1993 pelo ministro das Relações Exteriores, Fernando Henrique Cardoso[1]. A situação econômica apresentava melhoras, com recuperação das importações e das atividades industriais, mas a inflação continuava ascendente, chegando a 30% mensais em junho. Nesse mês foi apresentado o Plano de Ação Imediata, com uma redução de US$6 bilhões nos gastos públicos. Houve redução de 43% das verbas destinadas aos ministérios da Saúde e do Bem-Estar Social e 25% do ministério da Educação.

"Quando, no dia 28 de julho de 1993, a inflação acumulada no ano chegou aos 500%, o governo decretou o corte de três zeros da moeda nacional, que passou a se chamar Cruzeiro Real em substituição ao Cruzeiro. A nova moeda acabou sendo a utilizada no Brasil entre 01/08/1993 e 30/06/1994. A essa altura, a equipe do ministério da Fazenda começava a conceber uma proposta de revisão constitucional para viabilizar a reforma do Estado e eliminar o déficit fiscal. Entretanto, uma decisão do STF, Supremo Tribunal Federal,

1 Fernando Henrique Cardoso (1931–)

suspendeu até 31 de dezembro de 1993 a cobrança do IPMF, em resposta à ação de inconstitucionalidade impetrada pela Confederação Nacional dos Trabalhadores no Comércio (CNTC), o que reduziu as receitas da União. No dia 7 de dezembro de 1993, finalmente, Fernando Henrique anunciou o Plano de Estabilização Econômica do governo. Seus principais pontos diziam respeito ao ajuste fiscal, que seria perseguido, basicamente, por meio de cortes radicais nos gastos públicos, e à preparação de uma nova moeda, o Real, antecedida pela adoção da Unidade Real de Valor (URV), que passaria a funcionar progressivamente como indexador único da economia."

— Ronny, o que é essa URV que você mencionou agora há pouco? Quer dizer que tudo seria reajustado pela URV? Como é difícil entender tudo isso — afirmou Erkki.

— Vamos ver se eu consigo simplificar a explicação sobre a URV. Antes, porém, tenho que falar um pouco sobre a inflação que havia atingido índices astronômicos em 1993 e 1994. Só para dar uma ideia da sua magnitude em 1993, ela atingiu o índice anual de 2.567%. Ao examinarmos o índice do mês de junho de 1994, verificamos que ele chegou a 45,21% por mês.

— Quer dizer que, se eu tivesse comprado uma cesta de comida por Cr$100,00 no começo do mês, eu teria que pagar pela mesma cesta Cr$145,21 no fim do mês? — perguntou Erkki.

— Exatamente. Imagine só se em todos os meses de 1994 a inflação fosse igual a 45,21%, seria um absurdo, né? Sabe quanto daria isso no ano inteiro?[2] Pois daria 8.689%. Entretanto, nos outros meses de 1994, a inflação variou bem menos do que 45,21%. Assim, a taxa anual de 1994 foi "só" de 870% ao ano — falou Ronny, rindo.

[2] Para fazer o cálculo, é preciso usar uma fórmula da matemática financeira que é a seguinte: 1,4521^12 -1, que significa pegar o número 1, somar os 45,21% e elevar à 12ª potência, o que seria a mesma coisa que 145,21x145,21x1,4521... 12 vezes e subtrair o número 1. Assim, para uma inflação mensal de 45,21% medida pelo IGP-M (Índice Geral de Preços de Mercado), a inflação anual seria de 87,8938129336, subtraindo o número 1 resulta 86,8938129336. Para sabermos o que representa este número em percentagem, temos que multiplicá-lo por 100 o que dá 8.689,381293368% ao ano, arredondando, 8.689%.

— Muito bem, até aí eu entendi. Mas como, então, o governo resolveu o problema dessa inflação tão elevada? — insistiu Erkki.

— O presidente Itamar Franco tinha como ministro da Fazenda o professor Fernando Henrique Cardoso (FHC). Preocupado com a inflação galopante, FHC convocou um seleto grupo de especialistas do mais alto nível para elaborar um plano que resolvesse o problema. Eram André Lara Rezende, Pérsio Arida, Gustavo Franco, Edmar Bacha, Elena Landau e Luiz Roberto Cunha. Eles achavam que, cortando simplesmente os zeros da última moeda para lançar uma nova, como nas outras vezes, o mercado financeiro poderia desconfiar de novo choque que provocaria um fracasso semelhante ao das tentativas anteriores. Por isso, resolveram adotar uma fase intermediária composta de uma sequência de ações em direção à estabilização da economia brasileira. Em segundo lugar, a equipe insistiu em anunciar um plano multifásico de estabilização, visando desarmar os agentes econômicos que tinham se habituado a associar programas de estabilização a perdas súbitas de direitos. Esses choques anti-inflacionários, tais como os congelamentos de preços, exacerbavam conflitos e aceleravam a inflação, ao gerar corrida contra a moeda, causando desemprego e reduzindo as chances de sucesso em programas baseados em desindexação. Fora isso, provocavam redução brusca de crescimento econômico e aumento de desemprego. Foi desse trabalho que surgiu o famoso Plano Real.

— E no que consistia esse plano? — indagou Erkki.

— Conforme expliquei antes, o plano tinha três objetivos: 1- Viabilizar os ajustes fiscais; 2- Lançar a Unidade Real de Valor (URV); 3- Iniciar a circulação do Real. Entendido isso, vamos agora voltar à URV e ao Real. A URV começou a ser utilizada em 1º de março de 1994. Apesar de não ser uma moeda física como todas as outras, ela foi criada como moeda virtual, ou escritural, na forma de um índice que procurava refletir a variação do poder aquisitivo da moeda e servia como moeda de conta para corrigir os preços e os salários à medida que a inflação crescia. Todos os preços eram cotados em duas moedas, cruzeiros reais e URV, mas os pagamentos eram feitos exclusivamente em cruzeiros reais.

— E quanto valia a URV quando foi criada? — perguntou Erkki.

— No Quadro 01, você vê que a URV em 1º de março de 1994 valia Cr$647,50. No dia 2 de março subiu para Cr$657,50 e assim por diante, ou seja, o valor em cruzeiros reais variava proporcionalmente à inflação. Digamos, para simplificar, que o salário de um funcionário em 1º de março fosse de Cr$64.750,00. Para saber quanto esse salário representaria em URVs, bastava dividi-lo por 647,50, o que daria 100 URVs. Se em 1 º de maio o seu salário, devido à inflação, tivesse sido aumentado para Cr$135.000,00, dividindo-se esse montante pela URV de 1º maio no valor de Cr$1.323,92, a quantidade de URVs chegaria a Cr$101,96. Note que a quantidade de URVs ficou quase idêntica, protegendo o funcionário contra perdas de poder aquisitivo.

"O Quadro 01 apresenta o valor da URV entre 1º de março e 30 de junho de 1994. Dê uma olhada no dia 30 de junho. Nessa data a URV valia Cr$2.750,00. Guarde esse número na memória. Agora podemos prosseguir para o Real.

Quadro 01 - URV (Unidade Real de Valor) em 4 meses de 1994 (em cruzeiros reais)[3]

Dia	Março	Abril	Maio	Junho
01	647,50	931,05	c	1908,68
02	657,50	931,05	1.323,92	1.942,11
03	667,65	931,05	1.345,54	1.942,11
04	677,98	931,05	1.367,56	1.976,13
05	688,47	948,93	1.389,94	1.976,13
06	688,47	967,16	1.412,74	1.976,13
07	688,47	985,74	1.435,92	2.010,74
08	699,13	1.004,68	1.435,92	2.046,38
09	709,96	1.023,98	1.435,92	2.082,65
10	720,97	1.023,98	1.459,76	2.119,80

→

[3] http://www.idealsoftwares.com.br/indices/urv.html

Dia	Março	Abril	Maio	Junho
11	732,18	1.023,98	1.484,27	2.157,78
12	743,76	1.043,65	1.509,20	2.157,78
13	743,76	1.063,70	1.534,66	2.157,78
14	743,76	1.084,13	1.560,55	2.196,55
15	755,52	1.104,96	1.560,55	2.236,02
16	767,47	1.126,18	1.560,55	2.276,91
17	779,61	1.126,18	1.586,87	2.318,55
18	792,15	1.126,18	1.613,64	2.361,49
19	805,53	1.147,81	1.640,86	2.361,49
20	805,53	1.169,80	1.668,54	2.361,49
21	805,53	1.191,93	1.696,69	2.406,05
22	819,80	1.191,93	1.696,69	2.452,17
23	834,32	1.213,97	1.696,69	2.499,18
24	849,10	1.213,97	1.725,31	2.547,09
25	864,14	1.213,97	1.754,41	2.596,58
26	879,45	1.235,99	1.784,00	2.596,58
27	879,45	1.258,12	1.814,09	2.596,58
28	879,45	1.280,19	1.844,69	2.647,03
29	895,03	1.302,65	1.844,69	2.698,46
30	913,50	1.323,92	1.844,69	2.750,00
31	931,05	-	1.875,82	-

Quadro 02 – Dólar Comercial no mês de junho de 1994 (em cruzeiros reais)[4]

Data	Venda	Data	Venda
01/06/94	1.908,12	16/06/94	2.276,43
02/06/94	-	17/06/94	2.318,13
03/06/94	1.941,53	18/06/94	-
04/06/94	-	19/06/94	-
05/06/94	-	20/06/94	2.361,09
06/06/94	1.975,51	21/06/94	2.405,65

→

4 https://www.portalbrasil.net/indices_dolar94_06.htm

Data	Venda	Data	Venda
07/06/94	2.010,09	22/06/94	2.451,79
08/06/94	2.045,71	23/06/94	2.498,79
09/06/94	2.081,99	24/06/94	2.546,90
10/06/94	2.119,20	25/06/94	-
11/06/94	-	26/06/94	-
12/06/94	-	27/06/94	2.596,30
13/06/94	2.157,19	28/06/94	2.647,00
14/06/94	2.195,99	29/06/94	2.698,46
15/06/94	2.235,51	30/06/94	2.750,00

"Você guardou o número 2.750? Bem, examine os dois quadros que lhe mostrei. Eles correspondem tanto ao valor da URV como ao valor do dólar em 30 de junho de 1994 e em cruzeiros reais. O que fizeram os técnicos? Definiram esses Cr$2.750,00 como sendo 1 REAL. Com um "passe de mágica", eles acabaram com a URV e com o CRUZEIRO REAL ao mesmo tempo. Portanto, estava criado o Real, a nova moeda brasileira, valendo 1 DÓLAR AMERICANO.

"Ao mesmo tempo, cumpriram a promessa de tomar medidas de ajuste fiscal, restringindo as despesas do governo e aumentando a taxa de juros. Dessa maneira, o Brasil foi capaz de manter a inflação sob controle. Por outro lado, os juros altos atraíram o capital estrangeiro para financiar o déficit em conta corrente e aumentar as reservas internacionais. Foram essas as consequências desse verdadeiro milagre econômico. Logo na primeira semana começou a haver reduções de preços. No mercado de câmbio, a relação do real com o dólar foi estabelecida em termos inesperados, com a moeda nacional valendo mais do que a norte-americana."

— Por que FHC saiu do ministério da Fazenda? — perguntou Erkki.

— O ministro se afastou em março de 1994 para participar como candidato à eleição para a presidência da república, realizada em 3 de outubro de 1994. Ele foi apoiado pelo PSDB (Partido da

Social-Democracia), PFL (Partido da Frente Liberal) e o PTB (Partido Trabalhista do Brasil). Inicialmente, o seu principal adversário, Luiz Inácio Lula da Silva do PT (Partido dos Trabalhadores), era o candidato preferido pela maioria dos eleitores. Entretanto, baseado no sucesso do Plano Real, Fernando Henrique obteve significativa vantagem, sendo eleito com 54,3% dos votos, assumindo a Presidência em 1º de janeiro de 1995, juntamente com o seu vice Marco Antônio de Oliveira Maciel, nascido em 1940. Fernando Henrique[5], ao deixar o ministério da Fazenda, foi substituído por Rubens Ricupero.

"Ricupero era chamado de 'Sacerdote do Plano Real' pelo ex-presidente Itamar Franco, pois ia semanalmente à televisão para explicar dúvidas sobre o Plano Real. Lamentavelmente, foi levado a pedir demissão após ser flagrado durante uma conversa informal com um repórter da Rede Globo, durante a qual fez algumas confidências inadequadas, sem saber que sua conversa estava sendo transmitida pela rede. Ricupero foi substituído por Ciro Gomes, ex-governador do Ceará, que ficou até o fim do mandato de Itamar Franco em 1994[6].

"Itamar ainda ocupou vários cargos após a sua saída da presidência. Foi embaixador em Lisboa, embaixador do Brasil na OEA (Organização dos Estados Americanos), governador de Minas Gerais, embaixador na Itália e senador da República[7]."

5 https://fundacaofhc.org.br/en/fhc-and-ruth/fernando-henrique-cardoso-en

6 https://oglobo.globo.com/economia/ultimo-ministro-da-fazenda-cair-no-primeiro-ano-foi-ricupero-em-94-18331182

7 http://www.fgv.br/cpdoc/acervo/dicionarios/verbete-biografico/itamar-augusto-cautiero-franco

26

Chegamos agora ao governo de Fernando Henrique Cardoso. Ele foi eleito em 3 de outubro de 1994, obtendo 54,3% dos votos, contra 27% de Lula. Seu vice-presidente foi Marco Maciel do PFL, enquanto FHC era do PSDB — continuou Ronny.

"FHC havia baseado a sua campanha em cinco itens prioritários: saúde, educação, segurança, habitação e agricultura. No plano econômico, daria preferência à privatização das grandes empresas siderúrgicas e mineradoras, à extinção do monopólio de serviços públicos e à abertura do país ao capital estrangeiro. No plano institucional foi proposto um conjunto de reformas: fiscal, administrativa e previdenciária. Um dos principais fatores do seu sucesso foi o impacto positivo do Plano Real. Ao mesmo tempo, as suas diretrizes visavam acomodar a economia brasileira ao chamado 'Consenso de Washington'."

— Você poderia explicar o que significa o Consenso de Washington? — solicitou Erkki.

— O Consenso de Washington é um conjunto de medidas de ajuste e estabilização, recomendado pelos organismos financeiros internacionais às economias dos países em desenvolvimento, elaborado em 1989 num encontro na capital dos Estados Unidos. Visa promover o desenvolvimento e a ampliação do neoliberalismo nos países da

América Latina[1]. Instituições como o FMI e o Banco Mundial já colocavam a cartilha neoliberal como pré-requisito necessário para a concessão de novos empréstimos e cooperação econômica. Praticamente todos os países da América Latina aceitaram seus princípios, menos o Brasil e o Peru. As premissas básicas do Consenso de Washington foram as seguintes:

- Disciplina fiscal, com corte de gastos e eliminação ou redução de dívidas, custos e funcionários.
- Reforma fiscal e tributária, com reformulação de seus sistemas de arrecadação de impostos a fim de que as empresas paguem menos tributos.
- Privatização de empresas estatais, em áreas de comércio e de infraestrutura, proporcionando o predomínio da iniciativa privada em todos os setores.
- Abertura comercial e econômica dos países, diminuindo o protecionismo e impulsionando uma maior abertura das economias para o investimento estrangeiro.
- Desregulamentação progressiva do controle econômico e das leis trabalhistas.

"Apesar de não ter aceitado inicialmente essas medidas, o governo implantou uma política de privatizações de empresas estatais dos ramos de energia, telecomunicações, mineração e outros, que foram transferidas para a iniciativa privada.

"Essas premissas tiveram a oposição veemente das esquerdas, cujos defensores preconizam uma solução contrária à apresentada por Washington. Eles defendem maior intervenção do Estado na economia e reclamam que essas ideias teriam sido elaboradas para atender aos interesses norte-americanos em toda a América Latina, além de beneficiar as elites locais, favorecendo a concentração de renda nos países da região[2].

1 https://pesquisa-eaesp.fgv.br/sites/gvpesquisa.fgv.br/files/arquivos/f_fonseca_-_rebap_-_55artigo2_0.pdf

2 https://brasilescola.uol.com.br/geografia/consenso-washington.htm

"Fernando Henrique já foi simpatizante do comunismo. Entretanto, em 1950, com a invasão da Hungria pela União Soviética afastou-se definitivamente da arena comunista[3]. Apesar de suas simpatias pelo socialismo, ele adotou a maioria das premissas do Consenso de Washington."

— Mas o passado de FHC e a sua estratégia como presidente não são meio conflitantes? — perguntou Else.

— Eu acho que ele se aproveitou do sucesso do Plano Real e concluiu que a única forma de conseguir cumprir os seus objetivos como presidente seria adotar as ideias neoliberais — esclareceu Ronny. — Logicamente, esse é meramente o meu ponto de vista, mas tudo indica que ele foi racional durante a sua administração. Como exemplo, ele promoveu a privatização de grandes empresas públicas, como a Vale do Rio Doce, a Empresa Brasileira de Telecomunicações (Embratel), e a Companhia Siderúrgica Nacional.

"Parece que o seu prestígio foi crescendo com a passagem do tempo. Em 1998, o Congresso aprovou uma lei que possibilitou a reeleição para os cargos de governadores, prefeitos, e presidentes da república. Dessa forma, Fernando Henrique Cardoso conseguiu se reeleger no primeiro turno das eleições de 1998, com um total de 53% dos votos válidos. Em segundo lugar, com 31% dos votos, ficou o candidato do Partido dos Trabalhadores, Luiz Inácio Lula da Silva.

"No entanto, no fim do primeiro governo de Fernando Henrique, que durou de 1995 a 1998, a dívida externa alcançou 30% de toda a produção interna do País (PIB). Ao mesmo tempo, a cotação do real estava praticamente igual ao dólar, ou seja 1 real valia 1 dólar, o que dificultava as exportações dos produtos brasileiros e provocou críticas ao processo de privatização.

"No seu segundo mandato, Fernando Henrique Cardoso implementou a Lei de Diretrizes e Bases da Educação, que propunha a universalização do Ensino Básico, reduzindo em 4% o analfabetismo

[3] http://www.fgv.br/Cpdoc/Acervo/dicionarios/verbete-biografico/cardoso-fernando-henrique

na população com mais de 10 anos de idade, entre os anos de 1995 e 2001. Conseguiu, ainda, reduzir em 9% a evasão escolar entre 7 e 14 anos de idade. Atuou também no setor da saúde tornando-o referência no tratamento de HIV e Aids e conseguiu alcançar uma significativa redução da mortalidade infantil. Em 2000, foi criada a Lei de Responsabilidade Fiscal que previa punições aos políticos que gastassem mais do que tivessem em caixa.

"Com o aumento do desemprego entre 1999 e 2002, começaram movimentos sociais contra a política neoliberal. O seu governo foi acusado de não ter investido e planejado o suficiente para evitar o apagão e as secas nas usinas hidrelétricas que ocorreram nos últimos dois anos de seu governo, deixando vastas regiões do país sem o fornecimento de energia elétrica. Tudo isso ainda foi agravado pelo crescimento da corrupção política que desviou investimentos das áreas da saúde, educação e transportes, colocando o Brasil entre os países do mundo com os maiores níveis de desvios de verbas públicas[4].

"Mais grave ainda foi o aumento da má distribuição de renda por todo o país, o que foi confirmado por um relatório da ONU, Organização das Nações Unidas, demonstrando que os 20% mais ricos detinham 63,4% da renda nacional, contra 2,5% dos 20% mais pobres. O governo FHC chegou ao fim em 2002, quando ocorreram novas eleições[5]."

[4] https://oglobo.globo.com/epoca/desde-redemocratizacao-fhc-o-unico-ex-presidente-vivo-que-nao-sofreu-impeachment-ou-foi-preso-23541078

[5] https://mundoeducacao.bol.uol.com.br/historiadobrasil/segundo-governo-fernando-henrique-cardoso.htm

27

A família Vivone está envelhecendo — ponderou Ronny. — Estamos em 2002, ano de eleição no Brasil, e eu já alcancei os 77 anos; meu irmão Frank, também com 77, e a sua esposa Jessie com 74, ambos morando na Inglaterra; a minha querida esposa Mary com 72, empatando com Else, enquanto Erkki e Ruta estão, respectivamente, com 77 e 76. Hendrik, com 47, é médico, enquanto Ernst, engenheiro, tem 46. Ambos não se casaram, não sei por que, eu desconfio que se trata de amor ao trabalho. Barry também já fez 46 e sua esposa Lídia é mais moça, tem 42. O filho deles, Jackson, já está com 16 anos.

"A nossa atenção deve agora ser dirigida para a próxima eleição a ser realizada neste ano, para a qual se candidataram várias personalidades importantes: Luiz Inácio Lula da Silva, José Serra, Anthony Garotinho e Ciro Gomes. Com o poderoso avanço de Lula em relação aos seus adversários, os mercados e as empresas nacionais e internacionais começaram a se preocupar com o que ele faria em seu governo, uma vez que sua visão era tipicamente de esquerda, à qual pertence o Partido dos Trabalhadores. Nesse sentido, várias dúvidas surgiram, principalmente quanto à equipe que ele escolheria e como administraria a herança deixada por Fernando Henrique. Havia certa razão para essas dúvidas, pois ele havia declarado que não manteria

Armínio Fraga no seu governo, um respeitado presidente do Banco Central, partidário do neoliberalismo[1].

"Lula, numa inteligente manobra durante a campanha para a presidência, divulgou sua famosa 'Carta ao Povo Brasileiro', na qual afirmava que a premissa básica da transição seria 'o respeito aos contratos e obrigações do país e a estabilidade, o controle das contas públicas e da inflação'. Além desse efeito tranquilizador, a campanha presidencial teve alguns lances interessantes. No início, a governadora do Maranhão, Roseana Sarney, estava na dianteira, seguida por Lula. No entanto, devido a problemas de seu marido com a Polícia Federal, a sua candidatura se enfraqueceu. Pensava-se então que Serra ou Ciro pudessem vencer a eleição, mas Lula acabou conquistando a presidência, obtendo mais de 61% dos votos válidos, vencendo, no segundo turno, o candidato do PSDB José Serra, que obteve 38% dos votos. O vice de Lula foi José Alencar Gomes da Silva[2], empresário e político."

A família acompanhou o desenrolar do governo Lula, de 2003 a 2006, procurando entender seus méritos e seus defeitos. Em meados de 2004, os Vivone receberam uma carta de Barry, proveniente do local onde ele morava com a família (Townsville, Austrália), comunicando o falecimento dos seus pais Frank e Jessie, em virtude de um acidente de automóvel ocorrido em Canterbury, Inglaterra, durante uma viagem de férias. Frank estava com 79 anos e Jessie com 76. À época do falecimento, ele havia sido promovido a coronel e Jessie continuava lecionando história.

— Vamos analisar um pouco o primeiro governo Lula — propôs Ronny. — Imaginem que 70 mil pessoas se reuniram em Brasília para celebrar a sua presidência. A palavra-chave do seu discurso era "mudança" e o seu plano inicial pretendia acabar com a fome no Brasil, por meio do "Programa Fome Zero". Nesse sentido, Lula criou

1 https://www.bcb.gov.br/historiacontada/publicacoes/hc_bc_volume_24_arminio_fraga_neto.pdf

2 José Alencar (1931–2011)

o chamado "Bolsa Família", que complementaria o "Bolsa Escola" vigente no governo de Fernando Henrique. O Bolsa Família teve um papel importante, pois é um programa de transferência direta de renda, direcionado às famílias em situação de pobreza e de extrema pobreza em todo o país, para que consigam superar em parte a situação de vulnerabilidade econômica. O programa busca garantir a essas famílias o direito à alimentação e o acesso à educação e à saúde. Em todo o Brasil, mais de 13,9 milhões de famílias são atendidas pelo Bolsa Família. Em 2006, mais de 11,1 milhões de famílias, ou seja, cerca de 45 milhões de pessoas, receberam R$8,2 bilhões, o que corresponde a 0,4% do PIB brasileiro[3].

"Para o ministério de Relações Exteriores, Lula nomeou Celso Luiz Nunes Amorim, nascido em 1942. Amorim era contrário ao que chamava de 'os ditames dos Estados Unidos', criticava a proposta de tratado de livre comércio continental (ALCA) e apoiou o governo de Hugo Chávez da Venezuela, enviando petróleo brasileiro ao país, diante de uma greve da petroleira estatal venezuelana (PSV).

"Amorim sempre apoiou a pretensão do Brasil de integrar permanentemente o Conselho de Segurança da ONU, Organização das Nações Unidas, e deu preferência ao relacionamento com países subdesenvolvidos, em lugar de procurar estreitar relações comerciais com os mais avançados, como os Estados Unidos, o que seria mais lucrativo para o Brasil.

"Em junho de 2004, o governo brasileiro enviou tropas ao Haiti e passou a comandar a missão militar da ONU naquele país. Enquanto isso, a taxa de juros, a Selic[4], havia atingido 26% ao ano, permane-

3 http://www.caixa.gov.br/programas-sociais/bolsa-familia/Paginas/default.aspx

4 A Selic é a taxa básica de juros da economia. É o principal instrumento de política monetária utilizado pelo Banco Central (BC) para controlar a inflação. Ela influencia todas as taxas de juros do país, como as taxas de juros dos empréstimos, dos financiamentos e das aplicações financeiras. O Banco Central é o responsável também por regular a quantidade de moeda na economia. https://www.bcb.gov.br/controleinflacao/taxaselic

cendo ao longo de todo o primeiro mandato de Lula como a maior do mundo.

"Lula propôs a aprovação de um conjunto de reformas constitucionais, sendo a primeira a da reforma da Previdência. O projeto apresentado pelo governo foi referendado pelo Conselho de Desenvolvimento Econômico Social. Por outro lado, nas negociações para a aprovação das reformas, o governo contou com muitos votos da oposição. Foi nesse contexto que surgiram denúncias de que o PT estaria comprando apoio político com recursos de 'caixa dois', ou sobras de arrecadação de campanha."

— Foi aí que surgiu o famoso "Escândalo do Mensalão"? — perguntou Else.

— Exatamente — respondeu Ronny. — Apareceram notícias de que o PT havia "comprado" o apoio do PTB, Partido Trabalhista Brasileiro, nas eleições municipais de 2004, o que foi confirmado pelo deputado federal Miro Teixeira que, em declarações ao *Jornal do Brasil*, afirmou que realmente havia no Congresso Nacional um esquema de pagamento de "mesadas" a parlamentares para votarem com o governo. Em maio de 2005, novas denúncias na imprensa, a partir de gravações secretas de conversas com o diretor do departamento de contratação e administração de material dos Correios, Maurício Marinho, revelaram um esquema de corrupção envolvendo as licitações da empresa, que teria como protagonista político o deputado federal do PTB, Roberto Jefferson. Essas denúncias levaram à instalação de uma Comissão Parlamentar Mista de Inquérito (CPMI) para analisar as denúncias de corrupção nos Correios. Envolvido nas denúncias, Jefferson declarou à *Folha de S. Paulo*, na edição publicada no dia 6 de junho de 2005, que Delúbio Soares, tesoureiro do PT, era o responsável pelo pagamento mensal de R$30 mil a alguns deputados para que votassem favoravelmente às propostas do governo, o que ele chamou de "mensalão". Afirmou ainda que o principal operador do esquema era o publicitário mineiro Marcos Valério de Sousa.

"As diversas CPIs atingiram membros do primeiro escalão: José Dirceu de Oliveira e Silva, nascido em 1946, ministro da Casa Civil e principal articulador político do governo. Dirceu demitiu-se em junho de 2005 e reassumiu o mandato de deputado federal; em julho, Luiz Gushiken afastou-se da secretaria de Comunicação. No mesmo mês, José Genoíno renunciou à presidência do PT.

"O presidente Lula negou conhecer os fatos revelados pelas denúncias e apurações. Num pronunciamento à nação, declarou que o PT precisava pedir desculpas. Apesar disso, surpreendentemente, a aprovação do presidente subiu em julho de 2005, de 57,4% para 59,9% no auge das denúncias."

— Quer dizer que o presidente alegava desconhecer a participação de Dirceu, seu ministro da Casa Civil? — indagou Else.

— Pois é algo difícil de acreditar, mas foi o que ele afirmou categoricamente. Enfim, o importante, no momento, era o sucesso do programa Bolsa Família — esclareceu Ronny.

— Mas como prosseguiu o caso do mensalão? — insistiu Else.

— Vou descrever um pouco mais o que aconteceu — afirmou Ronny. — O mensalão foi um esquema de desvio de dinheiro público, organizado por alguns membros do Partido dos Trabalhadores (PT) e criado para pagar deputados federais da base aliada em troca de votos favoráveis aos projetos do governo.

"Em 14 de maio de 2005, a revista *Veja* publicou uma reportagem com um vídeo, onde o ex-funcionário dos Correios, Maurício Marinho, citado antes, recebia uma propina de R$3 mil. Por outro lado, Marinho delatou que o mandante era exatamente o próprio Roberto Jefferson.

"Jefferson, então, em entrevista ao jornal *Folha de São Paulo*, confirmou o que havia declarado acerca das mensalidades pagas a alguns deputados, para votarem a favor dos projetos do governo."

— E de onde vinha esse dinheiro todo? — perguntou Else.

— Havia um esquema no qual o dinheiro saía das contas do empresário Marcos Valério, um publicitário. O esquema era simples: Valério tomava empréstimos do Banco Rural em seu nome, entregava o dinheiro ao tesoureiro do PT, Delúbio Soares que o usava para despesas de campanha eleitoral. Jefferson garantiu que havia alertado Lula sobre o esquema, gerido por Delúbio. O presidente, demonstrando surpresa, teria chorado e ordenado o fim do mensalão.

"Enfim, para não me alongar muito, o mensalão foi o maior escândalo em matéria de corrupção no Brasil. Iniciaram-se as investigações na Câmara dos Deputados. Jefferson confessou ter recebido R$4 milhões do PT, não declarados em seu imposto de renda. Acusou também o segundo homem do PT de estar ciente de todas essas ocorrências. Tratava-se de José Dirceu, então ministro da Casa Civil do governo, que se demitiu e voltou à Câmara dos Deputados para cumprir seu mandato. Dirceu foi substituído pela então ministra das Minas e Energia Dilma Rousseff. O deputado Roberto Jefferson explicou que os assessores dos deputados iam até uma agência do Banco Rural receber o mensalão que variava num valor em torno de R$20 mil a R$60 mil. Vários deputados renunciaram aos seus mandatos.

"O processo do mensalão foi recebido em 2007 pelo STF, Supremo Tribunal Federal. Os réus foram acusados pelo Ministério Público por formação de quadrilha, lavagem de dinheiro, corrupção ativa, corrupção passiva, evasão de divisas, peculato e gestão fraudulenta, tendo como relator o juiz Joaquim Barbosa, nascido em 1954. Ele provou a existência da formação de quadrilha e defendeu a condenação dos réus em primeira instância, ponto de vista esse contestado pelo ministro do STF, Ricardo Lewandowski, revisor do processo. Após acalorados debates no STF, foram julgados 38 réus, dos quais 12 foram absolvidos, 1 faleceu no meio do processo e 25 foram condenados por um ou vários crimes[5]. Por fim, Roberto Jefferson (PTB), José Dirceu (PT) e Pedro Corrêa (PP) foram cassados e tornaram-se inelegíveis[6].

5 https://oglobo.globo.com/brasil/esquema-ilegal-financiou-apoio-parlamentar-ao-governo-lula-10775775

6 https://www.todamateria.com.br/mensalao/

"Apesar de todos esses episódios, Lula venceu mais uma batalha, alcançando nas eleições de 29 de outubro de 2006, 61% dos votos para presidente, sendo eleito com o mesmo vice, José Alencar. Derrotou, desta vez, o governador licenciado de São Paulo, Geraldo Alckmin, no segundo turno.

"No seu discurso de posse, em 1º de janeiro de 2007, embora continuasse comprometido com as 'mudanças', palavra-chave do seu primeiro governo, Lula agora deu ênfase à 'aceleração e crescimento, baseados na força da economia, na consistência das instituições e no equilíbrio social' e perguntou em seguida: 'Em que momento de nossa história tivemos uma conjugação tão favorável e auspiciosa: de inflação baixa; crescimento das exportações; expansão do mercado interno, com aumento do consumo popular e do crédito e ampliação do emprego e da renda dos trabalhadores?'"

No mês de fevereiro de 2008, a família Vivone foi acometida por uma gripe estranha, com características que levaram os médicos consultados a concluir que se tratava de dengue hemorrágica, causada pelo mosquito *aedes aegypti*. O caso de Erkki, Else, Ruta e Ronny foi extremamente grave, pois apresentaram febre beirando os 40 graus, dores no corpo, nas articulações, prostração, fraqueza, dor atrás dos olhos e erupções cutâneas, além de enjoos e vômitos. Não houve outra forma senão interná-los com urgência no hospital, pois apresentavam sangramento no nariz e nas gengivas. Os quatro Vivone faleceram em março de 2008, depois de uma luta feroz contra a doença. A única que resistiu foi Mary, esposa de Ronny. Foi um baque para ela, pois se encontrava sozinha na residência e teve que providenciar todas as tarefas do sepultamento. Coincidentemente, a população da região apresentou um maior índice de mortalidade, devido à proliferação do mosquito em consequência do elevado calor no início do ano.

Imediatamente, Mary telefonou para Barry na Austrália, pedindo para que eles voltassem para o Rio de Janeiro, pois aos 72 anos ela não teria condições de administrar a casa sozinha. Barry e Lídia concordaram em retornar o mais depressa possível, mas acharam que Jackson deveria seguir para a Inglaterra para frequentar a Royal School, uma vez que já estava com 22 anos. Considerando que ele nasceu na Austrália, não teria problemas para estudar em Londres. Barry e Lídia chegaram ao Rio de Janeiro em maio de 2008.

— Mary, como você acompanhou os acontecimentos no Brasil durante a nossa ausência, seria possível você continuar o excelente relato de Ronny? — pediu Barry.

— Mas é claro, terei muito prazer, pois tenho lido os jornais na ausência de vocês e guardei quase tudo na memória — respondeu Mary. — Vejo que vocês continuam ávidos por novidades do Brasil. Então vamos lá.

"No seu segundo mandato, Lula utilizou praticamente a mesma política econômica, mas teve que enfrentar os efeitos da crise provocada pela falência, em 15 de setembro de 2008, do Lehman Brothers, o quarto maior banco de investimentos dos Estados Unidos. As operações imobiliárias do Lehman resultaram numa dívida de US$639 bilhões contra ativos no valor de US$619 bilhões, tornando-se, portanto, insolvente. A empresa tinha 25 mil funcionários ao redor do mundo.

"Esse episódio teve repercussão na maioria dos países, causando um prejuízo de aproximadamente US$10 trilhões em outubro de 2008, o maior prejuízo mensal nas bolsas de valores. E o que causou essa crise?

"Com os juros baixos da economia, os bancos americanos, e em especial o Lehman Brothers, adotaram uma estratégia de financiar imóveis inicialmente a juros baixos, sem as garantias necessárias. Mesmo pessoas sem crédito suficiente conseguiam dinheiro para comprar imóveis, hipotecando-os aos bancos como garantia. Com isso, o mercado imobiliário se tornou forte comprador, pois a procura era tanta que os preços dos imóveis subiam constantemente, proporcionando bons lucros àqueles que conseguiam vendê-los.

"Entretanto, os tomadores dos empréstimos verificaram que havia nas cláusulas dos empréstimos uma regra que permitia o aumento da taxa de juros após dois anos. Com isso, as prestações subiram, dificultando a liquidação. A situação foi se agravando à medida que subia a inadimplência, forçando os devedores a tentar vender seus imóveis para fazer face aos respectivos débitos. Em consequência, o mercado imobiliário passou a ser vendedor, ao mesmo tempo em que os preços caíam aceleradamente. Foi o estouro da bolha imobiliária, na qual os bancos não mais podiam emprestar recursos devido à inadimplência dos tomadores e não mais conseguiam empréstimos para cobrir esses prejuízos.

"A maior parte da responsabilidade pela crise coube às agências de risco americanas Standard & Poor's, Moody's e Fitch, que deram notas AAA de baixo risco aos títulos hipotecários de alto risco conhecidos como 'sub-primes'. AAA era a classificação de excelentes títulos de crédito. Por isso, após a crise, as agências receberam multas pesadas.

"Com respeito ao Brasil, as ações da BM&F Bovespa, Bolsa de Mercadorias & Futuros, caíram significativamente, com o índice Ibovespa, o principal indicador de desempenho das ações negociadas na BM&F Bovespa que reúne as empresas mais importantes do mercado de capitais brasileiro, desvalorizando 10%, tendo sido acionado o 'circuit breaker', mecanismo que interrompe as negociações de ações por meia hora[7]. Lula não deu grande importância ao problema, classificando-o como uma 'marolinha', comparada com o 'tsunami' ocorrido nos Estados Unidos.

"Durante o seu mandato, Lula trabalhou cuidadosamente para manter o PT no poder. Nesse sentido, escolheu como sucessora a candidata de sua preferência, Dilma Rousseff, que fora ministra das Minas e Energia e assumira a chefia da Casa Civil com a queda de José Dirceu. Ao mesmo tempo, manteve Henrique Meireles no Banco Central, Guido Mantega no ministério da Fazenda e Celso Amorim no ministério das Relações Exteriores.

7 https://www.investopedia.com/articles/economics/09/lehman-brothers-collapse.asp

"Lula lançou vários programas. Entre eles, destacam-se o PAC, Programa de Aceleração do Crescimento, sob a responsabilidade de Dilma Rousseff, chamada de 'Mãe do PAC', com investimentos de mais de R$500 bilhões até 2020, e o Pronasci, Programa Nacional de Segurança Pública com Cidadania, para apoiar os governos estaduais na questão da segurança. Com a crise de 2008, o crescimento brasileiro foi contagiado pelos problemas econômicos globais. As taxas de desemprego subiram para 8,5% em fevereiro de 2009 e o PIB passou por dois trimestres de queda — o quarto trimestre de 2008 e o primeiro de 2009 —, indicando uma situação de recessão.

"Em fevereiro de 2008, as reservas internacionais do país aproximaram-se da marca dos US$200 bilhões, superando o total da dívida externa, e também, pela primeira vez em sua história, o Brasil tornou-se tecnicamente credor internacional. No dia 30 de abril de 2008, a agência de risco Standard & Poor's elevou a nota de crédito soberano do Brasil, que reflete a confiança de investir no país, de BB+ para BBB-. Pouco depois, Lula comemorou a elevação do Brasil para o 'grau de investimento'[8].

"Quanto às relações internacionais, as reuniões do G-8, grupo das oito nações mais ricas, passaram a constituir o G-20 em 2009, com reuniões entre um número maior de países. Ao lado dessas políticas e, para reduzir os efeitos da crise, a estratégia adotada por Lula foi a injeção de recursos no setor privado por meio do BNDES, além da redução de impostos no setor de automóveis e de eletrodomésticos, estimulando o consumo da classe média, além de elevar o salário mínimo e os valores do programa Bolsa Família. Em consequência, o desemprego baixou para 7,7%.

"Vários programas instituídos pelo presidente foram benéficos ao país, especialmente o Bolsa Família, que foi um dos maiores êxitos do seu governo, pois a pobreza extrema foi reduzida em 75% no Brasil, entre 2001 e 2014, segundo dados da FAO, uma agência da ONU. Apesar do sucesso de diversos programas de erradicação da

8 https://economia.uol.com.br/noticias/redacao/2008/04/30/brasil-recebe-titulo-de-grau-de-investimento-pela-agencia-sp.htm

pobreza, o seu governo foi acusado de ter participado do mensalão, o conhecido sistema de pagamentos ilícitos que o governo federal usava para garantir o apoio dos deputados e senadores nas votações de leis e emendas favoráveis ao governo.

"Para a educação superior, o governo implementou, no setor privado, o Programa Universidade para Todos (ProUni), com concessão de bolsas que, em 2009, chegaram a cerca de 250 mil. Com relação à reforma agrária, bandeira histórica de Lula e do PT, as metas previstas pelo II Plano Nacional de Reforma Agrária para 5 anos eram de 550 mil novas famílias assentadas e 500 mil regularizações de posses fundiárias. Entretanto, o governo Lula assentou 163 mil novas famílias, 30% do previsto, e regularizou a situação de 113 mil, 23% da meta.

"No final do segundo mandato, apesar dos limites do crescimento econômico e das políticas sociais, a popularidade do presidente Lula continuou em alta. Pesquisas de setembro de 2009 indicavam que Lula possuía 69% de aprovação, sendo seu governo considerado ótimo ou bom. O presidente, então, passou a se dedicar à transferência da sua popularidade para Dilma Rousseff, salientando sua capacidade de gerenciar o país.

"Um dado importante a ser salientado sobre o governo de Luiz Inácio Lula da Silva: a pobreza caiu 50,64% entre dezembro de 2002 e dezembro de 2010, conforme pesquisa de Marcelo Néri do Centro de Política Social da Fundação Getúlio Vargas (FGV), índice superior ao registrado durante o governo do ex-presidente Fernando Henrique Cardoso, de 31,9%. O estudo tomou como base dados da Pesquisa Nacional por Amostra de Domicílio (PNAD) e Pesquisa Mensal de Emprego (PME), do Instituto Brasileiro de Geografia e Estatística (IBGE). Pela pesquisa, a renda dos 50% mais pobres cresceu 67,93% entre dezembro de 2000 e dezembro de 2010. No período, a renda dos 10% mais ricos cresceu apenas 10%[9]."

9 https://www18.fgv.br/CPDOC/acervo/dicionarios/verbete-biografico/luis-inacio-da-silva

28

Em 2010, Jackson, com 24 anos, ainda se encontrava em Londres. Sua trajetória foi muito profícua pois, após se formar na Royal School, ingressou na Oxford University para o curso de medicina. O curso, com a duração de seis anos, só terminaria em 2016. Logo no primeiro ano conheceu sua futura esposa, uma estudante de medicina chamada Olga Dietrich, nascida em Düsseldorf, na Alemanha, em 1990. Jackson e Olga preferiram continuar morando em Londres, onde trabalham num dos melhores hospitais de câncer. Jackson se tornou especialista em câncer de próstata e Olga em câncer infantil.

— Chegamos agora ao governo de Dilma Rousseff, nascida em Belo Horizonte, em 1947 — continuou Mary. — Na sua juventude, participou de um grupo de oposição ao regime militar, sendo presa por ter sido considerada subversiva. Em 1973, mudou-se para Porto Alegre onde frequentou a Faculdade de Economia da Universidade Federal do Rio Grande do Sul. Em 1979, participou da campanha pela anistia dos presos políticos e fundou o Partido Democrático Trabalhista (PDT), no Rio Grande do Sul.

"Entre 1986 e 1988, Dilma assumiu a secretaria da Fazenda de Porto Alegre e, entre 1993 e 1995, a secretaria de Energia, Minas e Comunicação do Rio Grande do Sul. No ano de 1998 ingressou no curso de doutorado em economia na Universidade Estadual de Campinas, no entanto, não o concluiu por conta das suas atividades políticas. Filiou-se ao Partido dos Trabalhadores, tornou-se ministra de Minas e Energia de 2003 a 2005, e depois ministra da Casa Civil de 2005 a 2010, ambos os cargos no governo Lula. Em 2010, concorreu às eleições presidenciais e venceu o pleito com mais de 56% dos votos válidos, derrotando o candidato do PSDB José Serra. Dilma foi a primeira mulher no Brasil a se tornar presidente da república.

"A estratégia do seu governo consistiu em dar sequência aos programas de Lula, mantendo o 'Bolsa Família' e o 'Minha Casa Minha Vida', porém na parte econômica manteve a orientação neoliberal. Ao assumir a presidência, foi confrontada por uma forte recessão mundial que afetou também o Brasil. Assim, para resistir à crise, aumentou os investimentos na infraestrutura por meio do PAC, Plano de Aceleração do Crescimento. O PAC era composto de um conjunto de projetos, concentrados em áreas como infraestrutura, habitação, transportes e geração de energia, cujos principais objetivos eram criar condições para um desenvolvimento econômico sustentado e atender às necessidades de comunidades desprovidas de acesso a serviços públicos essenciais.

"Em abril de 2009, apesar de se submeter a um tratamento de câncer linfático, Dilma participou dos debates que se seguiram à descoberta das grandes reservas de petróleo encontradas na chamada camada do pré-sal em alguns pontos do mar territorial brasileiro. Os recursos obtidos com a exploração do petróleo da camada pré-sal deveriam compor um fundo destinado a investimentos em áreas como saúde e educação[1]. Durante o seu governo, apesar da crise financeira e econômica, Dilma continuou investindo recursos em ações desnecessárias, tais como a Copa das Confederações, que drenou verbas bilionárias do governo.

"Em 2013, a população jovem do país foi às ruas em protesto pelo alto custo do transporte público, sendo os grupos de manifestantes processados e presos durante meses. No ano de 2014, foram achados desvios e lavagens de dinheiro envolvendo a Petrobras. As

1 http://www.fgv.br/cpdoc/acervo/dicionarios/verbete-biografico/dilma-vana-rousseff

investigações, conduzidas pela Polícia Federal, revelaram que grandes empreiteiras pagavam propinas para conseguirem realizar obras para a empresa. A insatisfação popular com o governo Dilma, nessa época, cresceu significativamente. Apesar de todos esses escândalos, na eleição de 2014, Dilma Rousseff foi reeleita com mais de 51% dos votos válidos, vencendo o candidato Aécio Neves, do PSDB, neto do falecido presidente eleito Tancredo Neves. O significativo apoio do ex-presidente Lula foi importante para a reeleição de Dilma.

"No seu segundo mandato, a situação econômica brasileira se agravou ainda mais e, no ano de 2015, o PIB, Produto Interno Bruto, foi 3,8% negativo. As taxas de desemprego e inflação cresceram e, novamente, os manifestantes foram às ruas, desta vez pedindo o impeachment de Dilma Rousseff. O endividamento do setor público disparou, o que fez o governo recorrer à chamada contabilidade criativa[2] ou às denominadas 'pedaladas fiscais', nome dado a práticas que o governo teria usado para cumprir suas metas fiscais. O Tesouro Nacional teria atrasado repasses para instituições financeiras públicas e privadas que financiavam despesas do governo, entre eles benefícios sociais e previdenciários, como o Bolsa Família, o abono, o seguro-desemprego e os subsídios agrícolas. Os beneficiários, porém, receberam tudo em dia, porque os bancos assumiram, com recursos próprios, os pagamentos dos programas sociais. Com isso, o governo registrou, mesmo que temporariamente, um alívio no orçamento, mas também um aumento da sua dívida com os bancos. Segundo o processo aberto pelo TCU, Tribunal de Contas da União, cerca de R$40 bilhões estiveram envolvidos nessas manobras entre 2012 e 2014. O governo gerou gastos sem autorização do Congresso Nacional que não apareceram claramente como aumento de dívida[3].

"No decorrer do ano de 2015, cinquenta pedidos de impeachment foram protocolados na Câmara dos Deputados contra Dilma Rousseff. Apenas um deles foi acolhido pelo então presidente da

[2] https://oglobo.globo.com/economia/os-sete-erros-da-politica-economica-de-dilma-15618390

[3] http://g1.globo.com/economia/noticia/2015/06/entenda-pedaladas-fiscais-e-o-que-o-tcu-avalia-nas-contas-do-governo.html

Câmara, o deputado Eduardo Cunha, em 2 de setembro de 2016. Tratava-se do pedido protocolado pelos juristas Janaína Conceição Paschoal, Miguel Reale Jr. e Hélio Bicudo. A acusação mostrou que Dilma teria ordenado a edição de créditos suplementares sem a autorização do Senado, bem como realizado operação de crédito com instituição financeira controlada pela União.

"Em 2015, a aliança entre o PMDB e o PT, idealizada pelo ex-presidente Lula, começou a se deteriorar em virtude da corrupção apurada na Petrobras, na qual estavam implicados membros de ambos os partidos. Ao mesmo tempo em que Temer reclamava por ter sido marginalizado no governo Dilma, aumentava o movimento pelo impeachment. Em 31 de agosto de 2016, ela perdeu o cargo.

"Vale a pena rememorar que, em abril de 2016, a maioria dos deputados federais votou pelo impedimento de Dilma Rousseff por crime de responsabilidade fiscal. Um dos episódios marcantes durante a votação do impeachment foi a manobra arquitetada pelo ministro Ricardo Lewandowski, presidente do Supremo Tribunal Federal, pelo senador Renan Calheiros, presidente do Senado, por Lula e pelo deputado Lindbergh Farias do PT, por meio da qual Dilma escapou de ter os seus direitos políticos cassados por um período de oito anos. Como a deposição de Dilma já era certa, alguns dos principais protagonistas desse enredo se juntaram com o intuito de evitar que a petista ficasse também inabilitada para exercer cargos públicos. Desafiaram o claríssimo artigo 52 da Constituição Federal que, em seu parágrafo único reza: "condenação (...) à perda do cargo, com inabilitação, por oito anos, para o exercício de função pública". Mesmo assim, na quarta-feira 31 de agosto de 2016, o Senado, depois de aprovar o impeachment de Dilma por 61 votos a 20 e de pôr fim a 13 anos de PT no poder, decidiu por 42 votos a 36, que a ex-presidente poderia ser nomeada para qualquer cargo público no país, mesmo depois de deposta[4]. Ela foi sucedida por seu vice-presidente Michel Temer, do Partido do Movimento Democrático Brasileiro (PMDB)."

4 https://istoe.com.br/o-acordao-para-salvar-dilma/

29

Michel Miguel Elias Temer Lulia foi o 37° presidente do Brasil — continuou Mary. — Seu governo teve início no dia 12 de maio de 2016, quando assumiu interinamente o cargo de presidente após o afastamento temporário de Dilma Rousseff, cujo impeachment foi votado pelo Senado Federal. Temer tomou posse definitiva em 31 de agosto de 2016, com mandato até 31 de dezembro de 2018.

"O novo presidente procurou, durante o seu governo, combater a recessão de 2016, adotando políticas pró-mercado, além de incentivar novas leis trabalhistas e reestruturação das aposentadorias; introduziu também medidas de austeridade, inclusive cortes de serviços públicos. Teve dificuldades de implantar essas medidas, devido às novas alegações do seu envolvimento em corrupção. De qualquer forma, há que se mencionar que, em dois anos, ele se concentrou na recuperação da economia do país, redução da taxa de juros, queda da inflação e equilíbrio das contas públicas.

"De junho 2016 a março de 2018, a taxa básica de juros da economia, Selic, caiu de 14,25% para 6,50%, de acordo com dados do Banco Central. No mesmo período, o Índice de Preços ao Consumidor Amplo (IPCA), a taxa oficial da inflação, caiu de 9,32% para 2,76%. Paralelamente à redução dos juros e da queda da inflação, o governo conseguiu aprovar no Senado, em dezembro de 2016, a Proposta de Emenda à Constituição (PEC) do Teto de Gastos. Por 20 anos, ficará limitado o crescimento das despesas dos três Poderes"[1]. Entretanto, a taxa de desemprego, em maio de 2016, subiu de 11,3% para 13,7%[2].

"A vida do presidente Temer não foi isenta de problemas. Em maio de 2017, foi divulgado um áudio de uma conversa sua com Joesley Batista, presidente da maior empresa produtora de carne do Brasil, na qual Joesley procurava obter uma solução para o seu envolvimento no escândalo da Petrobras. Aparentemente, Temer endossou o pagamento de significativa quantia a Eduardo Cunha, ex-presidente da Câmara dos Deputados, que havia sido condenado a 15 anos de cadeia por corrupção. Além disso, Joesley testemunhou que Temer recebeu milhões de dólares em subornos, alegações que o presidente contestou, recusando-se, inclusive, a renunciar. Apesar de inconclusivas, as acusações por obstrução da justiça e corrupção levaram à tentativa de indiciamento de Temer, enquanto passos iniciais foram dados visando ao seu impeachment. Os únicos que ainda o prestigiaram foram as classes produtoras, devido aos seus esforços para efetuar as reformas da previdência, trabalhista e o corte de despesas públicas.

"Enfim, Temer conseguiu escapar três vezes das acusações de suborno, pois contou com a insuficiência de votos do Congresso para levá-lo aos tribunais. Em junho de 2017, o Tribunal Superior Eleitoral iniciou um julgamento para determinar se Temer utilizou verbas ilegais para financiar a campanha eleitoral em 2014 como vice da presidente Dilma. Desta vez, também foi liberado por falta de provas. Foi quando, em 28 de julho de 2017, a sua popularidade caiu para 3%[3], a mais baixa de todos os presidentes.

"Quando terminou o mandato, em 31 de dezembro de 2018, o presidente perdeu o foro privilegiado, ficando à mercê das regras da primeira instância. Devido ao volume de acusações, sua situação

1 http://agenciabrasil.ebc.com.br/politica/noticia/2018-05/veja-fatos-que-marcaram-os-dois-anos-do-governo-temer

2 https://www.todamateria.com.br/michel-temer/

3 https://www.britannica.com/biography/Michel-Temer

passou a ser imprevisível. Apesar de conduzir sua gestão de maneira mais moderada do que a sua antecessora, Temer não deixou de se envolver em episódios de corrupção. Assim, em 21 de março de 2019, foi preso em companhia de um de seus ministros, Wellington Moreira Franco, mas foi solto alguns dias depois.

"Temer deixou o governo tendo sido alvo de três denúncias criminais — todas foram enviadas à primeira instância ao fim do mandato. As duas primeiras foram feitas pelo então procurador-geral da república, Rodrigo Janot, e tiveram origem na delação de executivos da empresa JBS, que acusavam Temer e aliados de receber propinas de empresas beneficiadas por decisões do governo ou contratos públicos. Em uma delas, o ex-presidente é acusado de chefiar uma organização criminosa — conhecida como 'Quadrilhão do MDB' — e de tentar obstruir a Justiça comprando o silêncio de Eduardo Cunha, ex-deputado do partido. Na outra, é acusado de corrupção passiva no caso da mala de dinheiro recebida pelo ex-assessor Rodrigo Rocha Loures. Na terceira denúncia, apresentada pela procuradora-geral da república, Raquel Dodge, Temer é acusado de corrupção passiva e lavagem de dinheiro em inquérito que apura um esquema criminoso no setor de portos[4].

"Segundo eles, o ex-presidente também teria recebido repasses de propina feitos pelo ex-deputado Eduardo Cunha, que atuava na linha de frente na prospecção de dinheiro para abastecer o caixa do partido. Outra denúncia foi feita pelo corretor de valores Lúcio Funaro, um dos principais delatores da Operação Lava Jato, o qual afirmou em seus depoimentos que o ex-presidente Michel Temer participou de esquemas de pagamento de propina a políticos do MDB, antigo PMDB, e se beneficiou deles. Segundo Funaro, o ex-presidente teria sido beneficiado por valores pagos pela empreiteira Odebrecht no contrato da usina nuclear de Angra 3, sendo indiciado pela Polícia Federal no que foi conhecido como Inquérito dos Portos, envolvendo um esquema em torno da licitação do porto de Santos. Temer foi

4 https://www.bbc.com/portuguese/brasil-47657992

acusado de receber R$5,9 milhões em propina que, segundo o jornal *Folha de S. Paulo*, foram pagos pela empresa Rodrimar, pelos grupos J&F e Libra, em espécie. A Polícia Federal também afirmou que o esquema de propinas e lavagem de dinheiro funcionava há pelo menos vinte anos, com o coronel aposentado João Baptista Lima, amigo de longa data e intermediário de Temer.

"Em 2014, Temer, então vice-presidente e candidato à reeleição em 2014 na chapa de Dilma Rousseff, teria pedido ao empresário Marcelo Odebrecht contribuição para essa campanha, numa reunião no Palácio do Jaburu. Funaro teria entregado documentos que mostrariam a distribuição dos R$10 milhões pagos pela empreiteira.

"Ao lado de Temer, foram também denunciados Geddel Vieira Lima, ex-ministro, por ter recebido parte de R$40 milhões em propina, ao intermediar financiamento da Caixa Econômica Federal[5]; Wellington Moreira Franco, também ex-ministro que teria recebido parte de R$12 milhões em propina do grupo Bertin ao atuar para liberação de um crédito de R$300 milhões; Henrique Eduardo Alves, ex-ministro, citado como parte do grupo que recebeu R$33 milhões em propina em 2012, da empresa de Joesley Batista; Eliseu Padilha, ex-ministro, por ter acertado pagamento de R$10 milhões da Odebrecht por meio de caixa dois; e Eduardo Cunha, ex-deputado por ter recebido propina de R$20 milhões ao intermediar financiamentos da Caixa Econômica Federal e negociar uma medida provisória, em 2013, para beneficiar o Grupo Libra."[6]

— Mary, ao ouvir o seu relato, fiquei com a impressão de que a grande maioria dos políticos brasileiros se acostumou a assaltar os cofres públicos sem qualquer preocupação com o perigo de cair nas

5 A Polícia Federal localizou, num apartamento situado em Salvador, na Bahia, R$51 milhões em dinheiro armazenado em diversas malas. Suspeito de ser o proprietário do montante encontrado, Geddel foi preso em 2017. https://g1.globo.com/politica/noticia/2019/06/17/preso-em-brasilia-geddel-pede-ao-stf-para-ser-transferido-para-salvador.ghtml

6 https://oglobo.globo.com/brasil/em-delacao-funaro-cita-beneficios-temer-em-pelo-menos-cinco-esquemas-de-propina-23539632

malhas das autoridades — argumentou Lídia. — Enfim, é um desaponto para nós, que fomos educados dentro de princípios de moral aprendidos dos nossos pais e consolidados quando frequentamos a Royal School of Moral Integrity.

30

Durante o mandato do presidente Temer, os brasileiros foram surpreendidos com a prisão do ex-presidente Luiz Inácio Lula da Silva, em 7 de abril de 2018. Sem o foro privilegiado que tinha quando presidente, foi condenado pelo juiz Sérgio Moro, em 12 de julho de 2017, pelo período de 9 anos e 6 meses, pena essa aumentada pelos juízes do TRF-4 do Rio Grande do Sul, para 12 anos e um mês, por corrupção passiva e lavagem de dinheiro — informou Mary. — A condenação encerrou o processo no qual a empreiteira OAS era acusada de ter financiado um apartamento triplex no Guarujá para o ex-presidente e sua esposa, com recursos originários da corrupção na Petrobras. A defesa de Lula envidou todos os esforços para livrá-lo da prisão, mas sem resultado. Lula se declarou inocente, apesar de ter sido condenado também em Porto Alegre.

"Em 15 de agosto de 2018, apesar de preso, Lula registrou sua candidatura para as eleições daquele ano e, em 31 de agosto, o TSE, Tribunal Superior Eleitoral, barrou sua candidatura com base na Lei da Ficha Limpa[1]. Em 23 de novembro, o ministro Félix Fischer,

[1] A Lei da Ficha Limpa (Lei Complementar nº 135/2010) criada pela Justiça Eleitoral, impediu a candidatura de políticos que tiveram o mandato cassado, daqueles que foram condenados em processos criminais por um órgão colegiado e dos que renunciaram aos seus mandatos para evitar um possível processo de cassação. http://www.tse.jus.br/imprensa/noticias-tse/2019/Junho/lei-da-ficha-limpa-completa-nove-anos-de-vigencia-nesta-terca-feira-4

relator da Operação Lava Jato no STJ, negou o recurso do ex-presidente contra a condenação no caso do triplex, enquanto a defesa pediu absolvição ou anulação do processo.

"Lula foi condenado pela segunda vez pela Lava Jato por corrupção ativa e passiva e lavagem de dinheiro no processo do sítio de Atibaia, sendo a sentença distribuída ao Tribunal Regional Federal da 4ª Região (TRF-4), em Porto Alegre. O ex-presidente foi condenado a 12 anos e 11 meses. De forma idêntica à da condenação pelo episódio do triplex, a justiça provou que o sítio cuja propriedade estava em nome do empresário Fernando Bittar pertencia, na verdade ao ex-presidente. Novamente Lula se declarou inocente.

"A defesa negou as acusações e destacou que 'uma vez mais a Justiça Federal de Curitiba atribuiu responsabilidade criminal ao ex-presidente tendo por base uma acusação que envolve um imóvel do qual ele não é o proprietário, um caixa geral e outras narrativas acusatórias referenciadas apenas por delatores generosamente beneficiados'[2].

"Em 2019, várias outras medidas judiciais foram tomadas. Em março, ministros da Quinta Turma do STJ, Supremo Tribunal de Justiça, mantiveram a condenação do ex-presidente, mas diminuíram a pena para 8 anos e 10 meses. Em abril, o relator do caso no STJ, ministro Felix Fischer, rejeitou pedido da defesa para que o caso do triplex fosse encaminhado para a Justiça Eleitoral[3].

"O TRF-4, em decisão unânime, manteve a condenação de Lula e aumentou a pena no caso do sítio de Atibaia para 17 anos, 1 mês e 10 dias. Antes do voto sobre o mérito, desembargadores rejeitaram por unanimidade pedido da defesa para anular a sentença[4].

2 https://g1.globo.com/rs/rio-grande-do-sul/noticia/2019/05/16/sentenca-que-condenou-lula-no-processo-do-sitio-em-atibaia-chega-no-trf-4-para-julgamento.ghtml

3 https://oglobo.globo.com/brasil/veja-as-principais-decisoes-da-justica-sobre-prisao-de-lula-23755973

4 https://g1.globo.com/rs/rio-grande-do-sul/ao-vivo/julgamento-de-lula-no-trf-4-no-caso-do-sitio-de-atibaia.ghtml

"Entretanto, em 8 de novembro de 2019, Lula foi solto. Agora vocês perguntarão por quê? Ele não havia sido condenado duas vezes? Eu explico o que ocorreu: o Supremo Tribunal Federal (STF) decidiu mudar uma regra no caso de delações premiadas, segundo a qual os réus teriam direito de fazer suas alegações finais após a dos delatores. Além dessa regra, o STF mudou a posição aprovada anteriormente, na qual réus seriam condenados após a condenação em segunda instância e determinaram que o início do cumprimento da pena deve ser após o trânsito em julgado, o que quer dizer, após todos os recursos do réu serem analisados. Por tudo isso, Lula foi solto, assim como vários outros presos que haviam sido condenados em segunda instância, como foi o caso de José Dirceu. Lula, então, após ter ficado preso por 580 dias ganhou sua liberdade[5]."

— Você poderia explicar as consequências desse novo sistema? — pediu Hendrik.

— Geralmente leva bastante tempo para se chegar à segunda instância, quando Lula foi condenado. Com a alteração introduzida, a defesa ganhou mais tempo para que os advogados apresentem um número infinito de apelações e recursos. Dependendo da eficácia dos defensores e da situação financeira dos acusados, o processo pode levar uma eternidade. A decisão da Suprema Corte parece que teve como objetivo soltar o ex-presidente Lula e outros prisioneiros, como foi o caso de José Dirceu. Quando Lula foi condenado, ele perdeu o direito de participar da eleição de 2018. Seus correligionários argumentaram que se tratava de uma trama da direita para cortar Lula da eleição e acabar com o Partido dos Trabalhadores. Diga-se de passagem que, na época, Lula era o franco favorito para vencer a eleição, mas de acordo com a Lei da Ficha Limpa, ele foi banido por ter sido condenado. Dessa forma, Lula escolheu seu companheiro Fernando Haddad para substituí-lo na disputa presidencial — acrescentou Mary.

5 https://oglobo.globo.com/brasil/entenda-por-que-lula-continuara-solto-mesmo--apos-segunda-condenacao-no-caso-do-sitio-de-atibaia-24105493

31

Em outubro de 2018 foram realizadas novas eleições para presidente. Tendo em vista a rejeição da sua candidatura pelo Tribunal Superior Eleitoral (TSE) por 6 votos a 1, Lula foi substituído pelo ex-prefeito de São Paulo, Fernando Haddad, do PT. Havia outros catorze candidatos, sendo que os que tinham alguma chance eram: Geraldo Alckmin; ex-governador de São Paulo, Henrique Meirelles, ex-integrante dos governos Lula, Dilma e Temer; Ciro Gomes, ex-governador do Ceará; Marina Silva, ex-ministra do Meio Ambiente do governo Lula; e Jair Messias Bolsonaro, ex-deputado federal. Durante ato de campanha em Juiz de Fora, estado de Minas Gerais, o candidato Jair Bolsonaro sofreu um atentado, sendo esfaqueado no abdome, ficando entre a vida e a morte. Felizmente, conseguiu sobreviver ao ataque e acabou vencendo Haddad no segundo turno, tornando-se o 38º presidente do Brasil em 1º de janeiro de 2019 — informou Mary.

"A eleição de Bolsonaro constituiu uma reviravolta no ambiente político do Brasil. Depois de Lula e Dilma terem governado de acordo com uma orientação de esquerda, Bolsonaro contrariou esse perfil, colocando-se diametralmente contra os partidos favoráveis ao socialismo e ao comunismo. O seu objetivo principal declarado durante a campanha foi o de acabar com o domínio do PT, extirpando os petistas ocupantes de cargos públicos e combater a corrupção que havia minado as contas governamentais no passado recente. No início do seu governo, cercou-se de vários profissionais de qualidade, como o ministro da Justiça, ex-juiz da Lava Jato, Sérgio Moro; Paulo Guedes, ministro da Economia; e seu vice-presidente, general Hamilton Mourão. Outros militares foram incorporados nos ministérios, refletindo a passagem de Bolsonaro pelo exército, onde atingiu o posto de capitão.

"Nos primeiros meses, suas declarações públicas mostraram algumas incoerências, tais como ataques desnecessários ao Congresso e a líderes de outros países, como França e Alemanha. O presidente também anunciou a intenção de nomear seu filho Eduardo Bolsonaro embaixador do Brasil em Washington, o que não se concretizou. Ao mesmo tempo, tendo em vista as acusações que pesavam contra o outro filho Flávio Bolsonaro, este conseguiu do presidente do Supremo Tribunal Federal, Dias Toffoli, que abafasse as acusações de crime de peculato, lavagem de dinheiro e organização criminosa quando era deputado estadual pelo Rio de Janeiro[1].

"Bolsonaro foi eleito por aqueles que reivindicavam uma definitiva troca da política dos governos anteriores, com exceção do mandato de Temer que já se mostrou mais conservador, apesar de ter participado dos dois mandatos de Dilma Rousseff. Como capitão reformado do exército, Bolsonaro nomeou vários oficiais generais como seus ministros. Iniciou, então, um modelo liberal de administração, privilegiando as privatizações, a segurança e o verdadeiro comércio internacional, negociando com grandes potências mundiais. Como a data final do seu governo está prevista para 31 de dezembro de 2022, acompanharemos como curiosidade a sua administração.

"Quando Bolsonaro comemorou o seu primeiro ano como presidente do Brasil, apresentou alguns resultados importantes de sua administração. Entre eles, constam: a aprovação pelo Congresso da

1 A matéria jornalística a seguir é de autoria do grupo Globo, sobre as suspeitas de corrupção que enfrentam Flávio, filho do ex-presidente Jair Bolsonaro, e Fabrício Queiroz, assessor de Flávio durante seus mandatos como deputado estadual (cargo ocupado até 2018). https://g1.globo.com/rj/rio-de-janeiro/noticia/2019/12/20/entenda-suspeitas-do-mp-sobre-flavio-bolsonaro-em-esquema-de-rachadinhas-na-alerj.ghtml

Reforma da Previdência, o alinhamento comercial e diplomático do Brasil com países adiantados como China, Estados Unidos, Índia e outros, a descentralização do poder nas mãos da União, permitindo maiores recursos financeiros aos estados e municípios. Além disso, nomeou técnicos para os ministérios, além de reduzi-los de 29 para 22, iniciou o processo de digitalização de documentos do governo, reduziu o número de invasões de terras sufocando o ativismo ideológico e criminoso ocorrido nos governos anteriores, passou diversas rodovias para a iniciativa privada e tomou outras medidas consistentes com a sua orientação conservadora[2].

"Lamentavelmente, suas promessas eleitorais, tais como a luta contra a corrupção, não se concretizaram. Sérgio Moro, o juiz que teve a coragem de prender importantes políticos e empresários envolvidos em corrupção, lavagem de dinheiro e outros crimes similares, foi incapaz de continuar como ministro da Justiça. Após 16 meses, pediu demissão do cargo, acusando o presidente de ter interferido na Polícia Federal, demitindo o diretor sem o seu consentimento. Além disso, declarou que Jair Bolsonaro estaria envolvido em operações de peculato.

"'Tenho que proteger a minha biografia e, principalmente, o meu compromisso de luta contra a corrupção e o crime organizado', explicou Moro, o juiz responsável pela prisão de Lula durante a Operação Lava Jato, anterior à eleição de 2018.

"Além disso, as convicções de Bolsonaro relativas ao meio ambiente se mostraram negativas, especialmente na Amazônia. O vice-presidente Hamilton Mourão havia sido encarregado da defesa da Floresta Amazônica contra incêndios e desmatamento ilegal, contra a extração proibida de madeiras nobres, a proliferação de minerações ilegais de ouro e a defesa da população indígena na região[3]. O resultado dessas ações foi próximo a zero. Uma das consequências dessa

2 A lista mais completa pode ser acessada na página: https://www.bolsonaro.com.br/grandes-feitos-do-governo-bolsonaro

3 Promessas de Bolsonaro sobre o clima destoam de atos do governo, dizem analistas - BBC News Brasil. https://www.bbc.com/portuguese/brasil-56851865

falta de fiscalização e inépcia foi a demissão do ministro do Meio Ambiente, Ricardo Salles, acusado de proteger exportações ilegais realizadas por madeireiras.

"Outro capítulo negativo durante o governo do presidente Bolsonaro foram suas atitudes na fase mais crítica da pandemia de covid-19[4]. Em primeiro lugar, ele decidiu não se vacinar, sob a explicação absurda de que 'é mais seguro ser infectado pelo vírus do que tomar vacina, pois ao ser infectado ganha-se imunidade contra o vírus'[5]. Em segundo lugar, recomendou o uso de remédios cuja eficácia jamais foi provada por cientistas de todo o mundo. Tais medicamentos foram alardeados como excelentes contra o vírus e enviados a povos indígenas. Em terceiro lugar, ridicularizou o uso de máscaras como medida preventiva, assim como o isolamento da população, adotado nos demais países. Em quarto lugar, em janeiro de 2021, o seu governo ignorou a crise de falta de oxigênio no Amazonas, enviando à região os mesmos medicamentos sem qualquer eficácia no combate à pandemia, aumentando a taxa de mortalidade dos pacientes infectados. Indignados, vários senadores recomendaram que o presidente fosse acusado de pelo menos dez crimes, inclusive crimes contra a humanidade, alegando a sua 'imprudência na administração da pandemia'[6], o que resultou na morte de centenas de milhares de cidadãos que poderiam ter sido salvos. Assim, foi instituída uma Comissão Parlamentar de Inquérito com uma extensa lista de irregularidades contra o presidente da república."

— Como é possível um presidente prejudicar o povo com sua visão negativa sobre tudo que é importante para o país? Não daria para impedi-lo ou pedir o seu impeachment? — perguntou Hendrik.

4 https://www.bbc.com/portuguese/internacional-56750919

5 Bolsonaro decidiu não se vacinar contra o coronavírus - 13/10/2021 - UOL Notícias. https://noticias.uol.com.br/ultimas-noticias/afp/2021/10/13/bolsonaro-decidiu--nao-se-vacinar-contra-o-coronavirus.htm

6 Bolsonaro acusado de crimes contra humanidade é destaque na imprensa estrangeira - BBC News Brasil. https://www.bbc.com/portuguese/brasil-58989965

— Eu me lembro de que vários presidentes foram sujeitos a pedidos de impeachment, mas somente Fernando Collor, em 1992, e Dilma Rousseff, em 2016, foram retirados do governo. Os demais, como Temer, Lula e outros presidentes do passado tiveram as solicitações de destituição engavetadas pelos seus amigos no Congresso. Por exemplo, até o início de seu terceiro ano de governo, Bolsonaro teve 126 pedidos de impeachment, que ainda repousam na gaveta do presidente da Câmara, Arthur Lira, amigo de longa data do presidente. Trata-se a meu ver, de um hábito de altas autoridades do Congresso. Veja a quantidade de pedidos de impeachment dos últimos presidentes:

Número de Pedidos de Impeachment dos Últimos Presidentes do Brasil[7]

Fernando Henrique Cardoso (1995-2002) → 24
Luiz Inácio Lula da Silva (2003-2010) → 37
Dilma Rousseff (2011-2016) → 68
Michel Temer (2016-2018) → 31
Jair Bolsonaro (2018-2022) → 153

[7] Quantos pedidos de impeachment os últimos presidentes receberam? - Os pedidos de impeachment de Bolsonaro. https://apublica.org/impeachment-bolsonaro/quantos-pedidos-de-impeachment-os-ultimos-presidentes-receberam/

32

Em março de 2021, o objetivo de Lula em participar da eleição e confrontar o presidente Bolsonaro se tornou realidade quando Edson Fachin, do STF, considerou que o julgamento não deveria ter sido promulgado na cidade de Curitiba, Paraná, e sim em Brasília, anulando os processos que existiam contra ele. Consequentemente, a decisão de Fachin possibilitou que o ex-presidente se tornasse novamente elegível. Estava assim homologada sua participação na eleição de 2022. Entretanto, o ministro não julgou o mérito do caso, se Lula seria ou não inocente, apenas tomou uma decisão técnica determinando que, na verdade, o julgamento deveria ter acontecido em outro local[1] — esclareceu Mary.

— E aquele episódio que ocorreu em junho de 2019, no qual o ex-juiz Sérgio Moro, que condenou Lula, foi acusado de falta de ética? — perguntou Hendrik.

— Realmente. O que ocorreu foi o seguinte: uma série de reportagens publicadas pelo site *The Intercept Brasil* mostrou que o ex-juiz federal Sérgio Moro orientou as investigações da Operação Lava Jato em Curitiba por meio de mensagens trocadas pelo aplicativo Telegram com o procurador da república Deltan Dallagnol, coordenador da força-tarefa. O site afirmou que recebeu de uma fonte anônima um grande volume de mensagens trocadas no aplicativo entre membros

1 STF anula condenações contra Lula: o que acontece agora - BBC News Brasil. https://www.bbc.com/portuguese/brasil-56327483

da Lava Jato e o procurador Dallagnol e Moro. O *The Intercept* foi fundado pelo jornalista norte-americano Glenn Greenwald, um dos autores da reportagem[2].

"Com base nessas informações, esses 'dados novos' reforçaram o entendimento de que medidas adotadas pelo ex-juiz nos processos contra Lula não foram imparciais. Para Carmen Lúcia do STF, Moro atuou ilegalmente ao autorizar a interceptação de telefones de advogados do ex-presidente e quando determinou a condução coercitiva do petista em 2016, sem primeiro intimá-lo a depor[3]."

— Mary, por quanto tempo a Operação Lava Jato permaneceu em Curitiba? — perguntou Hendrik.

— A operação foi iniciada em 2014 e terminou em 2021, um período de 7 anos — explicou Mary.

— Devo entender que o ministro Fachin só percebeu depois de 7 anos que a jurisdição de Curitiba não era competente para julgar Lula? — disse Hendrik, rindo.

— Pois é mesmo difícil de entender o raciocínio do ministro Fachin — respondeu Mary.

— E como ficou aquele famoso caso dos aviões de caça suecos Gripen, adquiridos pela Aeronáutica durante o governo Dilma Rousseff, em cuja aquisição Lula constou como suspeito de ter recebido propina para privilegiar a transação? À época, Lula já não era mais presidente da república — perguntou Hendrik.

— De fato, o ex-presidente Lula ainda tinha alguns processos, entre os quais se destacava essa suspeita que você mencionou. No entanto, o ministro Ricardo Lewandowski, do Supremo Tribunal Federal (STF), determinou em março de 2022 a suspensão da ação contra o ex-presidente Luiz Inácio Lula da Silva (PT) envolvendo a compra de aviões caça Gripen, da Saab, uma empresa sueca. Lewandowski atendeu a um pedido feito pela defesa de Lula. Segundo o ministro,

2 https://noticias.uol.com.br/politica/ultimas-noticias/2019/06/09/moro-e-dallagnol-trocaram-mensagens-sobre-detalhes-da-lava-jato-diz-site.htm

3 Após reviravolta, STF decide que Moro foi parcial contra Lula - BBC News Brasil. https://www.bbc.com/portuguese/brasil-56503901

há "plausibilidade das alegações referentes ao cometimento de atos comissivos e omissivos, eivados pelos vícios da suspeição e incompetência, por parte dos procuradores da república indigitados pela defesa", o que, de acordo com Lewandowski, já foi reconhecido em outros processos no STF[4].

[4] https://www.cnnbrasil.com.br/nacional/lewandowski-determina-suspensao-de-acao-contra-lula-por-compra-de-cacas-suecos

33

Mary, interrompendo um pouco o seu relato político, eu acho que você se esqueceu de nos contar sobre uma personalidade marcante que surgiu em Roma em 2013. Adivinhe de quem estou falando — desafiou Barry.

— Você tem toda razão, eu sei de quem você está falando — respondeu Mary. — Trata-se do papa Francisco, nomeado em 13 de março de 2013. É importantíssimo que falemos um pouco desse homem tão carismático. Vou relatar a vocês o que sei sobre ele: o papa Francisco, S.J., nascido Jorge Mario Bergoglio, nasceu em 1936, em Buenos Aires, Argentina. Foi nomeado 266º Papa da Igreja Católica e Chefe de Estado da Cidade do Vaticano, sucedendo o papa Bento XVI, que abdicou em 28 de fevereiro de 2013. Francisco foi o primeiro papa das Américas, ou seja, primeiro não-europeu e primeiro jesuíta. Adotou o nome de Francisco em homenagem a São Francisco de Assis da Itália.

— Por que ele tem a sigla S.J. ao lado do nome? — perguntou Barry.

— Essa é uma pergunta que sempre me deixou confusa — falou Lídia. — Mas eu descobri o que é o S.J., significa "Societas Iesu", que traduzido para o português é Companhia de Jesus. E respondendo a sua pergunta: por que o S.J. consta depois do nome dele? Eu respondo: o papa Francisco é jesuíta, portanto, pertence à Companhia de Jesus.

— Muito bem, mas ser jesuíta é diferente dos outros católicos? — Quis saber Barry.

— Não, todos são católicos, mas existem outras ordens além dos jesuítas, algumas das quais são os franciscanos, os beneditinos e os carmelitas. Um dos fundadores da Ordem dos Jesuítas ou Companhia de Jesus, em 1534, foi Inácio de Loyola[1], com seus companheiros estudantes da Universidade de Paris. A ordem foi aprovada em 1540 pelo papa Paulo III, na bula papal *Regimini Militantis Ecclesiae*, ou *O Governo da Igreja Militante*. Loyola foi canonizado em 1622. A Companhia de Jesus tinha como meta fazer oposição à reforma protestante iniciada em 1527, da qual Martinho Lutero foi o precursor. Um dos objetivos da Companhia, cujo lema é *Ad maiorem Dei gloriam* — Para a maior glória de Deus —, era realizar trabalho missionário, dar assistência a enfermos e acatar solicitações do papa[2].

— Conte um pouco mais sobre Inácio de Loyola, parece que foi uma pessoa especial — pediu Barry.

— Loyola era soldado espanhol e, em 1521, em combate para defender a fortaleza de Pamplona, sitiada por Francisco I da França, foi gravemente ferido por um tiro de canhão. Durante o longo período de recuperação, Loyola se converteu e decidiu ser cavaleiro da Virgem. Dedicou-se ao apostolado, ao estudo e à organização e expansão da Companhia de Jesus, à qual dedicou a sua vida.

"Em 1522, Loyola decidiu renunciar a tudo, deixou sua casa e roupas finas, dormiu em albergues, vestiu um saco de penitência, dedicou sete horas por dia às orações, efetuou jejum e vigília. Passou um ano retirado no mosteiro de Manresa na Catalunha. A partir de 1523, começou suas peregrinações e retiros. Depois, de Barcelona para Roma, com o objetivo de obter o passaporte pontifício, para seguir viagem para Jerusalém. Chegando ao destino, foi recebido pelos franciscanos e visitou os locais sagrados da Terra Santa. Em 1524,

1 Inácio de Loyola (1491–1556)

2 https://www.todamateria.com.br/companhia-de-jesus-ordem-dos-jesuitas

voltou para Barcelona, onde se dedicou ao estudo da gramática latina e, em Alcalá, ingressou na universidade, onde cursou teologia."[3]

— Caramba, você realmente esgotou o assunto, meus parabéns. Mas e a vida do papa Francisco? — insistiu Barry.

— Continuando, o papa Francisco foi nomeado Personalidade do Ano em 2013 pela *Time Magazine*. Ao lado da sua humildade, carisma e simpatia pessoal, trabalha ativamente pelos pobres e marginalizados do mundo e, além disso, se envolveu nas áreas de diplomacia política e defesa do meio ambiente.

"Ainda jovem, Bergoglio teve que ser submetido a uma cirurgia para remoção de parte do pulmão devido a uma grave infecção. Formou-se técnico em química antes de iniciar seu treino no Seminário Diocesano de Vila Devoto e, em 1958, entrou no noviciado da Companhia de Jesus. Após ter desempenhado várias funções religiosas, foi promovido a cardeal pelo papa João Paulo II em 2001. Após 2005, foi nomeado cardeal-presbítero, posição que ocupou até 2011.

"Como um exemplo de sua humildade e desapego pelo luxo, ao assumir a função de Papa, ele decidiu voltar à pousada onde estava hospedado, pagando pessoalmente o aluguel. Além disso, escolheu morar num apartamento simples de dois dormitórios, em vez de ocupar as instalações luxuosas destinadas aos papas no Palácio Apostólico do Vaticano, assim quebrando a tradição mantida pelos outros papas por mais de um século.

"Seria interessante acompanhar alguns atos do papa Francisco durante a sua permanência no Vaticano. Ele fez visitas internacionais, inclusive ao Brasil, mostrou possuir ideias avançadas em comparação a outros papas, como o apoio aos homossexuais, uma prova de sua diferente forma de pensar em relação às tradições da Igreja Católica. Autorizou os sacerdotes de todo o mundo a perdoarem as mulheres que recorressem ao aborto, independentemente dos motivos, durante o que ele chamou de 'um ano de misericórdia,

3 https://www.ebiografia.com/ignacio_loyola/

iniciando-se em 8 de dezembro de 2015 e finalizando em 20 de novembro de 2016'. O prazo foi prorrogado posteriormente, mas com a seguinte observação: 'Definitivamente considero aborto um pecado, pois põe fim a uma vida inocente. Da mesma forma, devo declarar que não é pecado um arrependido procurar a reconciliação com o Senhor. Assim, peço a cada sacerdote que seja um guia, um apoio e conforto aos penitentes nessa viagem para uma reconciliação especial'.

"Da mesma forma, de acordo com o jornal *The New York Times*, ele declarou: 'Se alguém é homossexual e procura o Senhor e tem boa vontade, quem sou eu para julgar?' Essa observação mostrou a vários grupos de homossexuais um gesto de boas-vindas da Igreja Católica Romana, adicionando ainda, de acordo com o jornal *The Guardian* a frase: 'Deus, na criação, nos colocou em liberdade; por isso, não é possível interferir espiritualmente na vida das pessoas'.

"Durante uma reunião com os membros da Academia Pontifícia de Ciências, ele afirmou que apoia a Teoria da Evolução e do Big Bang, a Grande Explosão, ou início do universo. De acordo com o jornal *The Independent*, o papa Francisco afirmou: 'O Big Bang, que hoje consideramos como sendo a origem do mundo, não contradiz a intervenção do divino criador, mas ao contrário, ele a necessita'. Acrescentou ainda que 'a evolução não é inconsistente com a noção de criação'.

"Outra preocupação do papa foi o abuso sexual e a má administração financeira. A sua decisão de enfrentar a corrupção da igreja e a excomunhão dos membros da máfia foi comemorada por religiosos e leigos, mas também lhe renderam ameaças de morte.

"Em agosto de 2018, o Vaticano anunciou que Francisco aprovava uma alteração no catecismo da Igreja Católica, considerando a pena de morte como inadmissível, por ser um ataque à inviolabilidade e à dignidade de uma pessoa."[4]

[4] https://www.biography.com/religious-figure/pope-francis

— E com relação ao celibato, qual é a opinião do papa Francisco? — perguntou Barry

— Como você sabe, o celibato foi instituído pela Igreja Católica a partir do século XI. Constituiu assunto abordado pelos papas Leão IX e Gregório VII devido à chamada "degradação moral" do clero naqueles tempos de Idade Média, quando a Igreja Católica era superpoderosa. Por isso, o celibato foi decidido nos dois Concílios de Latrão[5], sendo o primeiro em 1123 e o segundo em 1139, ficando decretado que clérigos não poderiam casar ou mesmo se relacionar com concubinas.

"Outra razão para a instituição do celibato seria a geração de filhos, caso os casamentos fossem permitidos. Dessa forma, aumentaria o número dos proprietários dos imóveis do Vaticano, o que a igreja logicamente não veria com bons olhos.

"A partir do século X, a Igreja enrijeceu com o celibato para não desfazer ou partilhar os feudos com os filhos dos padres, mas o maior argumento para a sua manutenção é que haja mais tempo para um missionário assumir missões e cargos e que possa se entregar unicamente às suas tarefas religiosas e pastorais, vivendo uma espiritualidade mais profunda e essencial. Nela, a pessoa renuncia a uma vida sexual ativa para canalizar toda a sua energia e toda a sua pessoa à relação com Deus."[6]

[5] Latrão é um local, situado no centro da cidade de Roma. Durante o Império Romano, no local havia uma propriedade da família dos Lateranos, que ali construiu um palácio, derivando daí o nome atual. https://educalingo.com/pt/dic-pt/latrao

[6] https://www.bbc.com/portuguese/internacional-45489668

34

Lídia, como estamos no final do ano de 2022, acho que deveríamos nos dedicar à análise dos últimos acontecimentos que marcaram este governo do presidente Bolsonaro, e também mencionar como se desenrolou a eleição de outubro de 2022 — sugeriu Barry. — Ao mesmo tempo, seria importante registrar o que ocorreu no mundo desde o início de 2022.

— Concordo — respondeu Lídia. — Realmente, não só no Brasil, mas no mundo todo houve uma gama de acontecimentos que ninguém poderia prever, muito menos imaginar. Vamos por partes. Em fevereiro de 2020, chegou ao país o vírus da covid-19, originário da China, que se espalhou pelo planeta, causando milhões de óbitos, com consequências em todos os setores da vida. Até hoje, apesar de o seu impacto ter se reduzido substancialmente, novas cepas surgiram alastrando-se sorrateiramente em praticamente todos os países. Felizmente, pudemos nos vacinar e apenas Barry testou positivo, mas sem gravidade.

— Em seguida, outro evento imprevisível causou um abalo, principalmente nos países europeus, promovido pelo presidente da Rússia, o tirano Vladimir Putin, nascido em Leningrado, atual São Petersburgo, em 1952. Foi membro da KGB, ou "Comitê de Segurança do Estado", a instituição responsável, na União Soviética, pelas ações de inteligência, contrainteligência, espionagem e contraespionagem[1]. Putin resolveu invadir a Ucrânia, provocando a revolta de quase todos os países da Europa. Até hoje, continua a cruel invasão contra um povo que fala o ucraniano, derivado do alfabeto cirílico, e o idioma russo[2]. Desde o início da invasão, a Ucrânia recebeu auxílio financeiro, de armamentos sofisticados e inteligência de diversos países membros da OTAN, Organização do Tratado do Atlântico Norte[3]. Por outro lado, o Irã, antes do início da guerra, exportou para a Rússia drones militares que estão sendo usados contra a população civil e militar da Ucrânia[4].

— Lídia, eu já não entendo mais nada. Como é que um líder como o presidente da Rússia decide invadir um país vizinho? Ele é um homem rico que não precisa conquistar mais nada e já atingiu o mais alto posto dentro do Kremlin. Será que ele quer imitar o Adolf Hitler? Acho que o mundo nunca alcançará a paz, basta examinar a lista de conflitos que causaram as mortes de milhares de civis e militares depois de 1945, ano em que terminou a Segunda Guerra Mundial. Acho que poucos conheceram essas guerras e nem eu sabia de todas.

Guerras de 1945 (Fim da Segunda Guerra Mundial) a 2022[5]

- Primeira Guerra da Indochina (1946–1954)
- Guerra Fria (1948–1989)
- Primeira Guerra da Caxemira (1948–1949)
- Guerra da Coreia (1950–1953)

1 Vladimir Putin: o atual presidente da Rússia - Brasil Escola.https://brasilescola.uol.com.br/biografia/vladimir-putin.htm

2 Mas afinal que língua se fala na Ucrânia? https://certaspalavras.pt/mas-afinal-que-linguas-se-falam-na-ucrania/

3 Otan: o que é, objetivos, países-membros - Mundo Educação.https://mundoeducacao.uol.com.br/geografia/otan.htm

4 https://g1.globo.com/mundo/noticia/2022/11/05/ira-reconhece-que-forneceu-drones-a-russia.ghtml

5 Guerras e conflitos - Século XX - Só História. https://www.sohistoria.com.br/ef2/cronologiaguerras/p5.php

- Guerra da Argélia (1954–1962)
- Guerra Colonial Portuguesa (1961–1975)
- Guerra de Independência de Angola (1961–1975)
- Guerra de Independência da Eritreia (1961–1991)
- Guerra da Independência de Moçambique (1964–1975)
- Guerra do Vietnã (1964–1973)
- Guerra Civil na Colômbia (1964–presente)
- Segunda Guerra da Caxemira (1965)
- Guerra da Independência da Namíbia (1966–1988)
- Guerra dos Seis Dias (1967)
- Guerra do Futebol entre El Salvador e Honduras (1969)
- Guerra das 100 horas (1969)
- Guerra de Bangladesh (1971)
- Guerra do Yom Kipur (1973)
- Ocupação soviética do Afeganistão (1979–1989)
- Guerra Irã-Iraque (1980–1988)
- Guerra das Malvinas (1982)
- Primeira Guerra do Líbano (1982)
- Guerra de Nagorno-Karabakh (1988–1994)
- Guerra do Golfo (1990–1991)
- Guerra da Bósnia (1992–1995)
- Primeira Guerra da Chechênia (1994–1997)
- Guerra do Cenepa (1995)
- Guerra do Kosovo (1996–1999)
- Guerra Etiópia-Eritreia (1998–2000)
- Guerra de Kargil (1999)
- Segunda Guerra da Chechênia (1999–2009)
- Guerra do Iraque (2003–2010)
- Segunda guerra do Líbano (2006)
- Operação Chumbo Fundido (2008–2009)
- Guerra do Afeganistão (2001–2021)
- Conflito na Líbia (2011–2014)
- Conflito no Iêmen (2014 até o presente)
- Conflito para derrotar o ISIS (2014 até o presente)
- Crise da Crimeia (2014)
- Invasão Russa na Ucrânia (2022 até o presente)

35

Lídia, como você foi a mais atenta à eleição de 2022, não gostaria de substituir a Mary, que já deve estar super cansada de ser a nossa repórter? — pediu Barry.

— Caso a Mary não se oponha, eu terei o máximo prazer — concordou Lídia.

— Eu agradeceria muito, pois a minha cabeça já está reclamando, mas gostaria muito de ouvir sua aula — respondeu Mary.

— Bem, a eleição ocorreu em 2 e 30 de outubro de 2022. Ela se destinava a eleger o novo presidente do Brasil, bem como senadores, deputados federais, deputados estaduais e governadores dos estados brasileiros. Eu assisti a uma série de debates na televisão entre os candidatos à presidência e entre os postulantes a outros cargos. No entanto, prefiro me dedicar apenas à disputa entre os presidenciáveis, o atual presidente Jair Messias Bolsonaro e o ex-presidente Luiz Inácio Lula da Silva, o Lula.

"Dois dentre os demais candidatos à presidência, Simone Tebet e Ciro Gomes, obtiveram menos de 5% dos votos totais, enquanto Lula recebeu 48% e Bolsonaro 43%, respectivamente, no 1º turno. De acordo com a legislação vigente, o vencedor teria que atingir 50% e mais um voto para ganhar a eleição no 1º turno. Apesar de Lula ter chegado bem perto, os eleitores tiveram que retornar em 30 de outubro para o 2º turno, para finalmente determinar o novo presidente.

"Lula sagrou-se vencedor por estreita margem de cerca de 2 milhões de votos. Nós aprendemos muito a respeito dos dois candidatos durante os meses anteriores à eleição e conhecemos as orientações políticas de cada um. Para que vocês possam ter uma visão mais detalhada desta inusitada eleição, resolvi traduzir uma reportagem da revista *Time* de Nova York, publicada em 1º de novembro de 2022, que retrata bem o panorama da eleição e do 2º turno."

> *É o retorno do século. Nas eleições de domingo, 30/10, os eleitores brasileiros proporcionaram uma vitória estreita a Luiz Inácio Lula da Silva, um amado, mas controverso, esquerdista e ex-presidente. O ex-líder sindical recebeu 50,9% contra 49,1% de Jair Bolsonaro, da direita, atual presidente. O resultado deveria ter marcado o fim de uma eleição profundamente polarizada. Em vez disso, ela mergulhou o país de 200 milhões de habitantes numa espera tensa com o propósito de verificar como Bolsonaro reagiria. O presidente, um ex-capitão do exército, havia passado o ano anterior indicando que não aceitaria uma derrota nessas eleições. A sua campanha alegava, repetidamente, sem provas, que o sistema eletrônico brasileiro de votação é vulnerável à fraude — um eco da retórica do presidente dos Estados Unidos, Donald Trump, antes da eleição de 2020. No seu discurso de domingo, Lula emitiu uma nota de conciliação, visando sanar no próximo ano as divisões políticas em vigor antes da sua posse.*
>
> *"A partir de 1º de janeiro de 2023, governarei para 215 milhões de brasileiros e não somente para aqueles que votaram em mim. Não existem dois Brasis. Somos um só país, um povo e uma grande nação".*
>
> *Bolsonaro não falou publicamente por pelo menos 48 horas após a confirmação da vitória de Lula pelas autoridades eleitorais. Mas durante o silêncio do presidente, os seus correligionários começaram a protestar, pedindo uma intervenção militar para impedir a posse de Lula. Milhares de*

caminhoneiros bloquearam mais de 300 rodovias em 23 dos 26 estados na segunda e terça-feira. Assim mesmo, aliados políticos de Bolsonaro, inclusive o presidente da Câmara dos Deputados do Brasil, rapidamente reconheceram sua derrota. Foram acompanhados por líderes mundiais, incluindo o presidente Joe Biden dos Estados Unidos e os presidentes de todos os vizinhos do Brasil na América do Sul, que parabenizaram Lula, acumulando pressão sobre Bolsonaro para não contestar o resultado.

Quando o presidente finalmente convocou uma coletiva de imprensa na noite de terça-feira, parecia ter abandonado as esperanças de continuar no cargo.

"Continuarei a cumprir as cláusulas da nossa Constituição", falou ele. Mais tarde, um juiz da Suprema Corte do Brasil informou à mídia que Bolsonaro havia confirmado que não desafiaria a transição de poder. "Terminou. Assim, vamos em frente, teria dito o presidente"[1].

— Lídia, a sua descrição do evento foi excelente e constituiu uma razão para otimismo. Esperemos que o novo presidente cumpra as promessas contidas no seu discurso após a vitória — concluiu Hendrik.

1 How Lula Won Brazil's 2022 Election | Time. https://time.com/6226269/how-lula-won-brazil-election

CONCLUSÃO DO TERCEIRO VOLUME

No final deste terceiro volume, conforme proposto na **Introdução,** convidamos os nossos leitores e leitoras a analisarem os principais protagonistas entre os anos de 1800 e 2022, procurando classificá-los como **Virtuosos**, **Não Virtuosos** ou **Indefinidos**.

Recapitulamos a seguir o que descrevemos no início do primeiro volume sobre o que caracteriza a palavra **VIRTUOSO**:

> ***Para que alguém seja considerado VIRTUOSO, é necessário basear seus atos em rigorosos padrões morais, caracterizando seu comportamento pela mais absoluta honestidade. Ao lado desses predicados, é lícito acrescentar a aversão à mentira, o respeito à lei e à vida, a pureza de propósitos, a decência, a lealdade e, principalmente, a incorruptibilidade.***

Para facilitar a avaliação, consta mais adiante um quadro com os principais personagens descritos neste livro. Basta marcar com um "X" nas colunas apropriadas.

Como curiosidade, informo que alguns dos nossos leitores, ao comentarem a classificação que produzimos sobre os protagonistas dos volumes 1 e 2, indagaram sobre os critérios de avaliação por nós adotados e nos formularam algumas perguntas. Gostaríamos de compartilhar essas indagações com os leitores:

"Por que o autor classificou como **NÃO VIRTUOSOS** os líderes escravistas? Por que reputou como crime a matança de indivíduos considerados hereges? Por que motivo condenou a ação de matar soldados numa guerra? E o assassinato de indígenas? Por que considerou como **NÃO VIRTUOSOS** aqueles que traíam seus cônjuges? Seria possível argumentar que os tempos eram outros e assim explicar os atos que hoje consideraríamos como pecados? Por exemplo, o ato de queimar um cidadão por ter traído sua mulher poderia ser justificado como correto de acordo com os critérios existentes na época da Inquisição? Ou matar mulheres consideradas bruxas? A escravidão de negros e indígenas seria algo normal antes da abolição da escravatura? Por outro lado, as diferentes épocas da história poderiam ser invocadas para atenuar os atos praticados?"

Deixamos de fornecer respostas às perguntas, pois elas servirão como tema para discussão entre os leitores que se dispuserem a analisar os personagens deste volume. Assim, segue o quadro para a avaliação.

Classificação dos Personagens entre 1800 e 2022

Nomes	Virtuosos	Não virtuosos	Indefinidos	Capítulos
Adolf Hitler				17 e 18
Artur da Costa e Silva				22
Benito Mussolini				18
Charles Robert Darwin				7
David Lodge				9
Dilma Rousseff				28
Dom João VI				3
Dom Pedro I				3
Dom Pedro II				10
Emílio Garrastazu Médici				22
Ernesto Geisel				22
Fernando Collor de Mello				24
Fernando Henrique Cardoso				24, 25, 26

→

Classificação dos Personagens entre 1800 e 2022				
Nomes	**Virtuosos**	**Não virtuosos**	**Indefinidos**	**Capítulos**
Francis Drake				6
Franklin Roosevelt				16
Getúlio Dornelles Vargas				16 e 17
Humberto de Alencar Castelo Branco				22
Itamar Franco				25
Jair Messias Bolsonaro				31
Jânio Quadros				21
Jimmy Vivone				9
João Figueiredo				22
João Goulart				21
José Sarney				22,23,24
Joseph Stalin				17
Juscelino Kubitschek de Oliveira				21
Luiz Inácio Lula da Silva				27
Michel Temer				29
Michinomiya Hirohito				18
Napoleão Bonaparte				1 e 2
Papa Francisco				33
Vladimir Putin				34
Winston Churchill				17

Levando em conta que a participação da família Vivone constituiu a parte de **ficção** desta obra, achamos válido recapitular a sua árvore genealógica com todas as alterações desde 1945.

Como vemos, os remanescentes da família Vivone são os seguintes: Hendrik e Ernst, Barry e sua esposa Lídia, e Mary Mitchell, esposa do falecido Ronny, todos residindo no Rio de Janeiro. Jackson, por sua vez, com sua esposa Olga, continua na Inglaterra.

ÁRVORE GENEALÓGICA DA **FAMÍLIA VIVONE** EM DEZEMBRO DE 2022

- Ryan (1716–1792) e Sayen (1723–1803)
  - Raini (1745–1813) e Mabel Harris (1750–1813)
    - John (1776–1847) e Liselotte König (1778–1847)
      - Arthur (1809–1890) e Beatrice Arlington-Jones (1812–1890)
        - Peter (1843–1923) e Lúcia de Almeida (1855–1934)
          - Ferdinando (1889–1970) e Tiina Nieminem (1900–1973)
            - Erkki (1925–2008) e Else Danemann (1930–2008)
              - Hendrik (1955–)
              - Ernst (1956–)
            - Ruta (1926–2008)
        - Bill (1843–1923) e Priscila Douglas (1860–1934)
          - Tatiana (1889–1970)
  - Talli (1746–1823)
- Brian (1717–1792) e Omatah (1721–1792)
  - Tuxaua (1745–1822) e Andrea Watt (1751–1822)
    - Paul (1776–1850) e Alessandra Carpelli (1780–1850)
      - Enrico (1808–1891)
      - Luca (1808–1893)
  - Temanem (1746–1813) e Christiane Hopkins (1751–1813)
    - Robert (1776–1850) e Kelly Gordon (1779–1853)
      - Jennifer (1808–1885) e David Lodge (1808–?)
        - Jimmy (1833–1914) e Suzi Atkins (1840–1908)
          - Johnny (1872–1945) e Audrey Lancaster (1895–1970)
            - Frank (1925–2004) e Jessie Cameron (1928–1970)
              - Barry (1956–) e Lídia Osborne (1960–)
                - Jackson (1986–) e Olga Dietrich (1990–)
            - Ronny (1925–2008) e Mary Mitchell (1935–)
          - Emerson (1873–1945)
          - Carolyn (1874–1950)

■

SOBRE O AUTOR

Rolf é brasileiro, economista, e ex-professor doutor da Faculdade de Economia, Administração e Contabilidade da Universidade de São Paulo (USP), com pós-graduação em Finanças na Universidade Stanford, onde foi professor visitante. Foi também *fellow* na Universidade de San Francisco, Califórnia. Autor de duas dezenas de livros didáticos, atuou ainda como diretor de empresas públicas e privadas, no setor de economia e finanças. A presente obra é uma fuga dos seus livros técnicos, tendo optado por escrevê-la em três volumes, contendo partes de **Ficção** e de **Não Ficção**.

Impressão e Acabamento | Gráfica Viena
www.graficaviena.com.br